未支給
사회보험급여 연구

산재보험을 중심으로

未支給

황 운 희 지음

사회보험급여 연구

|산재보험을 중심으로 |

KSI 한국학술정보(주)

머리말

'사회보험'이라 함은 국민에게 발생하는 사회적 위험을 보험방식에 의하여 국민 건강과 소득을 보장하는 제도를 말한다. 사회보험급여는 사회보험 각 법령에서 규정하고 있는 보험사고가 발생하면 지급된다. 미지급보험급여란 보험급여의 청구권은 유효하게 발생하였으나, 수급권자가 사망하여 그 수급권자에 지급되지 못한 보험급여를 말한다. 이와 같은 미지급보험급여는 대부분의 사회보험에서는 유족에게 지급하도록 규정하고 있다. 이는 산재보험도 마찬가지이다. 이때 만일 유족이 없다면 그 미지급보험급여는 상속인과는 아무런 관계가 없는 것인가?

특히 사회보험 중에서도 산재보험은 근로자의 취업과 관련되는 업무상 재해에 대한 보상제도로서 다른 사회보험과는 다른 특징이 있다. 이 책에서는 이와 같은 산재보험의 미지급보험급여와 상속인과의 관계설정을 어떻게 할 것인가에 초점을 맞추면서 미지급보험급여제도의 전반을 다루고 있다.

결론적으로 저자는 산재보험 미지급보험급여 중에서 현물급여는 그 특성상 일신전속적 권리이므로 상속대상의 재산으로 볼 수 없겠지만, 금전급여인 미지급보험급여는 상속대상의 새산이 된다고 보며, 산재보험법 제53조의 미지급보험급여를 유족에게 지급한다는 규정은 상속에 대한 특칙이라는 결론을 내리면서 나름대로 그 근거를 밝혀보았다. 또한 이 제도의 운용에 있어 신속하고 공정한 운영을 저해하는 점이 없는지를 검토하면서 그 개선방안을 제시하였다.

그러나 이 책에 대해서 저자도 아쉬움이 없는 것은 아니다. 사회보험 전제의 미지급보험급여제도를 폭넓게 다루고 싶은 욕심이 있었으나, 시간적 제약과 각 사회보험법령의 취지와 목적 및 보험급여의 종류 등이 차이가 심하여 이를 한꺼번에 해결하기에는 저자의 능력이 미치지 못함을 절감하였다. 이는 앞으로의 과제로 두고 더욱 완숙된 연구의 결과물로 담아내고 싶은 욕심으로 대신하고자 한다.

그리고 늦은 때에는 늦은 비를 흡족히 허락하시는 전능하신 주님! 부족한 종의 오늘 이 모습이 우리 주님께 작으나마 영광이 될 수 있기를 소망합니다.

은사이신 이원희 교수님! 나이 든 자식은 매를 들기도 힘든 것이 인지상정인데도 불구하고, 지도학생으로 받아 주시어 학문과 경륜과 철학과 격려와 채찍과 때로는 믿음으로 이끄심에 부끄럽지 않게 살겠습니다.

그리고 학문의 길로 끌어주신 유성재 교수님! 이제는 교수님의 이끄심에 감사가 절로 나옵니다. 교수님의 은혜는 얼마의 시간이 지나야 다 갚을 수 있을까요?

나의 사랑하는 반려자 최미라, 또한 사랑하는 아들 준, 현에게도 사랑한다는 말로 그간의 부족했던 사랑을 대신하며, 언제나 힘이 된 형제들에게도 감사함을 전한다.

오! 주여 저의 잔이 넘치나이다. 오늘 저의 저 된 것이 주님의 은혜임을 고백하며 늘 기억하겠습니다.

"능력 주신 자 안에서 모든 것 할 수 있음을"

2008. 4.
수원의 신한노무법인 연구실에서

차 례

제3장 미지급보험급여의 지급 요건 및 적용 범위 • 101

약어표

管理	노동부 노동보험국 보험관리과
국행심	국무총리 행정심판위원회
노직산	노동청 직업안정국 산재보상과
大判	대법원 판결
대구高判	대구고등법원 판결
法務	노동부 법무담당관
補償	(1995. 5. 1. 이전)노동부 노동보험국 재해보상과
	(1995. 5. 1. 이후)근로복지공단 보상부
보상팀	근로복지공단 보상팀
産災	노동부 근로기준국 산재보험과
서울高判	서울고등법원 판결
서울行判	서울행정법원 판결
울산地判	울산지방법원 판결
災補	노동부 노동보험국 재해보상과
徵收	노동부 노동보험국 보험징수과
債權	근로복지공단 채권팀
춘천地判	춘천지방법원 판결
憲裁決	헌법재판소 결정
最高裁	일본 最高裁判所
東京高裁	일본 東京高等裁判所
東京地判	일본 東京地方裁判所 判決
東京簡判	일본 東京簡易裁判所 判決
起發	일본 노동성 노동기준국장 통달
基災收	일본 노동성 노동기준국 노재보상부장의 조회·질의에 대해 발하는 회답
基收	일본 노동성 노동기준국장의 조회·질의에 대해 발하는 회답

제1장

서 론

제1절 사회보험으로서의 산재보험

I. 산업재해의 발생이유

인간의 노동은 자신의 욕구를 충족시키는 동시에 타인의 욕구충족에도 기여한다.[1] 노동은 인간의 본질로서 인간성을 완성시킬 뿐만 아니라,[2] 각 개인의 가장 중요한 삶의 수단이 되며, 사회적 차원에서는 사회 공동체의 물적 기초를 형성해내는 생산의 핵심요소이다.[3] 노동의 형태는 역사적 발전 단계에 따라 그 모습이 변하여 노동으로 인한 재해의 양상과 요인도 각 시대마다 달리하였지만, 노동으로 인한 재해는 언제나 불청객으로서 인간을 괴롭혔다.[4] 고대 이집트의 피라미드 건설공사에서 뿐만 아니라 중세의 봉건영주의 城築造 공사나 근대 자본주의 초기의 방직공장에서도, 오늘날 첨단시설로 자동화된 공장에서도 노동이 존재하는 한 재해는 필연적이다.[5] 그러므로 인류의 산업발달의 역사 이면에는 언제나 노동으로 인한 인간의 재해가 존재하였다.

---

1) Hugo Sinzheimer, *Grundzüge des Arbeitsrechts*, 2, Aufl., 1927, S. 9; 이원희 역, 『노동법 원리』, 도서출판 관악사, 2004, 6쪽.

2) 강희원, 『노동법 기초이론』, 동림사, 2004, (서문)6쪽.

3) 강희원, 『앞의 책』, 97쪽.

4) 황운희, "산재보험 유족급여의 수급권자 결정에 관한 연구", 『석사학위논문』, 숭실대학교 노사관계대학원, 2002. 12, 2쪽.

5) 김교숙, "산재보상 법리에 관한 연구", 『박사학위논문』, 부산대학교, 1988, 5쪽.

노동과 관련하여 발생하는 인간의 재해는 불안전한 상황과 인간의 불안전한 행동에서 유발된다. 노동과정에서의 인간의 재해는 근로자 개인의 주관적인 주의력의 한계를 넘는 사회현상으로 자본주의적 기업에 내재하는 위험의 발현이자,6) 근로자에게는 생활 유지 수단인 노동에 수반하는 사회적 필요악으로7) 이러한 재해의 원인은 자본재 생산양식 그 자체에 있는 것이다.8)

이와 같이 노동으로 인한 재해의 역사는 노동하는 인간의 역사와 궤를 같이하나, 노동과정에서의 인간의 재해가 보험사고로서의 산업재해9)란 개념은 근대 자본주의사회에 와서야 정립된 개념으로,10) 고대 사회나 중세 사회에서는 산업재해란 개념은 찾아볼 수 없었다.11) 중세 봉건제에서 근대 자본주의 사회로 넘어오면

---

6) 김유성·이홍재,『사회보장법』, 한국방송통신대학교 출판부, 1994, 159쪽.

7) 한용식,『근로기준법』, 형설출판사, 1983, 267쪽; 靭井常喜, "災害補償と勞災保險法",『新勞働法講座 (第8卷)』, 有斐閣, 1971, 71頁; 김교숙, "사업주의 안전배려의무 ― 법리의 변천을 중심으로 ―",『노동법에 있어서 권리와 책임(김형배 교수 화갑 기념 논문집)』, 김형배 교수 화갑 기념 논문집 간행위원회, 1994, 207쪽.

8) 林迪廣, "災害補償責任の法的性質",『新勞働法講座 第8卷』, 有斐閣, 1971, 20頁; 이미화, "산재보상에 관한 법제 ― 산업재해보상보험을 중심으로 ―",『석사학위논문』, 한국외국어대학교, 대학원 1992, 6쪽.

9) 여기서의 산업재해는 근로자의 업무상 사고, 즉 부상·질병·사망 등의 人的 事故에 국한된다. 그러나 산재보험법은 제5조 제1호에서 보험사고를 '업무상 재해'로 정의하고 있으면서 '산업재해'에 대한 정의는 없다. '산업재해'의 정의는 산업안전보건법 제2조 제1호에서 "근로자가 업무에 관계되는 건설물·설비·원재료·가스·증기·분진 등에 의하거나 작업 기타 업무에 기인하여 사망 또는 부상 하거나 질병에 이환되는 것을 말한다."라고 규정하고 있다. 따라서 산재보험법이 '업무상 재해'를 보험사고로 규정하고 있다면 법명을 '업무상재해보상보험법'이라고 하든가, 아니면 '업무상 재해'의 정의를 '산업재해'로 바꾸어 법률명과 보험사고를 일치시켜 혼동을 없애야 할 것이다.

10) 김진웅, "현행 노동재해보험 제도의 구조와 법적성격",『노동법과 노동정책(탄은 김진웅 박사 화갑 기념 논문집)』, 일신사, 1985, 332쪽; 窪田集人, "勞災補償の本質",『勞働災害補償法論』, 法律文化社, 1985, 3頁; 荒木誠之,『社會保障の法的構造』, 有斐閣, 1983, 209頁; 김교숙, (註 5), 5쪽.

11) 고대 사회에서의 노동하는 노예는 법의 주체가 아니라 법의 객체로서 물권법이 적용되었으며, 16,7세기 시민혁명 이후에는 주인과 종의 계약으로 대치되어 채권적법으로 구속되었다.(강희원, 앞의 책, 97-116쪽 참조).

서 중세의 신분적인 구속에서 해방된 근로자는 계약에 의하여 사용자와의 근로관계를 성립시켰고,[12] 이러한 근로관계에서 재해가 발생한 경우에 피재근로자가 사용자에게 손해배상을 청구할 수 있게 됨으로써 산업재해가 법률문제로서의 성격을 가지게 되었다.

근대 자본주의 시민법은 산업재해를 개인주의적 책임이론의 범위 안에서 다루기 위해 不法行爲의 법리를 적용하려고 하였으나, 사용자의 재력의 한계 및 과실입증 등의 어려움으로 구제가 불확실하였다.[13] 이후 근대 산업 자본주의하에서는 재해보상을 근로조건의 일부로서 규정하고 있었지만, 사용자의 보상능력의 한계와 그 이행의 불확실성으로 현대 독점 자본주의 단계로 넘어오면서 산업재해는 피재근로자 및 그 가족의 생존권 침해라는 인권문제로 부상하게 되었다.[14]

Ⅱ. 사회보험으로서의 산재보험제도

오늘날과 같은 고도의 산업사회에서 우리 인간은 질병 · 상병 · 출산 · 가족부양 · 실업 · 노령 · 사망 등 일상생활을 위협하는 수많은 사고로부터 자유롭지 못하여 건강하고 행복하게 살아갈 인간다운 생활을 끊임없이 방해받고 있다. 인간은 누구나 생활급을 보장받고 근로조건이 개선되며, 건강하고 안전한 사회 환경에서 행복을 추구하길 원한다. 그래서 상병 · 작업 중의 사고 · 직업병 · 장해 · 유족 · 노령 · 실업 · 가족부양 · 빈곤 등에 대한 보장, 사회복지 증진과 인간다운 생활을 위

---

12) 박상필, 『한국노동법』, 대왕사, 1987, 33쪽; 김형배, 『노동법』, 박영사, 1981, 46~47쪽; 김치선, 『노동법강의』, 박영사, 1981, 13쪽; 심태식, 『노동법개론』, 법문사, 1981, 24~26쪽.

13) 신수식, 『사회보험법론』, 박영사, 1978, 293쪽; 이상국, 『산업재해보상보험법』, (주)청암미디어, 2001, 17쪽.

14) 荒木誠之, "勞働と災害", 『法學ヒミナ增刊 綜合特集シリーズ 6 勞働と人權』, 日本評論社, 1978, 128頁; 桑原昌宏, "勞災補償法論", 『勞働法の基本問題(沼田還歷紀合論文集(下)』, 綜合勞働研究所, 1974, 582~583頁; 박상필, 앞의 책, 448쪽.

한 권리를 논의하기에 이르렀다.[15]

사회보장(Social Security)[16]이란 '국가에 의한 모든 국민의 최저한의 생활의 보장'을 의미한다. 이는 모든 국민의 질병·부상·폐질·사망·출산·노령·실업 및 빈곤 등의 육체적인 사고와 생활의 불안에 대한 구제를 국가의 책임하에서 해결하자는 것이며, 모든 국민의 평균적인 안녕을 국가의 배려하에 도모하고 확보하는 방법인 것이다. Pierre Laroque가 "사회보장은 하나의 목적인 것에 대하여 사회보험은 그 목적으로 실현하기 위한 수단의 하나일 수밖에 없다"고 주장한 바와 같이,[17] 사회보장의 방식은 사회보험(Social Insurance)에 의한 제 급여(요양급여·휴업급여·장해급여·유족급여·장제급여·출산급여·실업급여·노령급여 기타 연금 등)와 사회부조(Public Assistance)에 의한 제 부조(생활부조·교육부조·주택부조·의료부조·출산부조·장제부조와 아동복지·공중위생 등)의 형식에 의하고 있다. 사회보험에 의한 제 급여는 보험가입자 또는 피보험자의 갹출에 의하는(Contributory) 것이고, 사회부조에 의한 제 부조는 무갹출로 하는(Non Contributory) 국가에 의한 부조 또는 구호를 의미한다.[18]

공적부조법은 현실적으로 생활 빈궁상태에 있는 계층에 대하여 생활보장의 급여를 행한다는 점에서 救貧的 성격을 가지고 있지만, 사회보험은 생활상의 사고나 위험의 발생에 대하여 급여를 행하기 때문에 防貧的 성격을 가지며,[19] 공적부

15) 박수혁, "사회보장의 권리와 생존권적 기본권", 『법제(제4호)』, 법제처, 1976, 48쪽.

16) 사회보장제도를 다루는 학문 영역에 따라 접근 방식에 있어 다소 차이는 있다. 사회보장을 소득 재분배의 관점에서 파악하기도 하고(주로 경제학적인 입장), 사회보장이 지니는 정치적 역할을 강조하기도 하지만(주로 정치학적인 입장), 일반적으로 법학에서는 사회보장의 의의와 목적을 국민의 생존권 확보에서 찾으려고 하고 있다. 즉 사회보장법제도의 기본 이념은 국민의 기본권으로서 생존권에서 찾을 수 있으며 사회보장법은 헌법의 생존권의 이념을 구체화한 법역의 하나이다(노병호, "사회보장 수급권에 관한 고찰", 『고황법학(연천 허영 박사 화갑 기념 제2권)』, 예진출판사, 1997, 351쪽).

17) Pierre Laroque, "From Social Insurance to Security, Evolution in France", *International Labour Review*, 1948. 6. P. 568(김승조, "생존권의 헌법상의 지위", 『법률행정논집(제1권)』, 서울시립대학교 법률행정연구소, 1993, 149쪽에서 재인용).

18) 남윤호, "사회보장의 본질에 관한 고찰", 『법제월보(제6권 제1호)』, 법제처, 1964, 18쪽.

조와 사회보험을 구별하는 標識로서는 공적부조가 무거출제인데 반하여 사회보험은 거출제이다.[20]

우리나라 사회보장기본법 제3조 제1호는 "사회보장이라 함은 질병·장애·노령·실업·사망 등의 사회적 위험으로부터 모든 국민을 보호하고 빈곤을 해소하며 국민생활의 질을 향상시키기 위하여 제공되는 사회보험·공공부조·사회복지서비스 및 관련 복지제도를 말한다."고 규정하고 있으며, 동 제2호는 "사회보험이라 함은 국민에게 발생하는 사회적 위험을 보험방식에 의하여 대처함으로써 국민건강과 소득을 보장하는 제도를 말한다."고 규정하고 있다.

사회보험은 사회보장의 한 영역이면서도, 다른 사회보장제도인 공공부조·사회복지 서비스 및 관련 복지제도 등과는 달리 국민에게 발생하는 사회적 위험을 보험방식에 의하여 국민 건강과 소득을 국가의 책임으로 행함을 원칙으로 하며(사회보장기본법 제15조 제2항), 국가의 일반 예산에서 재원을 마련하지 아니하고, 사용자 및 피용자 등 사회보험 가입자의 기여금에 의하여 재원의 전부 또는 일부를 마련하여,[21] 가입자와 사회보험 주체 간의 공법상의 계약에 의해서 강제적으로 성립·존속되는 법률관계이다.[22]

사회보험법의 생성은 원칙적으로 일정 규모의 노동계층의 성장을 전제로 한다. 그리하여 자본 측의 노동력 보전의 필요와 노동 측의 투쟁을 통한 요구에 의하여 사회보험법이 생성·전개된 것이 선발 자본주의 국가의 일반적인 역사적 경험이다.[23] 사회보험법은 사회보험 수급권자의 지위를 근로계약에 연계하여 그 당사자

---

19) 김유성, "공적 부조법에 관한 일고찰", 『노동법과 노동정책(탄은 김진웅 박사 화갑 기념)』, 일신사, 1985, 517-518쪽.

20) 荒木誠之, 『社會保障法』, 靑林書院新社, 1983, 41-43頁; 김유성, 앞의 논문, 519쪽.

21) 이상윤, "우리나라 사회보장법의 법적 체계 및 주요 내용", 『법제연구(제7호)』, 한국법제연구원, 1994, 54쪽.

22) 헌법재판소, 『사회보험법의 헌법적 문제에 관한 연구: 헌법재판연구(제11권)』, 2000, 112쪽.

23) 이흥재, "사회보험 수급권의 범위에 관한 소고 — 보장의 불평등에 대한 비판적 검토 —", 『법학(통권 제83·84호)』, 서울대학교 법학연구소, 1990, 226쪽.

의 일방인 사용자를 재정 및 조직에 포함시켜 상대방 당사자인 근로자를 사회보험의 의무적 피보험자로 하였다.[24] 이와 같은 이유로 사회보험을 "노동자보험(Arbeiterversicherung)"이라 하여,[25] 근로자만이 원칙적으로 사회보험의 적용대상이 되었으나,[26] 오늘날은 그 대상을 전체 국민에게까지 확장·발전시키고 있다.[27] 사회보험의 필요성은 사회적 위험의 존재가 전체 국민의 생활안정에 심각한 영향을 미치므로 이를 보호하기 위한 목적이 있다.[28] 사회보험은 사회의 구조가 자영 노동사회에서 종속 노동사회로 옮겨지는 것을 시대적 배경으로 하여[29] 중세 유럽 길드의 임의 보험제도에서 등장한 이후에 19세기 말과 20세기 초에 유럽 국가에서 먼저 뿌리를 내렸다.[30]

전통적인 통제형 복지제도인 구빈법으로부터 보편적 복지제도인 사회보험으로 전환하는 과정은 국가마다 다르지만, 그 공통적인 요인은 산업화의 진전과정, 노동계급의 형성과정과 활성화의 정도, 국가의 이념적 전통 등을 들 수 있다.[31]

우리나라의 사회보험제도는 인간다운 생활을 규정하고 있는 헌법 제34조에 그

---

24) 박지순, "사회보험의 인적 적용 범위에 관한 고찰 — 사회보험법과 노동법상의 근로자 개념을 중심으로 —",『노동법학(제20호)』, 한국노동법학회, 2005, 167쪽.

25) 박지순, 앞의 논문, 163쪽.

26) 전광석,『한국사회보장법론』, 법문사, 2003, 35쪽; 박지순, 앞의 논문, 163쪽.

27) 배기효, "일제시대의 사회보험 행정에 관한 고찰",『복지행정논총(제11권 제2호)』, 한국사회복지행정학회, 2001, 209쪽; 이달휴, "사회보험의 원리",『복지행정논총(제10집)』, 한국복지행정학회, 2000, 282쪽; 김유성,『한국사회보장법론』, 법문사, 1999, 24 - 25쪽; 채우석, "사회보장권과 행정상의 권리구제",『토지공법연구(제14집)』, 한국토지공법학회, 2001, 373쪽.

28) 김원식,『4대 사회보험제도의 개편 방향』, 수원상공회의소, 2001, 16쪽.

29) 이에 대해서는 Hanse F. Zacher, "Traditionelle Solidarität und moderne soziale Sicherheit — ein sozialpolitisches Dilemma der Entwicklungsländer", *Festschrift für Kurt Noell*, 1986, S. 37ff.(전광석, "군인연금법 제21조 제5항에 대한 한정위헌결정",『헌법판례연구』, 법문사, 2000, 92쪽에서 재인용).

30) Thompson, L. H, "The Advantages and Disadvantages of Different Social Welfare Strategies", *Social Security Bulletin 57(3)*, 1994, p. 4.(노병일,『사회보장론』, 대학출판사, 2000, 131쪽에서 재인용).

31) 배기효, 앞의 논문, 221쪽.

법적인 근거를 두고, 보험기술을 사용하여 보험료 납부를 원인으로 한 반대급부로 주어지는 것임에 틀림이 없으나[32], 비용의 일정 부분을 국가가 담당하게 하여 모든 비용을 피보험자가 부담하는 私保險과는 구별된다.[33] 사회보험의 궁극적인 목적은 사회적 위험에 대한 적절한 보장이며, 이것은 급여 제공에 의하여 구체적으로 실현된다.[34] 사회보험 중에서도 건강보험 및 국민연금이 보호하는 위험은 우연한, 혹은 자연스러운 계기에 의하여 발생한다. 반면에 산업재해보상보험(이하 "산재보험"으로 줄여 씀)의 보험사고인 근로자의 '업무상 재해'는 업무수행과 관련되며, 그 업무수행으로 인하여 발생하는 이익이 사업주에게 귀속될 뿐만 아니라, 업무환경도 사업주가 지배하기 때문에 책임의 귀속 주체가 문제된다.[35]

특히 산업혁명은 근대산업의 발전을 촉진시키면서 피재근로자를 量産하였고, 고용주는 자본주의 체제 속에서 富를 축적하기 위해서는 건강하고 헌신적인 노동자가 필요하였다. 그로 인하여 산재보험제도가 독일을 비롯한 유럽의 선진국에서 먼저 도입되었으며, 이는 계속적인 노동력 유지와도 무관하지 않다.[36] 자본주의 사회에서 근로자는 근로계약을 통한 노동력의 매도 이외에는 다른 생활유지 수단이 없었고, 사용자는 근로자의 생명·신체에 대한 안전배려의무[37]를 근로계약의 부수

---

32) 전광석, "재산권과 사회보장 청구권", 『고시연구』, 고시연구사, 1991, 5, 79쪽.

33) Rejda, G. E. *Social Insurance and Economic Security (3rd ed)*. Englewood Cliffs, NJ: Paentice-Hall, 1988, pp. 35-37(노병일, 앞의 책, 134-135쪽에서 재인용); 김원주·이철주, 『행정법(Ⅱ)』, 한국방송통신대학교 출판부, 1994, 181쪽; 전광석, "서독 사회보장법 서설", 『사법행정(1989년 6월호)』, 한국사법행정학회, 1989, 89쪽.

34) 김진수, "사회보험의 중복 급여 체제 개선 방안에 관한 연구", 『산재보험 시행 40주년 기념 학술토론회 - 산재보험의 과거, 현재 그리고 미래』, 근로복지공단, (2004. 5. 12.), 56쪽.

35) 전광석, "산재보험제도의 법적 성격과 역할", 『산재보험 시행 40주년 기념 학술토론회 — 산재보험의 과거, 현재 그리고 미래』, 근로복지공단, (2004. 5. 12.), 7쪽.

36) 노병일, 앞의 책, 202쪽.

37) 근로자의 생명·건강을 위험으로부터 보호해야 할 의무를 '안전배려의무'라고 정의하는 것은, 사업주가 안전배려의무 사항을 위반했을 때 채무불이행이 되어 불법행위 책임 구성이 가능하게 되어, 근로자 측에서는 민사상의 불법행위 구성원리에 따라 청구하는 것보다는 근로기준법상의 안전배려의무 위반에 따르는 청구가 유리하다고 생각하기 때문

적인 의무로 부담하여,[38] 산업재해를 발생시킨 경우에는 피재근로자의 완전 치료
· 소득감소 보상 · 신분 보장을 내용으로 하는 의무를 부담하지 않으면 안 된다.

　이와 같이 근로자가 근로계약의 이행 중에 발생하는 예고 없는 산업재해에 대한 사
후 구제제도가 산재보험제도이며,[39] 현재 대부분의 국가에서 시행되고 있다.[40]

이다(유각근, "산업재해보상의 구제수단과 향후과제", 『과학기술법 연구(제4집)』, 한남대
학교 과학기술법연구소, 1998, 40－41쪽).

38) 안전배려의무를 근로계약의 본질적인 의무로 보는 견해가 있으나[김교숙, (註 5), 6쪽; 라
종훈, "안전배려의무", 『전주변호사회지(창간호)』, 전주지방변호사회, 1996, 65쪽], 안전배
려의무는 근로계약의 부수적 의무로 보아야 할 것이다[김형배, 『(제8판)근로기준법』, 박
영사, 2000, 156쪽; 김형배, 『(제13판) 노동법』, 박영사, 2003, 243쪽; 이상원, "산업재해 소
송에 있어서의 법리구성에 관한 몇 가지 문제 － 기업책임론, 작위의무 그리고 안전배려
의무 － ", 『법조(통권 제399호)』, 법조협회, 1989, 42쪽; 이상원, "안전배려의무 위반에 관
하여", 『사법연구자료(제17집)』, 법원행정처, 1987, 60쪽; 윤진영, "재해보상과 과실책임",
『재판자료(제40집)』, 법원행정처, 1987, 137－138쪽: 김용호, "산업재해의 민사책임에 관한
연구", 『박사학위논문』, 단국대학교 대학원, 2003, 183쪽; 大判 1997. 4. 25. 96다53086]. 독
일과 프랑스에서도 부수적인 의무로 보고 있다[이순동, "안전배려의무", 『재판과 판례(제
4집)』, 대구판례연구회, 1995, 186쪽].

39) 산업재해와 관련된 사회보장 프로그램은 미국과 영국에서는 근로자 보상(workman's
compensation)프로그램으로 불리는 경우가 많았고, 유럽에서는 산업재해(industrial injuries)
프로그램 또는 고용재해(employment injuries)프로그램이라 하였다.(Gordon, M. *Social
security Policies in Industrial Countries,* edited by New York: Cambridge Univ. Press, 1994,
p. 134; 노병일, 앞의 책, 202쪽).

40) 산재보험의 유형이 對人補償을 위한 범위 설정이 일반적인데, 미국 Washington州는 업무
상 재해로 인하여 파손된 안전보호구 및 개인의 재물 손실까지 산재보험의 보상범위에
포함하여 산재보험의 보상범위를 제도를 확대하고 있다(이현주 외 5인, 『주요국의 산재
보험급여 체계 비교연구』, 한국노동연구원, 2003, 123쪽 및 325쪽).

제2절 연구목적 및 범위

Ⅰ. 문제제기 및 연구목적

사회보험으로서의 노동재해보험인 산재보험의 보험급여는 근로자의 업무상 재해에 대하여 상실된 가득능력을 회복시키는 현물급여로서의 요양급여와 그 손실에 대하여 소득을 보전하는 금전급여가 있다. 우리나라 산업재해보상보험법(이하 "산재보험법"이라 줄여 씀) 제35조 제1항은 보험급여의 종류를 "요양급여, 휴업급여, 장해급여, 간병급여, 유족급여, 상병보상연금, 장의비"로 규정하고 있으며, 동 제2항에서는 "제1항에 따른 보험급여는 보험급여를 받을 수 있는 자의 청구"에 의하여 지급하도록 규정하고 있다.

그런데 수급권자 生前에 보험급여 청구권이 발생되었으나, 수급권자가 보험급여를 지급받지 못하고 사망하는 경우 그 지급되지 못한 보험급여, 즉 미지급보험급여(Unpaid Insurance Benefits)를 어떻게 처리할 것인가?

수급권자가 사망하면 그 이후의 장래에 대한 보험급여는 다른 수급자격자가 없으면 수급권자의 사망과 동시에 산재보험관계가 종료된다. 그러나 수급권자의 사망 이전에 이미 적법하게 발생되었던 보험급여 청구권도 수급권자의 일신에 전속하는 것으로 보아 수급권자의 사망과 동시에 소멸시킬 것인가? 아니면 상속권자에게 지급할 것인가?

이에 대하여 산재보험법 제53조는 유족(유족급여의 경우에는 그 유족급여를 받을 수 있는 다른 유족; 이하 같음)에게 지급하도록 규정하고 있다. 그런데 이 규정은 민법의 상속제도와의 관계 설정이 문제이며, 또한 수급권자의 유족[41]이 없

---

41) 우리나라 산업재해보상보험법 제5조 제 3호는 "유족이라 함은 사망한 자의 배우자(사실상 혼인 관계에 있는 자를 포함한다.)·자녀·부모·손·조부모 또는 형제자매를 말한다." 이와 같은 특별 승계권자로서의 유족의 범위와 순위의 결정은 각국의 가족제도·풍습 등 사

는 경우에 대하여는 아무런 규정이 없어 보험급여 관계를 소멸시킬 것인가? 아니면 상속권자에게 지급할 것인가의 문제는 여전히 존재한다.

Ⅱ. 연구범위 및 전개방향

본 연구는 산재보험의 수급권자의 사망으로 인하여 지급되지 못한 미지급보험급여의 상속법리에 관한 것으로서 그 순서와 내용은 다음과 같다.

제1장 서론에서는 산업재해의 발생 이유와 사회보험으로서의 산재보험제도의 등장 경위를 알아본 후에, 연구과제의 문제제기 및 연구목적을 밝히고 연구의 범위 및 순서와 전개방향, 그리고 연구방법을 제시한다.

제2장에서 사회보험 수급권의 재산권 여부 및 산재보험 미지급보험급여가 상속재산의 대상이 되는가를 알아본 후에 미지급보험급여의 법적 성격을 구명한다. 이를 위하여 다른 사회보험의 미지급보험급여제도를 살펴보며, 특히 우리나라와 비슷한 입법 체계를 가진 일본의 勞災保險과 비교하여 구명하기로 한다.

제3장에서는 산재보험의 미지급보험급여의 지급요건을 알아보고, 산재보험 미지급보험급여 청구권의 법적 성격과 미지급보험급여의 청구권 취득시기를 구명하며, 산재보험법상의 모든 보험급여가 미지급보험급여의 대상이 되는지를 밝힌다.

제4장에서는 산재보험의 미지급보험급여 수급권자로서의 유족의 범위를 민법

회학적 요인이 커다란 작용을 한다. 독일 사회법에서는 손자녀도 자녀와 같이 부모나 조부모보다 선순위가 인정되며, 형제자매도 자녀와 동순위가 된다(이상광, 『(개정판) 사회법』, 박영사, 2002, 665쪽 및 주) 159).

의 상속인과 비교하면서 사회보험으로서의 산재보험의 유족의 특성을 구명하기로 한다.

제5장에서는 미지급보험급여 수급권자의 결정과 그 행사와 관련된 문제로서, 수급순위 결정의 기준이 되는 부양의 개념 및 근로자가 유언으로 특정 유족을 지정하면 법정 수급순위에 우선하는 지정유족 제도의 취지 및 요건과 문제점 등을 검토한다.

제6장은 결론으로서 위에서 거론된 우리나라 산재보험 미지급보험급여의 상속법리와 미지급보험급여제도의 법적 성격을 규정하면서, 미지급보험급여제도의 신속하고 공정한 운영을 저해하는 점을 지적하기로 한다.

Ⅲ. 연구방법

본 연구는 산재보험의 미지급보험급여를 중심으로 하여, 다른 나라의 사회보험 미지급보험급여의 법리를 비교법적으로 연구하고, 아울러 우리나라의 다른 사회보험의 미지급보험급여제도를 비교 고찰하여 미지급보험급여제도의 법리 전반을 연구하게 된다. 그러나 아직까지 연구가 미진하여 이론 정립되지 못한 경우에는 새로운 견해를 제시하며 그 이론적 근거를 밝힌다.

본 연구의 방법은 기존의 국내외 관련 문헌 자료를 통한 학설과 수급권과 간련한 判決과 裁決 및 行政解釋 등의 분석과 비판을 함께 할 것이다.

제2장

산재보험 미지급보험급여의 상속법리

제1절 총 설

현대 복지국가의 기반을 이루는 다양한 사회보장제도는 18세기 후반 이후 산업화로 인한 경제체계 전체의 구조적인 변화와 함께 전개되었다.[1] 실정법상 '사회보장'이라는 용어가 처음 사용된 예는 1935년 미국에서 제정·시행된 노령보상, 유족보상, 신체장애보험, 의료보험이 확립된 사회보장법(Social Security Act)[2]에서 찾아볼 수 있다. 그러나 사회보장에 대한 개념·사상이 나타나기 시작한 것은 그 이전의 중세시대에 광산 근로자들이 설치한 공동금고, 즉 광산금고(Knappschaftskasse)에서 찾을 수 있다.[3] 그리고 사회보장법이 법영역의 형태를 갖추어 체계화된 것은 제2차 세계대전 후에 세계적으로 보급되었다.[4]

사회보험은 산업화에 수반되는 사회문제를 해결하기 위한 수단 중의 하나로,[5]

---

1) 鑛井良典, 『日本の社會保障』, 岩波書店, 1999: 장인협 역, 『일본의 사회보장』, 도서출판 소화, 2000, 17쪽.

2) Robert J. Mayer, *Social Security*, McCahan Foundation Pennsylvania, 1981, p.5; 안병준, "한국 근로자의 산업재해보상제도에 관한 연구 - 근로기준법과 산업재해보상보험법의 한·일간 비교 —", 『박사학위논문』, 광운대학교 대학원, 1996, 9쪽; 정완조, "산업재해보상보험제도에 관한 연구", 『박사학위논문』, 원광대학교 대학원, 1995, 7쪽.

3) 이광택, "독일 사회보험제도 100년과 회고", 『가산 김치선 박사 화갑 기념: 노동법의 제문제』, 가산 김치선 박사 화갑 기념 논문 편찬위원회, 1983, 343쪽, 주1).

4) 靭井常喜, 『社會保障法』, 綜合勞働研究所, 1976, 25頁; 吾妻光俊, 『社會保障法(改訂版)』, (株)有斐閣, 1990, 1頁; 정완조, "사회보장법의 법리연구", 『노동법논총(제3집)』, 한국비교노동법학회, 2000, 161쪽.

19세기 말을 전후하여 독일을 비롯한 유럽 각국에서 사회보험 입법을 활발히 추진하였다.[6] 특히 산업현장에서 발생하는 산업재해는 개개 근로자의 의사나 행위에 관계없이 자본주의 경제의 생산관계에서 불가피하게 발생하는 사회현상이며, 근로자에게는 생활유지 수단인 근로에 부수되는 불가피한 사회적 문제이다.[7] 따라서 재해를 당한 근로자의 피해구제에 있어 인간의 존엄성과 가치가 최대한으로 보장되어야 할 필요성이 존재하였다.[8] 산업현장에서 작업 중에 발생한 재해자를 보호하기 위해 만들어진 산재보험제도는 세계 최초로 도입된 사회보험이자 현재 세계에 가장 널리 시행되는 사회보험이다. 1999년 『The Social Security Programs Throughout the World』에 따르면 모든 세계 국가 중에서 5개국을 제외하고는 산업재해의 보상제도를 가지고 있다. 산재보험제도가 시행되고 있는 136개국 중에서도 106개국은 다른 사회보험제도보다 산재보험을 먼저 도입하였다.[9]

우리나라의 산재보험법은 근로기준법이 제정된 1953년 이후 꼭 10년 만인 1963. 11. 5. 법률 제1438호로 제정·공포되어 1964. 7. 1.부터 시행되었다. 산재보험법의 시행 초기에는 근로기준법의 적용을 받는 상시근로자 500명 이상의 광업과 제조업에 우선적으로 적용되었으나, 점진적으로 그 적용범위를 확대하여 2000. 7. 1.부터는 상시근로자 1인 이상의 사업장에까지 적용되고,[10] 중소기업 사업주도

---

5) 전광석, "국제 사회보장법의 성립과 전개", 『한림법학 Forum(제7권)』, 한림대학교 법학연구소, 1988, 6쪽.

6) 전광석, (註 5), 19쪽.

7) 桑原昌宏, "勞災補償法論", 『勞働法の基本問題(沼田還歷紀念論文集(下)』, 總合勞働問題硏究所, 1974, 582－583頁; 김교숙, "산재보험제도의 비교법적 고찰", 『비교법학(제8집)』, 부산외국어대학교 비교법학연구소, 1997, 31쪽.

8) 窪田集人, "勞災補償の本質", 『勞働災害補償法論』, 法律文化社, 1985, 3頁; 고평석, "산재피해자 구제제도의 법적 구조", 『보험학회지(제31집 제1호)』, 한국보험학회, 1988, 318쪽.

9) 박찬임, 『산재보험제도의 국제 비교』, 한국노동연구원, 2001, 3쪽.

10) 2003년의 경우 산업재해보상보험법 적용 사업장 1,006,549개소에 종사하는 근로자 10,599,345명 중에서 4일 이상 요양을 요하는 재해자는 94,924명이었다(노동부, 『노동백서(2004년 판)』, 2004, 57쪽).

임의 가입형태로 적용되고 있다.

현행 산재보험법 제35조 제1항은 보험급여의 종류를 현물급여인 요양급여와 소득보장급여인 금전급여로서의 휴업급여, 장해급여, 간병급여, 유족급여, 상병보상연금과 실비변상적인 장의비로 규정하고 있으며, 동 제2항에 의하면 이들 제 보험급여는 보험급여를 받을 수 있는 자의 청구에 의하여 지급된다.

보험급여 수급권이란 근로자가 업무상 재해를 당하여 산재보험급여를 받을 수 있는 권리를 말하며, 수급권자라 함은 수급자격자 중에서 보험급여를 청구·수령할 권리를 행할 수 있는 자를 말한다.[11] 요양급여·휴업급여·상병보상연금·장해급여·간병급여는 피재근로자 자신이 수급권자가 되며, 유족급여의 경우에는 유족, 장의비는 장제를 행하는 자가 수급권자가 된다.

그런데 수급권자 생전에 보험급여 청구권이 발생하였으나 그 수급권자가 보험급여를 지급받지 못하고 사망하는 경우, 그 사망한 수급권자에게 지급되지 못한 보험급여를 어떻게 할 것인가?

이에 대하여 산재보험법 제53조는 미지급보험급여는 유족(유족급여의 경우에는 그 유족급여를 받을 수 있는 다른 유족)에게 지급하도록 규정하고 있다. 그런데 이 규정은 민법의 상속제도와는 어떤 관계가 있으며, 산재보험법의 유족의 범위[12]는 배우자와 2촌 이내의 혈족으로 규정되어 민법의 상속인[13]의 범위보다 좁다. 만일 유족은 없고 상속인만 있는 경우 상속인에게도 미지급보험급여의 수급권을 인정할 것인가의 문제는 여전히 존재한다.

---

11) 근로복지공단, 『산재·고용보험 실무』, 2001, 363쪽.

12) 미지급보험급여의 수급권자를 이상광 교수는 특별 승계자라 하며, 이와 같은 특별 승계권자의 범위와 순위의 결정은 각국의 가족 제도·풍습 등 사회학적 요인이 커다란 작용을 한다. 예컨대 독일 사회법에서는 '손자녀도 자녀와 같이 부모나 조부모보다 선순위가 인정되며, 형제자매도 자녀와 같은 순위가 된다.'고 한다.(이상광, 『(개정판) 사회법』, 박영사, 2002, 665쪽 및 주159).

13) 민법 제1000조 제1항은 상속인의 범위를, "1. 피상속인의 직계비속, 2. 피상속인의 직계존속, 3. 피상속인의 형제자매, 4. 피상속인의 4촌 이내의 방계혈족"으로 규정하고 있다.

제2절 사회보험 수급권

I. 사회보장을 받을 권리

우리나라 헌법 제34조 제1항은 "모든 국민은 인간다운 생활을 할 권리를 가진다"라고 규정하여 생존권의 이념과 근거를 제시하고 있다. 이는 인간다운 생활을 할 생존권적 기본권으로, 이를 구체적으로 보장받기 위한 권리가 사회보장을 받을 권리이다. 동 제2항은 "국가는 사회보장·사회복지의 증진에 노력할 의무를 진다"고 규정하여 사회보장에 대한 국가의 의무를 규정하고 있다. 생존권적 기본권으로서의 사회보장을 받을 권리는 인간다운 생활을 보장받기 위한 구체적 수단으로서의 권리이자 국가가 이를 구체적으로 보장하는 권리이다.[14]

그러므로 사회보장을 받을 권리는 '신체장애·질병·노령·분만·소득능력의 감소 및 상실·실업 등의 사회적 위험으로부터 보호가 필요할 때 국민이 인간다운 생활을 영위하기 위하여 국가에 대하여 일정한 내용의 적극적 급부를 요구할 수 있는 권리'이다.[15] 사회보장을 받을 권리는 그 보장방법에 따라 사회보험 수급권, 공적부조 수급권, 사회보상 수급권, (협의의)사회복지 수급권으로 구성되어 있다.[16]

우리나라 헌법상 사회보장을 받을 권리가 국민의 기본권, 특히 사회적 기본권으로 보는 것에는 이견이 없으나, 법적 성격에 대하여는 입법권자에 대한 프로그

---

14) 김유성, 『한국사회보장법론』, 법문사, 1999, 38쪽.

15) 이재명, "사회보장을 받을 권리에 관한 연구", 『헌법학연구(제11권 제2호)』, 한국헌법학회, 2005, 391쪽.

16) 그러나 사회보장 수급권을 실체적 권리와 절차적 권리로 체계화하는 견해도 있다. 권영성 교수는 실체적 사회보장 청구권과 절차적 사회수급권으로 나누고, 전자에는 사회보험 청구권, 공적부조 청구권, 사회보상 청구권, 사회복지 청구권 등으로, 후자에는 사회보장 쟁송권, 사회보장 행정 참여권, 사회보장 입법 청구권으로 나누고 있다.(권영성, 『헌법학원론』, 법문사, 1996, 568 - 569쪽; 노병호, "사회보장 수급권에 관한 고찰", 『고황법학(연천 허영 박사 화갑 기념 제2권)』, 예진출판사, 1997, 358 - 359쪽).

램일 뿐 입법권자에 대한 구속은 아니라는 바이마르 헌법 시대의 지배적인 학설이었던 프로그램 규정설[17], 사회보장을 받을 권리는 私法上의 권리와 동일한 의미의 구체적인 권리는 아니므로 국민은 국가에 대하여 입법 기타 국정상의 필요한 조치를 취할 것을 요구하는 추상적 권리를 행사할 수 있을 뿐이라는 추상적 권리설[18], 사회권에 대한 규정을 입법이 없는 경우에도 직접 효력을 가지는 규정이므로 사회권을 헌법이 보장하는 구체적 권리로 파악하는 구체적 권리설[19]이 있다. 종래에는 추상적 권리설이 통설이었으나, 최근에는 기존의 사회권 해석론에 문제를 제기하고 사회권에 보다 적극적인 의미를 부여하려는 시도로, 사회권을 불완전하나마 구체적 권리로 파악하려는 견해가 부상하고 있다.[20]

Ⅱ. 사회보험 수급권

1. 사회보험법의 지위

사회보장은 시장경제 질서에서 스스로의 능력으로 생활위험을 극복할 수 없는 개인에게 정상적인 생활유형을 회복시켜 주기 위한 국가정책 영역이다.[21] 사회보장 중에서도 사회보험은 일정한 개인의 집단을 사회적 위험에 동일한 확률로 처해있는 공동체로 결합하여, 한편으로는 구성원 간에 다른 한편으로는 개인의 생

---

17) 현재 우리나라에서 이 설을 지지하는 학자는 없다.(박승두, 『사회보장법』, 중앙경제사, 1997, 74쪽).

18) 민경식, "현대 국가에 있어서의 사회보장권의 보호", 『공법연구(제20집)』, 한국공법학회, 1992, 51쪽.

19) 이재명, 앞의 논문, 394 - 395쪽.

20) 박승두, 앞의 책, 80쪽; 이재명, 앞의 논문, 395쪽; 노병호, 앞의 논문, 365쪽 이하 참조.

21) 전광석, "사회보장의 소득 재분배 구조에 대한 헌법적 접근", 『공법연구(제21집)』, 한국공법학회, 1993, 283 - 284.

애 주기에 있어 시간적으로 위험을 분산시켜 사회적 위험으로부터 자기 보호를 꾀하는 제도이다. 사회보험은 사회적 위험이 발생하기 전에 자신 혹은 제3자[22]가 보험료를 갹출함으로써 법적 원인관계를 성립시키고, '특정한 社會的 危險'이 현재화되면 지급되는 급여라는 점에서 원인관계를 중시하는 사회보장제도이다.[23]

헌법 제34조의 인간다운 생활을 할 권리를 구체적으로 보장하기 위한 사회보장법관계는 기본적으로 사회보장급여 청구권의 실현을 중심으로 급여 청구권자와 급여의무자의 사이에 존재하는 권리의무 관계를 규율하는 법률관계이다.[24]

특히 사회보험법관계에서는 청구권의 구성요건이 실현되기 전에 이미 보험관계가 형성되어 있다. 사회보험관계는 법률에 의해서 가입자로 확정되면 가입자와 보험자와의 사이에 보호관계를 내용으로 하는 법률관계가 존재하게 된다. 이러한 관계를 기초로 하여 가입자는 보험 공동체의 운영에 참여할 수 있는 권한을 갖기도 하고, 또 잠재적인 청구권, 즉 기대권의 행사주체가 된다.[25] 사회보험에서는 법률관계의 성립으로부터 구성요건의 충족, 그리고 급여의 계속이 보통은 수십 년에 걸쳐서 이루어지는 계속적인 법률관계로 유지된다. 사회보험은 이와 같이 장기적인 파급효과를 갖는 법률관계이기 때문에 법률관계의 성립에 있어서 행정절차의 측면이 신중하게 다루어져야 한다.[26]

사회보험법관계는 '사회보험급여 관리·운영 주체와 피보험자 간에 일정한 급여를 중심으로 존재하는 권리·의무의 총제적 관계'를 의미한다. 이는 일정한 재산적 가치가 있는 사회급여의 이행과 관련된 법률관계라는 점에서 민법상의 채권·채무관계와 유사한 성격을 띠고 있다.[27]

그러나 사회보험법관계는 법률의 규정에 의해서 강제적으로 성립된다는 점, 채

---

22) 대표적인 예가 사용자가 보험료의 전액을 부담하는 산재보험이다.
23) 전광석, (註 21), 284 – 285쪽.
24) 전광석, 『한국사회보장법론』, 법문사, 2002, 90쪽.
25) 전광석, (註 24), 90쪽.
26) 전광석, (註 24), 93 – 94쪽.
27) 이상광, (註 12), 155쪽.

권자와 채무자의 의사의 방향이 반대가 아니라는 점 등에서 민법상의 채권·채무관계와는 다르다.[28] 사회보험법관계를 행정법상의 순수 재산권적 법률관계로 파악하는 것은 지나치게 私法的으로 본 결과이다. 이 점은 공법관계 중에서도 행정주체와 객체의 대립된 의사를 규율 대상으로 하는 침해행정과도 구별되는 사회보장법관계의 특징이기도 하다.[29]

사회보험법관계는 수급권자의 사회적 보호라는 공익을 목적으로 하고, 재산적 가치가 있는 급여의 지급을 내용으로 하는 법률관계로서 비권력관계를 원칙으로 하며, 목적 실현을 위해서는 법률의 범위 내에서 권력행사가 허용되는 독자적 유형의 공법관계로서,[30] 공법상의 특별 채권·채무관계로 성격이 규명되고 있다.[31] 이와 같은 입장에서 행정법상의 채권·채무관계에 적용될 특별한 법규가 없을 때에는 민법의 규정이 준용되어야 한다는 것이다.[32]

2. 사회보험 수급권의 의의

사회보험 수급권은 각 사회보험 법령에서 보험사고로 규정한 질병·노령·실업·재해 등의 보험사고에 대하여 보험급여를 청구할 수 있는 구체적 권리이다.

사회보장제도 중에서도 사회보험은 사회적으로 정형화된 위험, 즉 노령, 질병, 실업, 재해로부터 국민의 생활보장을 도모하기 위한 제도로서 '위험의 분산'과 '공동부담'이라는 보험기술을 사회적 보호 수단으로 사용한다. 사회보험은 가입이 강제되어 개인의 계약자유의 기본권을 제한하는 효과가 있다.[33] 피보험자 등의

---

28) 전광석, (註 24), 93쪽; 황성익, "사회보험 수급권의 재산권적 보호에 관한 연구 — 독일의 판례를 중심으로 —", 『석사학위논문』, 서울대학교 대학원, 2005, 23쪽.

29) 전광석, (註 24), 93쪽.

30) 이상광, (註 12), 422쪽; 황성익, 앞의 논문, 25쪽.

31) 전광석, (註 24), 92쪽.

32) 이상광, (註 12), 156쪽.

33) 헌법재판소, 『사회보험법의 헌법적 문제에 관한 연구; 헌법재판연구(제11권)』, 2000, 71쪽.

보험료 납부 의무자는 자신의 보험가입 여부에 대한 선택권이 없으며, 사회보험료의 부담 기준인 사회보험 요율은 획일적으로 결정된다. 의료보장과 소득보장에 있어서 현행법은 본인의 일정한 보험료 부담을 수급자격 요건으로 하고 있으며,[34] 이를 게을리 할 때에는 보험급여의 수급이 제한되기도 한다.

사회보험료는 반대급부인 보험급여를 전제로 하고 있으며, 급여 혜택을 받지 못하는 제3자인 사용자에게도 보험료 납부 의무가 부과되는 독자적 성격을 가진 공과금이다. 보험료 납부를 통해서 성립된 법적 원인관계에 의하여 보험급여가 지급되는 사회보험은 급여가 개인이 납부한 보험료에 상응하여야 하므로, 사회보험급여의 수준이 적어도, 일반적인 국민적 연대에 기초하여 제공되는 공공부조 급여와는 달리, 어느 정도 임금 대체 급여로서의 성격을 유지하고 있어야 한다.[35]

3. 사회보험 수급권의 법적 성격

사회보험은 인간다운 생활을 보장하고 있는 헌법 제34조에 그 법적인 근거를 가지며, 이에 따라 국가는 사회보장·사회복지 증진에 노력할 의무를 진다. 이러한 국가의 의무는 각종 사회보장 입법에 의하여 구체화되며, 그로부터 국민의 사회복지 급부 청구권이 발생한다. 사회보험 수급권은 국가의 사회보장 및 사회복지 증진 노력에 의해 구체화된 청구권이라는 점에서 공법적인 성격을 가진다. 사회보장 수급권의 공법적인 성격은 가입과 보험료 납부의 강제성과 보험요율의 획일성에서 두드러진다.[36]

사회보험급여는 과거에는 반사적 이익으로 간주되었으나 현대 복지국가에서는 사회보험 수급권을 주관적 공권[37]으로 보고 있다.[38] 사회보험 수급권은 국가의

---

34) 이흥재, "사회보험 수급권의 범위에 관한 소고 — 보장의 불평등에 대한 비판적 검토 —", 『법학(제83·84호)』, 서울대학교 법학연구소, 1990, 227쪽.

35) 헌법재판소, 앞의 책, 145-146쪽.

36) 김광수, "사회보험 수급권과 재산권 보장", 『행정법 연구(2000 상반기 제6호)』, 행정법이론실무연구회, 2000, 194쪽.

사회보장 및 사회복지 증진에 관한 노력에 의해 구체화되는 청구권으로서[39] 생존권적 기본권이며[40] 민법상의 채권채무 관계와 유사한 공법상의 채권채무 관계로서의 성격[41]을 가진다.

그러나 사회보험 수급권은 절대적인 성격을 가지는 것은 아니고, 입법자가 당시의 사회·경제적 상황과 필요에 의하여 조정할 수 있다. 입법자가 사회보험 수급권의 내용을 결정하거나 혹은 변경하는 경우 그 내용을 자의적으로 형성할 수는 없고, 비례원칙, 평등원칙, 신뢰보호의 원칙 등의 법적인 제한을 받게 된다.[42] 그리고 사회보험 수급권에 대하는 양도 또는 압류가 금지된다.

---

37) '주관적 공권'이란 개인이 자기의 고유한 이익을 추구하기 위하여 국가로부터 일정한 행위를 요구할 수 있도록 공법에 의하여 개인에게 부여된 법적인 힘을 말한다. 주관적 공권의 실질적 의미는 바로 사법상 실현 가능성이 존재한다고 한다. 공행정에 의해서 주관적 권리가 침해된 경우에는 법원에 소를 제기할 수 있다는 것이다.(H. Maurer, *Allgemeines Verwaltungsrecht*, 15. Aufl., 2004, S. 163(황성익, 앞의 논문, 26쪽 주98)에서 재인용).

38) 강경근, "사회적 기본권의 공권으로서의 성격", 『고시계(통권 제501호)』, 국가고시학회, 1998, 70쪽; 이헌석, "사회보장 수급권과 사회보장 청구권", 『공법연구(제26집 제1호)』, 한국공법학회, 1998, 23쪽.

39) 헌법재판소, 앞의 책, 174쪽; 최재식, "공적연금의 재정문제와 기대권 조정", 『사회법연구(제3호)』, 한국사회법학회, 2004, 104쪽.

40) 이상윤, "우리나라 사회보장법의 법적체계 및 주요내용", 『법제연구(제7호)』, 한국법제연구원, 1994, 46쪽; 노병호, 앞의 논문, 372쪽. 그러나 사회보장 수급권은 객관적 국가목표로서의 사회보장 및 사회복지 증진의무의 이행을 위하여 제정된 법률에 의하여 비로소 형성된 법률적 차원의 권리이지 헌법적으로 보장된 기본권은 아니라는 견해도 있다.(정태호, "사회적 기본권과 헌법재판소의 판례", 『헌법논총(제9집)』, 헌법재판소, 1998, 669쪽).

41) 한편 사회보험의 모든 급부 관계가 공법상의 당사자 관계라고 설명할 이유는 없으며, 법률에서 특별한 규정이 없는 한, 사회보험관계는 사법상의 관계라는 주장도 있다.(김춘환, "급부행정의 법적 문제", 『토지공법연구(제17집)』, 한국토지공법학회, 2003, 356쪽).

42) 헌법재판소, 앞의 책, 174-175쪽; 김광수, (註 36), 194쪽.

Ⅲ. 사회보험 수급권의 헌법상 재산권 여부

1. 의의

근대 초기의 재산권은 전국가적 · 초국가적 · 천부적 인권이라 하여 신성불가침의 권리로 인정되었다.[43) 재산권의 절대성과 계약의 자유는 근대 시민 사회의 법적 초석이자 자본주의 발전의 촉매였다.[44) 근대 이후 각국의 헌법에 의해서 국민의 기본권의 하나로 보장되고 있는 재산권은 헌정 국가의 내적인 관계를 형성하는 기본적 제도로서의 의미를 지닌다.[45)

기본권으로서의 재산권 보호는 필연적으로 헌법상의 재산권 개념에 대한 문제를 제기하게 된다. 헌법상의 재산권 개념은 私法上의 재산권 개념과 동일하다고는 할 수 없으므로 헌법 스스로 도출하여야 한다. 재산권 주체의 사적 유용성과 원칙적인 처분권에 의하여 특징 지워지는 헌법상의 재산권 개념은 민법상의 재산권 개념보다 훨씬 더 포괄적인 내용을 갖고 있다.[46)

사회보험 수급권은 사회보장제도가 발달한 이후에 등장한 것으로 사회적인 권리의 형성과 발전은 사회국가 개념과 밀접한 관계를 맺고 있다. 사회보험 수급권이 헌법상 재산권적인 성격을 가지는가 하는 문제에 대하여 일찍이 많은 논란이 있어 왔다.[47)

---

43) 민경식 · 윤석진, "사회보험 연금의 보장과 소급 입법", 『중앙법학(제7집 제1호)』, 중앙법학회, 2005, 313쪽.

44) 김철수, 『헌법학개론』, 박영사, 1996. 452쪽; 권영성, 『헌법학원론』, 480쪽; 이종상, "헌법상 재산권 보장과 제한의 한계", 『경남법학 제12집(법학과 개설 50주년 및 경암 홍천룡 교수 화갑 기념호)』, 경남대학교법학연구소, 1997, 100쪽.

45) 김광수, "독일 공법상의 재산권 보장과 국가책임 확장이론", 『박사학위논문』, 서울대학교 대학원, 1994, 14쪽.

46) 방승주, "독일 사회보험법상 급여 수급권과 재산권 보장 ― 독일 연방헌법재판소의 판례를 중심으로 ―", 『헌법논총(제10집)』, 헌법재판소, 1999. 286－287쪽; 김광수, (註 45), 22쪽.

47) 헌법재판소, 앞의 책, 176쪽.

2. 독일에서의 논의

바이마르 헌법(Weimarer Verfassung)에서 공법적 지위는 재산권의 보장이 미치지 않는다고 보는 것이 통설로 인정되어 왔으며,[48] 재산적 가치가 있는 공법상의 권리로 볼 수 있는 것이 어떤 것이며, 어떤 권리가 그에 해당하는가는 학자들의 의견이 일치하지 않았다.[49]

독일 연방재판소(BGH)는 헌법상 보호되고 있는 재산권의 개념을 민법상의 소유권 등 물권만을 의미하는 것이 아니라, 재산적 가치가 있는 사법상의 모든 권리도 포함하는 것으로 보고,[50] 나아가 재산적 가치가 있는 공법상의 모든 권리도 헌법상 보호되고 있는 재산권의 개념에 포함시켰다.[51] 따라서 독일 연방재판소는 헌법상 보호되고 있는 재산권의 개념을 재산적 가치가 있는 공·사법상의 모든 권리로 보아 재산권 범위를 비교적 광범위하게 인정하였다.[52]

한편 초기 독일 연방헌법재판소(BVerfG)는 공법적으로 성립된 재산적 가치 있는 지위들은 원칙적으로 재산권 보호를 받지 못하는 것으로 보다가,[53] 이후의 판

---

48) Werner Weber, "Öffentlich-rechtliche Rechtsstellungen als Gegenstand der Eigentumsgarantie in der Rechtsprechung", AöR 91(1966), S. 382(헌법재판소, 앞의 책, 172쪽에서 재인용); 김광수, "공법상 재산권 보장의 의의와 범위", 『순천향대학교 논문집(제17권 제1호)』, 순천향대학교, 1994, 127쪽.

49) Durig, "Der Staat und die vermogenswerten offentlich-rechtlichen Berechtigungen seiner Bürger", in: FS für Apelt, 1958, S. 13ff; W. Weber, aaO, S. 382ff.; Katzenstein, "Aspekte einer zukunftigen Rechtsprechung des BverfGE zum Eigentumsschutz sozialrechtlicher Positionen", in: FS für W. Zeidler, 1987, S. 645; Rufner, "Stober, Grimm und Papier", in: Verfassungsrechtlicher Eigentumsschutz sozialer Rechtspositionen, 1982(정하중, "헌법재판소의 판례에 있어서 재산권 보장", 『헌법논총(제9집)』, 헌법재판소, 1998, 302쪽에서 재인용); 방승주, 앞의 논문, 434쪽; 이상광, "사회급여 수급권과 재산권의 보장; ― 독일·오스트리아의 판례를 중심으로 ―", 『판례월보(제316호)』, 판례월보사, 1997, 35쪽.

50) BGHZ 6, 270.

51) BGHZ 6, 278.

52) 이상광, 앞의 논문, 35쪽.

결에서 주관적인 공권의 근거가 되는 사실관계가 개인에게 재산권 주체의 법적 지위와 같으며, 이를 보상 없이 박탈하는 경우에 기본법의 법치국가 원리에 반하게 될 정도로 중요한 법적 지위를 설정하는 경우에는 재산권의 보호를 받는다고 보았다.[54] 특히 연방헌법재판소가 1985. 7. 16. 연금보험의 피보험자가 퇴직 후 의료보험법상 보험료를 내지 않고서 의료보험을 받을 것이라는 전망(Aussicht)이 재산권 보호를 받을 수 있을 것인지에 관한 의료보험 판결[55]에서, 어떠한 사회보험법적 지위가 재산권 보호를 받을 수 있을 것인가에 대한 헌법적 판단은 "이러한 법적 지위가 기본법 제14조에 의하여 보호되고 있는 재산권의 구성적 標識를 갖추고 있는지"[56] 여부에 달려있다고 하였다. 즉 "어떠한 사회보험법적 급여 청구권이 기본법 제14조의 재산권으로 간주될 수 있을 것인지의 문제에 답하기 위해서는 재산권 보장이 헌법의 전체 구조에서 차지하고 있는 의의를 고려하면서 재산권 보장의 목적과 기능을 뒤돌아보아야 하며, 재산권 보장은 기본권 주체로 하여금 재산법 영역에서의 자유로운 공간을 보장하고 그에게 자기 책임적인 생활형성을 가능하게 하는 과제를 갖는다"[57]는 것이다.[58] 그러면서 사회보험법상의 지위가 재산권 보호를 받을 수 있는 3가지 전제 조건을 다음과 같이 정립하였다.

ⅰ) 사적 유용성이 있는 일종의 배타적 권리로서 권리 주체에게 귀속되며 재산적 가치가 있는 법적 지위일 것.

ⅱ) 이러한 지위가 피보험자의 상당한 자기기여에 근거하고 있을 것.

---

53) BVerfGE 1, 264 (278 f.); 2, 380; 4, 219 (239); Hans−Jürgen Papier, in: *Maunz−Dürig Grundgesetz Kommentar*, Art. 14(Lfg. 1994), Rdnr. 130(방승주, 앞의 논문, 435쪽에서 재인용).

54) BVerfGE 40, 65 (83); Ruland, "Die Entscheidung des Bundesverfassungsgerichts vom 16. Juli 1985 zum Eigentumsschutz von Anrechten aus der gesetzlichen Rentenversicherung", in: Rolf Stober(Hrsg.), *Eigentumsschutz sozialrechtlicher Positionen*, Köln usw. 1986, S. 45 ff.(46)(방승주, 앞의 논문, 435쪽에서 재인용).

55) BVerfGE 69, 272.

56) BVerfGE 69, 272 (299).

57) BVerfGE 69, 272 (300).

58) 방승주, 앞의 논문, 436−437.

iii) 생존 보장에 기여할 것이다."

이러한 3가지 전제 조건이 충족될 경우에는 사회보험법적 지위는 재산권의 보호를 받게 된다는 것이다.[59]

3. 우리나라에서의 논의

1) 헌법상 재산권 보호의 대상

우리나라 헌법 제23조의 재산권에 관한 규정은 그 내용과 한계가 법률에 의해 구체적으로 형성되는 기본권 형성적 법률 유보의 형태를 띠고 있다. 재산권의 구체적 모습은 재산권의 내용과 한계를 정하는 법률에 의하여 형성되고, 그 법률은 재산권을 제한한다는 의미가 아니라 재산권을 형성한다는 의미를 가진다.[60] 헌법상의 재산권 보장은 국가의 은혜에 의하여 주어진 것이 아니라,[61] 재산권자에게 재산 객체에 대한 독립적인 지배권과 고유하고 자유로운 인격의 자기 발현을 의미하며,[62] 그 의의는 재산권의 향유 주체가 자신의 생활을 자기책임하에서 영위할 수 있도록 하는 개성의 신장 및 자유의 향유에 있다[63]고 할 것이다.

우리나라 학계에서도 헌법상 재산권 보장의 객체가 되는 재산권은 민법상의 소유권 기타 물권·채권 및 특별법상의 여러 권리, 예컨대 광업권·어업권·특허권·저작권·공법적 성격을 가진 수리권·하천 점유권 등을 모두 포함하는 것으로 보고 있다.[64] 그러나 구체적 권리가 아닌 단순한 이익, 기회, 수익의 가능성은 제외되

---

59) 방승주, 앞의 논문, 437쪽.

60) 憲裁決 1993. 7. 29. 92헌바20; 박인수, "위헌법률 심판의 기준", 『공법연구(제26집 제1호)』, 한국공법학회, 1998, 294쪽.

61) 정하중, 앞의 논문, 307쪽.

62) 정극원, "헌법상 재산권 보장의 기본 구조와 본질적 내용", 『공법연구(제27집 제2호)』, 한국공법학회, 1997, 351쪽.

63) 이부하, "재산권의 보장 및 재산권의 사회적 기속", 『헌법학연구(제11권 제2호)』, 한국헌법학회, 2005, 185쪽.

어 재산권 보장의 대상이 아니다.[65] 오늘날 재산권 개념은 공·사법상의 모든 재산적 가치 있는 권리로 확장되어 있으며,[66] 이러한 확장된 개념에 대한 반론은 적절하지 못하다.[67] 그러므로 공무원의 보수 청구권이나 연금 청구권 등과 같은 재산가치 있는 공법상의 권리도 원칙적으로 헌법상의 재산권에 포함시키며,[68] 국가유공자 등의 생활조정수당 청구권,[69] 건강보험금, 실업수당 청구권, 원호보상금 급부 청구권 등 각종 사회보장법적 청구권도 포함되고 있다.[70] 이와 같이 사회보험급여에 대해서는 원칙적으로 재산권적 보호가 인정되며,[71][72] 사회보험법상의 재산

64) 유경춘, "재산권 보장에 관한 일고찰", 『헌법과 현대 법학의 제 문제(현민 유진오 박사 고희 기념 논문집)』, 일조각, 1975, 185쪽; 권형준, "재산권의 정당한 보상 — 사례 및 판례 평석을 중심으로 하여 —", 『고시계(통권 제470호)』, 1996, 29쪽.

65) 박홍우, "재산권 제한의 법리와 그 적용 한계", 『재판자료(제77집): 헌법 문제와 재판(하)』, 법원도서관, 1997, 604쪽; 김철수, 『헌법학개론(제16전정신판)』, 박영사, 2004, 618쪽; 송재필, 『헌법강의(전정신판)』, 동현출판사, 2000, 382쪽; 김기영, 『헌법강의』, 박영사, 2002, 601쪽; 정연주, "우리 헌법상 재산권 이론의 형성과 발전", 『한국에서의 기본권 이론의 형성과 발전(연천 허영 박사 화갑 기념 논문집)』, 박영사, 1997, 372쪽; 이부하, 앞의 논문, 184쪽.

66) 최갑선, "자유권적 기본권의 침해 여부 판단 구조 및 판단 기준", 『헌법논총(제10집)』, 헌법재판소, 1999, 396쪽; 정극원, "헌법상 재산권 보장의 기본 구조와 본질적 내용", 『공법연구(제27집 제2호)』, 한국공법학회, 1997, 339쪽; 김광수, (註 48), 124쪽.

67) 김형성, "재산권", 『기본권의 개념과 범위에 관한 연구: 헌법 재판연구(제6권)』, 헌법재판소, 1995. 9, 400쪽.

68) 김철수, 『헌법학신론(제14전정판)』, 박영사, 2004, 421쪽; 허영, 『헌법 이론과 헌법(신정8판)』, 박영사, 2003, 595쪽; 강태수, "재산권의 내용과 한계 및 보상", 『법학논집 (제16권)』, 청주대학교 법학연구소, 1999, 8쪽; 이덕연, "보상없는 재산권 제한의 한계에 관한 연구", 『헌법재판연구(제9권)』, 헌법재판소, 1997, 20쪽; 김형성, 앞의 논문, 441쪽; 유성재, "사회보험 수급권과 입법자의 입법형성권 — 국민연금 수급권을 중심으로 —", 『법학논문집(제25권 제2호)』, 중앙대학교 법학연구소, 2001, 79쪽; 박홍우, 앞의 논문, 605쪽; 이철주, 『헌법(Ⅰ)』, 한국방송통신대학교 출판부, 1993, 189쪽.

69) 이철주, 앞의 책, 189쪽.

70) 강태수, 앞의 논문, 10쪽; 이덕연, 앞의 논문, 28쪽.

71) 전광석, 『독일 사회보장법론』, 법문사, 1994, 116쪽; 전광석, "사회보장법과 헌법의 규범력 — 서독의 경험 —", 『연세법학연구(창간호)』, 연세대학교 법과대학 법률문제연구소,

40

권적 기여 요인은 '보험료의 납부 의무'와 '보험급여에 대한 개인의 기여' 등을 제시한다.[73] 국민연금과 건강보험은 직장 가입자[74]의 경우 보험료는 근로자와 사용자가 각각 1/2씩 부담하며, 고용보험의 실업급여도 근로자와 사용자가 각각 1/2씩의 보험료를 부담한다. 보험급여에 대한 자기기여로는 보험급여를 지급받기 위한 요건으로서 부정적인 행위, 즉 고의로 보험사고를 일으키거나[75], 또는 고의 또는 중대한 과실로 요양의 지시를 위반하거나[76], 고의로 다른 수급자격자를 사망하게 하는 경우[77]에는 보험급여의 지급이 제한된다. 실업급여 중 구직급여를 받고자 하는 자는 이직 후 지체 없이 직업안정기관에 출석하여 실업의 신고(고용보험법 제42조 제1항)를 하고, 실업의 인정을 받으려는 수급자격자는 실업의 신고를 한 날부터 계산하여 1주부터 4주의 범위에서 직업안정기관의 장이 지정한 날에 출석하여 재취업을 위한 노력을 하였음을 신고(동법 제44조 제2항)하게 하여, 수급자격자에게 적극적인 노력을 요구하고 있다.

헌법재판소도 구체적인 사회보험의 재산권적 성격이 인정되기 위한 요건으로,

첫째, 공법상의 권리가 권리 주체에게 귀속되어 개인의 이익을 위하여 이용 가능해야 하며(사적 유용성),

둘째, 국가의 일방적인 급부에 의한 것이 아니라 권리 주체의 노동이나 투자,

1990, 146쪽; 이재명, 앞의 논문, 400쪽.

72) "국민연금 수급권은 장래 발생 가능한 사회적인 위험의 현실적 발생을 조건으로 지급된다는 점에서 이미 확정된 권리들과 구별되는 기대권에 불과하며, 헌법 제23조 제1항에서 보호하고 있는 재산권은 이미 재산권 주체에게 현존하고 있는 재산적 가치가 있는 재화의 존속을 보호하는 것을 내용으로 하고 있기 때문에 단순한 기대권에 불과한 국민연금 수급권은 원칙적으로 재산권 보호의 대상에 속하지 않는다"는 견해도 있다(유성재, 앞의 논문, 80쪽 참조).

73) 자세한 것은, 헌법재판소, 앞의 책, 182-187쪽.

74) 지역 가입자의 경우에는 보험료의 전액을 지역 가입자가 부담한다.

75) 국민연금법 제82조 제1항, 국민건강보험법 제48조 제1항 제1호.

76) 국민연금법 제82조 제2항, 국민건강보험법 제48조 제1항 제2호, 산업재해보상보험법 제55조 제1항.

77) 국민연금법 제84조.

특별한 희생에 의하여 획득되어 자신이 행한 급부의 등가물에 해당하는 것이어야 하며(수급자의 상당한 자기기여),

셋째, 수급자의 생존의 확보에 기여할 것을 요구하고 있다.[78]

그러므로 구체적 권리가 아닌 단순한 이익, 기회, 수익의 가능성은 제외되어 산재보험법의 적용 범위 제외 규정(구법 제4조 단서)은 재산권 보장의 대상이 아니다.[79]

사회보험법상의 지위는 청구권자에게 구체적인 급여에 대한 법적 권리가 인정되어 있을 때 재산권의 보호 대상이 되므로,[80] 군인연금법상의 연금수급권,[81] 공무원연금법상의 연금수급권,[82] 국가유공자의 보상수급권을 헌법상의 재산권에 포함시켰다.[83] 그리고 산재보험급여에 대하여도 "산재보험법은 제4장에서 근로자의 부상·질병·신체장해 또는 사망 등에 대하여 보험급여를 한다."고 규정하고, 그 내용으로 요양급여·휴업급여·장해급여·간병급여·유족급여·상병보상연금·장의비를 규정하고 있으며, 보험급여의 수급권자·산정기준·지급시기 등을 규정하고 있다. 따라서 산재보험 수급권은 법률에 의하여 구체적으로 형성되는 권리로서"[84] 재산권으로 인정하고 있다.

2) 근로자의 기여 없는 산재보험 수급권의 재산권성

사회보험법상의 재산권적 기여 요인 중의 하나인 보험료의 납부 의무와 관련하여 산재보험료는 사업주가 전액을 납부하고 근로자는 보험료의 납부 의무가 없음

---

78) 憲裁決 2000. 6. 29. 99헌마289.

79) 憲裁決 1996. 8. 29. 95헌바36.

80) 憲裁決 2000. 6. 29. 선고 99헌마289.

81) 憲裁決 1994. 6. 30. 92헌가9.

82) 憲裁決 1995. 7. 21. 94헌바27; 1996. 10. 4. 96헌가6; 1999. 4. 29. 97헌마333.

83) 憲裁決 1995. 7. 21. 93헌가14. 그러나 보상금 수급권 발생에 필요 절차 등 수급권 발생 요건이 법정되어 있는 경우에는 이 법정 요건을 갖추기 전에는 헌법이 보장하는 재산권이라고 할 수 없다고 한다.

84) 憲裁決 2005. 7. 21. 2004헌바2; 2004. 11. 25. 2002헌바52.

에도 산재보험급여 수급권을 재산권으로 인정할 수 있는지에 대한 검토가 필요하리라 본다.

산재보험료의 사용자 전액 부담방식은 산재보험제도의 전통적인 사용자 책임의 원칙으로, 산재보험급여는 근로자의 업무상 재해가 노동관계적 특질을 전제로 하는 사용자 책임의 법리에 자연적이고 합리적이다.[85] 산업재해는 사용자의 이익 추구행위인 업무와 관련하여 근로자에게 발생되며, 사용자는 근로자의 노동력 제공에 의하여 이익을 취한다. 반면에 그 노동력 제공만이 생활의 근원이 되는 근로자는 일방적인 피해자이므로, 공평의 관점에서 보험급여 재원을 사용자가 부담하는 것은 당연하며, 사회보장법 관점에서 보아도 공평하다.[86]

그리고 사용자가 납부하는 산재보험료는 고용주의 배려의무와 책임의무 및 근로자의 특별한 재해위험에 대한 공동책임을 근거로 납부되는 것이기 때문에 산재보험의 경우도 근로자의 자기기여에 귀속된다고 할 수 있다. 또한 사업주가 보험료를 일방적으로 부담하나, 보험급여 수급권은 피고용인의 업무와 필연적인 등가관계에 있기 때문에 공법상의 권리로서 재산권에 해당되므로, 산재보험법에 있어서의 보험급여도 헌법상 보호되는 재산권으로 인정되어야 할 것이다.[87] 사회보험에 있어서 권리자가 스스로 급부를 부담하였는지는 중요하지 않으며, 제3자가 권리자의 사회보장적인 보호를 위하여 이행한 기여금도 자신의 기여금과 동일한 정도로 재산권 보호의 대상이 된다는 것이다.[88] 사용자만 부담하는 기여금도 근로자를 보호하기 위한 목적에서 갹출되는 것이기 때문에 근로자에게 사회적 위험이 발생한 경우에는 근로자에게 귀속되기 때문이다.[89]

---

85) 이달휴, "산업재해보상보험법에서의 보험관계의 특질과 보험료", 『중앙법학(제8집 제3호)』, 중앙법학회, 2006, 376쪽.

86) 이달휴, 앞의 논문, 377쪽.

87) 정하중, 앞의 논문, 305쪽: 방승주, 앞의 논문, 442쪽; 이상광, 앞의 논문, 36쪽; 김광수, (註 36), 197쪽; 헌법재판소, 앞의 책, 180쪽.

88) 정하중, 앞의 논문, 308쪽.

89) 황성익, 앞의 논문, 72쪽.

우리나라 헌법재판소도 "산재보험제도는 보험가입자(사업주)가 납부하는 보험료와 국고 부담을 재원으로 하여 근로자에게 발생하는 업무상 재해라는 사회적 위험을 보험방식에 의하여 대처하는 사회보험제도이므로, 산재보험 수급권은 이른바 사회보장 수급권의 하나에 속하며, 국가에 대하여 적극적으로 급부를 요구하는 것이므로 헌법 규정만으로는 이를 실현할 수 없고 법률에 의한 형성을 필요로하며, 산재보험 수급권의 구체적 내용인 수급요건 · 수급권자의 범위 · 급여금액 등은 산재보험법 제4장에서 보험급여의 내용을 구체적으로 규정하고 있는바, 산재보험 수급권은 법률에 의하여 구체적으로 형성되는 권리라 할 것"[90]이라고 판시하고 있다.

4. 민법의 상속재산과의 구별

헌법상의 재산권 보장은 사유 재산의 처분과 그 상속을 포함하는 것으로 이해되며,[91] 특히 친족 상속권의 보장 근거는 헌법 제36조 제1항의 가족제도의 보장에서 찾을 수 있다.[92] 사회보험 수급권이 헌법상의 재산권에 해당된다고 하여 비판 없이 민법의 상속재산과 동일시 할 수는 없을 것이다.

민법의 상속재산은 피상속인의 사망으로 피상속인으로부터 상속인에게 승계되는 재산으로 피상속인이 가졌던 적극적 재산권뿐만 아니라 채무 등의 소극적 재산권까지 포함하며, 그 재산은 상속 개시 당시에 현존함으로써 충분하므로, 순수한 재산권이 상속되는 것은 물론이려니와 순수한 재산권이 아닌 것도 재산상의 권리 · 의

90) 憲裁決 2004. 11. 25. 2002헌바52.

91) 憲裁決 1998. 8. 27. 96헌가22, 97헌가2 · 3 · 9, 96헌바81, 98헌바24 · 25(병합); 윤진수, "상속제 도의 헌법적 근거", 『헌법논총(제10집)』, 헌법재판소, 1999, 178쪽; 강대식, "국가의 환경보호 의무와 개인의 재산권 보장에 관한 연구 ― 상수원 수질보전 특별 대책 지역을 중심으로 ―", 『박사학위논문』, 청주대학교 대학원, 2000, 30쪽; 유경춘, 앞의 논문, 185쪽; 권형준, 앞의 논문, 185쪽; 김형성, 앞의 논문, 412쪽.

92) 윤진수, 앞의 논문, 200쪽.

무와 관계되는 것은 상속의 대상이 된다.[93] 그러므로 물권, 채권, 무체 재산권 등은 원칙적으로 상속 대상의 재산이며,[94] 정신적 손해에 대한 손해배상 청구권[95]이나, 생명침해로 인한 통상의 손해배상 청구권도 상속된다(민법 제1005조).

사망 퇴직금과 미지급 임금은 상속재산으로 보지 아니하고 수급권자의 고유 재산으로 보고 있으며,[96] 생명보험금의 경우 수령인을 특정의 상속인으로 하는 경우에는 상속재산으로 보지 않고, 수령인을 피상속인 자신으로 한 경우에는 상속재산으로 본다.[97]

사회보험급여의 상속여부가 문제되나, 공무원연금법, 군인연금법, 국민연금법, 산재보험법 등의 유족연금은 사망자와의 일정한 관계에 있는 생존자에게 주어지는 급여로서 수급권자의 범위나 순서가 법령에 정하여 있어 그 변경이 인정되지 않는 경우에는 수급권자의 고유재산이 되어 상속재산에 포함하지 않는다.[98]

특히 상속재산은 적극적 재산뿐만 아니라 소극적 재산까지도 포함되므로 채무 기타 재산적 의무도 상속된다. 통상의 보증채무와 연대보증도 상속이 되며, 손해배상 채무와 벌과금 납부 의무도 그 성질이 재산적 채무이므로 상속이 된다.[99] 그러나 상속재산의 특성상 피상속인의 일신에 전속하였던 것은 권리주체의 사망과 동시에 소멸하기 때문에 상속되지 않는다.

---

93) 김용한, 『(보정판)친족 상속법』, 박영사, 2003, 312쪽; 김용한, "상속재산", 『사법행정(통권 제175호)』, 한국사법행정학회, 1975, 27쪽.

94) 김용한, 앞의 책, 312 - 313쪽; 김주수, 『주석 친족 · 상속법(제2전정판)』, 법문사, 1993, 575 - 577쪽.

95) 大判 1996. 10. 18. 66다1335.

96) 양수산, 『친족 · 상속법』, 일신사, 1994, 594쪽; 김주수, 『친족 · 상속법』, 법문사, 1995, 517쪽.

97) 양수산, 앞의 책, 595쪽; 김주수, (註 96), 516 - 517쪽; 노태주, "상속재산의 범위에 관한 고찰", 『대학원논총(제14집 제2권)』, 경남대학교 대학원, 1999, 228쪽.

98) 김용한, 앞의 책, 315쪽.

99) 김주수, (註 94), 583 - 584쪽.

5. 평가

헌법이 '인간의 존엄과 가치'에 관한 규정을 기본권 모두에 두고 있음은 재산에 대한 권리는 단순히 '재산적 가치 있는 권리'로서 만이 아니라, 헌법이 보장하는 '인권'의 하나로서 보는 시각도 필요하기 때문이다. 이는 재산권의 금전가치보다 재산권 그 자체나 존속을 중시하는 이유가 재산권을 개인의 인격에 대한 관계를 중시하는 것임을 알 수 있다.[100]

사회보험급여는 과거에는 수혜자의 반사적 이익으로 간주되었으나, 현대 복지국가에서는 사회보험 수급권을 개인적 공권으로 보고 종국적으로는 소송을 통하여 실현할 수 있는 권리로 보고 있다.[101]

미국의 경우에도 최근 사회복지 수급의 자격(entitlement)에 관하여 전통적인 '은혜'로 보는 견해를 배격하고 복지국가의 실상에 적응한 '권리'로서의 성격을 부여해야 한다며 새로운 재산권(New Property)으로 파악하는 견해도 있다.[102]

그러나 사회보험 수급권을 헌법상 재산권으로 인정한다 하여도 민법상의 재산권과 완전히 동일한 성질을 갖는 것은 아니며 다음과 같은 차이점이 있다.[103]

첫째, 사회보험은 저축금이나 채권과는 달리 장래에 발생 가능한 사회적인 위험의 현실적 발생을 조건으로 하여 지급되는 것이기 때문에 그 처분성이 인정되지 않는다.

둘째, 민법상의 재산권은 효용에 있어서의 자유가 인정되어 개인이 자신의 재

---

100) 박규하, "재산권 보장과 손실보상", 『외법논집(제15집)』, 한국외국어대학교 법학연구소, 2003, 32쪽.

101) 이헌석, 앞의 논문, 234쪽.

102) C. A. Reich, "The New Property", *Yale Law Journal*. Vol. 73(1964), p. 733; C. A. Reich, "Individual Right and Social Welfare : The Emerging Legal Issues", Y*ale Law Journal*. Vol. 74(1965), pp. 1245; 397 U. S. 254(1970); 이호용, "사회보장을 받을 권리의 구체적 권리성을 위한 새로운 시론 — 행정법의 관점에서 —", 『토지공법연구(제14집)』, 한국토지공법학회, 2001, 356쪽 이하; 이헌석, 앞의 논문, 234쪽.

103) 헌법재판소, 앞의 책, 187－200쪽 참조; 김광수, (註 36), 202쪽 이하 참조.

46

산을 어디에 쓰든지 자유이지만, 사회보장으로 인하여 획득하는 '재산'은 생존, 생활 혹은 치료 등의 목적으로 제한된다.

셋째, 사회보험 수급권은 그 관리를 국가적인 차원에서 하고 있다. 헌법이 보장하는 재산권은 그것의 일차적인 지배를 재산권자인 국민 개개인에게 맡기는 데 비하여, 사회보험 수급권은 이를 공적 주체가 관리하면서 그로부터의 청구권을 보험 수급권자에게 할당하는 방식을 취한다.

넷째, 사회보험 수급권은 입법자에 의해 결정되는 측면이 있기 때문에 국가 정책의 표현이고, 그 내용은 사회 상황과 경제 상황 등에 따라 수급권을 조정할 필요가 있다.

제3절 사회보험 미지급보험급여의 상속여부(산재보험을 제외하고)

미지급보험급여제도의 필요성은 "恩給權이나 年金受給權 자체는 일신전속권으로 상속의 여지는 없지만, 수급권자가 생존 중에 취득하였으나 아직 지급받지 못한 年金給付는 재산권이므로 사망한 수급자와 일정한 신분관계를 갖는 자에게 인도하는 것이 당연하다"[104]는 견해에서 찾을 수 있다.

사회보험의 미지급보험급여는 수급권자 사망 이전에 이미 발생되었던 청구권이고, 미지급보험급여제도는 수급권자에게 발생하였던 청구권이 소멸되지 않았음이 전제됨으로 미지급보험급여의 상속 여부가 논란이 될 수 있다.

---

104) 岩村正彦, "未支給年金給付についての 一考察", 伊藤博義・ 保原喜志夫・山口浩一郎編, 『勞働保護法の研究 : 外尾健一先生古稀記念』, 有斐閣, 1994, 458-459頁.

Ⅰ. 독일에서의 논의

사회급여 수급권의 상속문제와 관련하여 독일 학계에서도 활발한 논의의 대상이 되었으며 판례도 다양하게 발달되어 왔다. 그것은 수급권의 상속에 관한 사회법전의 규정이 일정하지 않은 데도 그 원인이 있었다.[105] 공법관계에서 발생하는 금전채권·채무의 상속에 관한 견해는 여러 가지가 있었으나 크게 나누어 보면 다음과 같다.

1. 부정설

독일에서도 과거에 특별 승계[106]규정은 민법상 상속에 관한 규정을 완전히 배제하여 사회급여는 관리 운영 주체에 귀속된다고 주장하는 학자가 있었다. 사망은 모든 공법관계의 종식을 가져오기 때문에 공법관계에서 발생하는 모든 권리·의무는 그 권리자 또는 그 의무자의 사망과 함께 소멸하며, 그 결과 상속인 기타 타인에게 승계될 수 없다[107]고 하는 것이 부정설이다. 이 설에 의하면 수급권자의 재산상속인은 수급권자가 미처 수령하지 못한 사회급여도 수령할 수 없으며, 또 그 지급을 청구할 수도 없을 뿐만 아니라, 수급권자가 부당하게 지급받은 사회급여를 반환할 의무도 지지 않는다.

그러나 이 설은 아주 오래 전의 주장으로 오늘날 이 설을 주장하는 사람은 없다.[108]

---

105) 이상광, 『사회법』, 박영사, 1988, 509쪽.

106) 사회법은 수급권자가 사회급여를 수령하지 못하고 사망한 경우에 그 사회급여를 민법의 상속 규정에 따라 상속시키지 아니하고 특별 규정을 두어 그 귀속을 결정하고 있는 제도를 특별 승계제도(산재보험법 제53조, 국민연금법 제55조 등)라 한다(이상광, (註 12), 162쪽).

107) G. Jellinek, *System der subjektiven öffentlichen Rechte*, 1905, S. 343f(이상광, (註 105), 509쪽에서 재인용).

108) 이상광, (註 105), 509-510쪽; 이상광, (註 12), 653쪽.

2. 긍정설

공법(행정법)관계에서 발생하는 권리·의무는 원칙적으로 일신전속성을 가지고 있어, 양도 등과 같이 당사자의 합의를 통하여 변경시킬 수 없는 것이 원칙이나,[109] 금전채권·채무나 재산법상의 권리·의무는 예외적으로 그 주체를 변경할 수 있어 양도되거나 또는 상속의 방법을 통하여 포괄승계 될 수 있다.[110] 그러므로 미지급보험급여라 할지라도 일정한 경우에는 상속될 수 있다고 보는 것[111]이 오늘날의 통설이며, 또 현대 사회법의 태도이다. 그러나 그 근거에 관해서는 몇 가지 상이한 견해가 주장되어 왔다.

사회급여 수급권이 재산법적 성질을 가지고 있는 한(예컨대 금전급여) 원칙적으로 공법관계인 사회법관계에도 적용된다는 독일 제국보험청(RVA)의 견해인 국고설,[112] 수급권자인 피상속인과 관리운영 주체와의 관계는 공법관계이나 피상속인의 사망과 더불어 그 공법 관계성은 종결하고, 다만 상속인과 관리운영 주체 간의 사법관계로 그 성질이 변경된다고 보며, 그 결과 상속인과 관리운영 주체와의 법적 분쟁도 민사법원의 관할에 속하게 된다는 법률관계 성질변경설[113], 민법의 재산상속에 관한 규정이 사법관계뿐만 아니라 공법관계에도 적용된다는 독일행정법원(BVwGH)의 견해인 민법 적용설,[114] 공법관계에는 공법 규정을 유추적용 하

---

109) Forsthoff, *Lehrbuch des Verwaltungsrechts*, 10. Aufl., S. 192(이상광, (註 12), 652쪽에서 재인용).

110) 이상광, (註 105), 509쪽; 이상광, (註 12), 652쪽.

111) 岩村正彦, "未支給の國民年金支拂請求訴訟係屬中の受給權者の死亡と訴訟承繼可否: 本村訴訟", 『ジュリスト 1094号』, 有斐閣, 1996, 175頁.

112) 이상광, (註 12), 653쪽.

113) Elscholz－Theile, "Die gesetzliche Rentenversicherung", Synoptischer Kommentar, 1936, Nr84; Hastler, "Der Übergang von Leistungsansprüchen aus der Sozialversicherung und Kriegsopferversorgung von Todes wegen", in: *Wage zur Sozialversicherung* 1953, S. 65(이상광, (註 12), 654－655쪽에서 재인용).

114) 이상광, (註 12), 654쪽.

여야 정당하고 공평한 결과에 도달한다고 보는 독일연방재판소(BGH)의 견해인 유추적용설,[115] 피상속인과 사회급여 관리운영 주체와의 관계는 피상속인의 사망과 더불어 소멸하며 상속을 통하여 상속인과 관리·운영 주체 간에 새로운 순수 민법상의 법률관계가 발생한다고 보는 독일 사회법원(BSG)의 견해인 법률관계 의존설[116] 등이 있다.

3. 입법례

독일 사회법전(Sozialgesetzbuch) 제1편 제56조는 "현재의 금전급부에 관하여 예정된 청구는 권리자의 사망의 경우에, 이들이 권리자의 사망 시에 권리자와 함께 공동으로 생활을 영위하거나 또는 그에 의하여 사실상 부양되는 경우에는 1. 남편, 1a. 동거하는 남편, 2. 자녀. 3부모. 4. 가사 운영자의 순서대로 존속한다"고 규정하고 있으며, 동 제58조는 "금전급부에 관하여 청구권이 제56조와 제57조(특별권한 승계자의 포기와 책임)에 따라 특별권한 승계자에게 속하지 않는 한, 예정된 청구권은 민법전의 규정에 따라 상속되며, 국가는 법정 상속인으로서 청구를 제기할 수 없다"고 규정하고 있다.

Ⅱ. 일본에서의 논의

1. 학설

1959년 당시 厚生省 年金局長이었던 小山進次郎은 "연금 수급권의 일신전속성에 대하여 상속은 인정되지 않고, 연금급부에 의하여 보호되는 것에는 일정범위

---

115) 이상광, (註 12), 654 – 655쪽.
116) 이상광, (註 12), 655쪽.

의 妻子도 포함하므로, 특례로서 미지급연금을 지급한다"[117]고 하였다. 미지급급부의 지급은 입법 취지 및 사회보험 각 법이 상속법과는 다른 범위와 순위로 청구권자를 규정하고 있어, 자기 이름으로 청구할 수 있는 것으로 보아 상속과는 별개의 견지에 근거를 두는 것이다. 따라서 "미지급급부는 사회보험 각 법의 규정을 벗어나, 별도의 상속대상이 되지는 않으며, 상속재산에는 포함되지 않는다"[118]는 것이다.

"미지급연금 수급권의 상속이 부정되는 것은 상속인보다 수급권자와 생활을 같이 하고 있었던 유족에게 미지급연금 수급권의 처분 권한을 우선하여 수여한다는 정책적인 사고의 결과"[119]인 것이다.

현재의 연금제도의 원형은 明治時期의 恩給制度[120]에서 찾아 볼 수 있다. 樋貝詮三은 은급권의 상속을 부정하는 입장을 취하면서도, 단 그 소멸 전에 발생한 지급 청구권은 그 성질을 당연한 재산권으로 보아, 권리자의 사망과 함께 당연 소멸하는 것으로 하지 않고, 그 유족이 이를 승계하거나 이에 대한 처분의 권한을 얻는 것이 정당하므로 그 한도 안에서 은급권의 존속을 인정하여,[121] '지급청

---

117) 小山進次郎, 『國民年金法の解說』, 時事通信社, 1959, 149頁(岩村正彦, (註 104), 456頁에서 재인용).

118) 岩村正彦, 『社會保障法Ⅰ』, 弘文堂, 2004, 67頁; 佐藤道明, "未支給となっていた國民年金法に基づく老齡年金の支拂を求める訴訟が原告の死亡により終了したとして, その相續人への訴訟承繼が否定された事例", 『判例タイムズ 臨時增刊 41卷 25号(735), 1989年度 主要民事判例解說』, 判例タイムズ社, 1990, 391頁; 河野正輝, "未支給年金の請求權と訴訟の承繼 : 本村訴訟", 『ジュリスト(別冊): 社會保障判例百選(第二版) 113号』, 有斐閣, 1991, 91頁.

119) 岩村正彦, (註 104), 463頁.

120) 恩給制度는 초기 근대 국가의 건설에서 근간을 이루었던 군인과 상급관리를 대상으로 하는 연금제도였다(노상헌, "일본 국민연금 제도의 개혁과 쟁점", 『사회법연구(제3호)』, 한국사회법학회, 2004, 72 - 73쪽).

121) 樋貝詮三, 『恩給法原論』, 嚴松堂書店, 1922, 62 - 63頁(岩村正彦, (註 104), 447頁에서 재인용); 佐々木惣一, 『日本行政法 總論』, 有斐閣, 1921, 204頁; 美濃部達吉, 『日本行政法 上卷(總論)』, 有斐閣, 1919, 99頁(岩村正彦, (註 104), 449頁에서 재인용).

구권'은 상속된다고 하며, "유족이 없을 경우에 상속인에게 미지급 은급을 지급하는 실질적인 이유는 미지급은급은 은급권리자의 유산으로 생각할 수 있기 때문"[122]이라 한다.

한편 國家公務員共濟組合法 제45조[123] 등의 규정이 급부 수급권자가 사망하여 미지급급부가 있는 경우에는 그자와 생계를 같이 한 유족이 없을 때에는 상속인에게 지급하여, 미지급연금 청구권에 대하여 실질적으로는 상속의 구조와 완전히 차단시키고 있는 것은 아니라는 것이다.[124] 그리고 "國民年金法 제19조 제1항도 미지급연금 청구권에 대하여 강한 재산권적 성격이 있는 것도 긍정해야 하고",[125] "실질적으로는 상속의 구조와 완전히 차단하고 있다고는 말할 수 없으며, 다만 사망한 수급권자와 생계를 같이 한 것을 요건으로 하여 청구권자의 순위를 민법과 다르게 규정한 것에 지나지 않는다고 이해할 수 있으므로, 상속과 다른 것을 강조하는 것은 의심의 여지가 있어",[126] 상속의 대상이 되지 않는다고 판단할 수는 없을 것[127]이라 한다. 따라서 이 규정은 단순히 권리의 이전에 대하여 민법의 상

---

122) 岩村正彦, (註 104), 451頁.

123) 國家公務員共濟組合法 第45條는 "수급권자가 사망한 경우에 그 자가 지급을 받을 수 있던 급부로 지불받지 못했던 것이 있을 때에는 전2조의 규정에 준하고, 이것을 그자의 유족 (조위금 또는 유족공제연금에 관해서는 이러한 급부에 관계된 조합원이었던 자의 다른 유족)에게 지급하고, 유족이 없을 때에는 사망한 자의 상속인에게 지급한다."

124) 宮崎良夫, "未支給年金支拂請求訴訟の承繼の可否", 『ジュリスト別冊 153号: 社會保障判例百選(第3版)』, 有斐閣, 2000, 82頁.

125) 岩村正彦, (註 104), 463頁.

126) 宮崎良夫, 前揭論文, 82頁; 大島隆明, "1. 基本權たる年金受給權の裁定を受けた原告が國民年金法に基づく未支給の老齡年金の支拂を求める訴訟の係屬中に死亡した場合, 相續人が當然にその地位を承繼するか(消極), 2. 右の場合に, 生計を同じくしていた子が", 『判例タイムズ 臨時增刊 44卷 24号(821): 平成4年度 主要民事判例解說』, 判例タイムズ社, 1993, 301頁; 川神裕, "國民年金法(昭和六〇年法律第三四号による改正前のもの)に基づく年金の受給資格を有する者が國に對して未支給年金の支拂を求める訴訟の係屬中に死亡した場合における訴訟承繼の成否", 『ジュリスト 1089号』, 有斐閣, 1996, 317頁; 齊木敏文, "未支給國民年金支拂請求訴訟係屬中の受給權者の死亡と訴訟承繼の可否 : 本村訴訟", 『行政關係判例解說』. ぎょうせい, 1996, 214頁.

속에 의한 승계의 특칙을 마련한 것으로 이해하는 것이 자연스럽다는 것이다.[128]

"미지급급부는 사망자가 생전에 받아야 했던 권리로서, 사망자에게 귀속한 권리로 보아야 하며, 그 의미로는 상속 그 자체라 할 수 있다고 평가되는 부분이며",[129] "피보험자의 사망을 지급요건으로서 지급되는 유족급부 등에 비하여 상속과의 관계가 훨씬 농후하다"[130]는 것이다.

2. 판례

공적인(사회보장) 수급권의 상속에 의한 승계의 適否에 대하여서는, 朝日訴訟[131]을 시작으로 하여, 제2차 藤木訴訟[132] 및 宮訴訟[133] 등의 재판 사례가 있으며, 모두 일신전속권으로 보아 상속재산의 범위에는 속하지 않는 것으로 보고 있다.[134]

일본의 最高裁判所[135]는 이른바 本村訴訟[136]으로 알려진 國民年金法의 미지급

---

127) 川神裕, "國民年金法(昭和六〇年法律第三四号による改正前のもの)に基づく年金の受給資格を 有する者が國に對して未支給年金の支拂を求める訴訟の係屬中に死亡した場合における訴訟承繼の成否", 『法曹時報 49卷 11号』, 法曹會, 1997. 11, 243頁.

128) 西村健一郎, "年金の支給停止を爭っていた者の死亡と訴訟の承繼", 『判例時報 1442号(判例評論 409)』, 判例時報社, 1993. 29頁; 大島隆明, 前揭論文, 301頁.

129) 社會保障事典編輯委員會 編, 『社會保障事典』, 大明書店, 1982. 547頁; 川神裕, (註, 127), 249頁.

130) 三島宗彦・右近健男, 『新版 註譯民法(27)相續(2)』, 95頁(川神裕, (註 127), 249頁에서 재인용).

131) 最高裁 1967. 5. 24. 大法廷 判決(訟務月報 31卷 1号, 161頁).

132) 最高裁 1988. 3. 28. 第3小法庭 判決.

133) 東京高裁 1981. 4. 22. 判決(訟務月報 27卷 9号 1705頁; 判例時報 999号 24頁.

134) 兼行邦夫, "1. 老齡年金の請求訴訟において年金受給權者が死亡した場合の訴訟承繼の可否(消極), 2. 國民年金法(昭和六〇年法律第三四号による改正前のもの)一九條一項の 規定による未支給年金の受給權者が, 行政處分, これに對する行政上の不服申立て又は取消訴訟を經ないで, 直ちに右請求權の行使としての 給付訴訟を提起することの可否(消極) ほか", 『訟務月報 35卷 11号』, 訟務研究會, 1989. 11, 2039頁.

135) 最高裁 1995. 11. 7. 第3小法廷 判決(1991년 제 212호): 老齡年金 支給請求, 同 參加申請事件.

연금 지불청구 소송에서 "미지급연금은 상속과는 다른 입장에서 일정한 유족에 대하여 미지급연금급부의 지급을 인정한 것이며, 사망한 수급권자가 가지고 있는 연금급부에 관계되는 청구권이 동조의 규정을 떠나 별도 상속의 대상이 되는 것이 아니라는 것은 명백하다"[137]고 하였다.

한편 國家公務員等共濟組合法의 미지급연금이 상속재산에 포함되는가에 대하여 下級審은 "國家公務員等共濟組合法 제45조(1983년 법률 제82호에 의한 개정 전의 것)는 '사망한 국가공무원의 수입에 의거하고 있었던 유족의 생활보장을 주된 목적으로 하며, 이에 부차적으로 상속적 요소를 가미하여 민법과는 별개의 입장에서 수급권자를 정한 것으로, 수급권자인 유족 또는 상속인은 민법 제896조에 의하지 않고, 國家公務員等共濟組合法 제45조에 의하여 직접 이를 자기 고유의 권리로서 취득한다'고 하며, 미지급연금은 상속재산에 속하지 않는다."[138]고 판단하였다.[139]

3. 행정해석

행정해석은 연금 수급권은 일신전속권이며 따라서 상속은 있을 수 없다는 것을 출발점으로 한다. 厚生年金法 제37조 제1항·國民年金法 제19조 제1항은 일정 범위의 유족에 한하여 미지급연금의 수급권을 배타적으로 인정하였기 때문에 상속인이 수급권자가 되는 것은 아니라는 결론을 이끈다.[140] 그리고 社會保險審查會의

---

136) 이 사건은, 장해복지연금과 거출제 노령연금의 수급권사가 공급 조정을 확정하는 국민연금법 제20조와 그에 근거하여 실시된 연금 지급정지 조치의 위헌 무효를 주장하고, 지급 정지된 노령연금의 지불을 청구한 사건이다. 그러나 소송계속 중에 원고인 연금 수급권자가 사망하였으므로, 그 상속인에 의한 소송승계 또는 소송참가의 인정가능 여부가 문제시 되었다.

137) 宮崎良夫, 前揭論文, 80頁.

138) 東京地板 1987. 3 . 24.(訟務月報 33卷 10号, 2455頁); 東京簡判 1986. 11. 26.(訟務月報 33卷 10号, 2459頁).

139) 岩村正彦, (註 104), 444－445頁.

裁決도 "미지급연금은 법 소정의 요건을 만족시키는 특정한 유족에 대하여 고유의 권리로서 지급되는 것이지, 사망한 자에게 지급해야 했던 연금을 상속인인 유족에게 지급하는 취지의 것이 아니다"[141] 라고 하며, "수급권자의 자녀도 생계 동일 요건을 충족하지 않는 경우에는 미지급연금을 지급할 수 없다"[142]고 판단하고 있다.[143][144]

그러나 다른 사회보험과는 달리 건강보험의 미지급금전급부에 대해서는 해당 청구권에 대하여 명문의 규정은 없으나, 행정해석(保險局・解釋と運用, 1464頁)은 상속재산의 대상이라고 한다.[145]

4. 입법례

초기의 恩給法에서 미지급은급에 대한 규정은 존재하지 않았으나,[146] 1923년의 恩給法(법률 제48호) 제10조는 "은급권자 사망 시 그 생존 중의 은급으로서 급여를 받지 못한 자는 勅令이 정하는 바에 의하여 이를 해당 공무원 또는 그에 준하

---

140) 社會保險廳厚生年金保險課 業務第1課・業務第2課 監修, 『厚生年金保險法總覽』, 社會保險研究所, 1987, 169頁: 社會保險廳 年金保險部 監修, 『國民年金總攬』, 社會保險研究所, 1987, 117-119頁; 岩村正彦, (註 104), 462頁.

141) 社會保險審查會, 1992. 2. 28. 裁決・『例解社會保險審查會裁決要覽』6卷 2353・16.

142) 前揭, 社會保險審查會, 1992. 2. 28. 裁決; 同 1985. 6. 29. 裁決・裁決集 6卷 2353・7; 同 1986. 1. 31. 裁決・裁決集 6卷 2353・11(いずゎも 老齡福祉年金の事例); 同 1979. 12. 20. 裁決・裁決集 6卷 2353・2; 同 1984. 2. 29. 裁決・裁決集 6卷 2353・5.

143) 岩村正彦, (註 104), 462頁.

144) 1954년 厚生年金法 개정법의 施行通達(1954. 8. 12. 保險發 第66号)은 동법 제37조의 취지를 '연금급부 수급권의 일신전속성이 강조되고 있으나, 미지급연금의 지급분에 대하여 일정 범위의 배우자와 자녀에게도 청구를 인정'하여, 미지급연금의 지급은 일신전속성의 예외로서 자리매김 하였다.(岩村正彦, (註 104), 455-456頁).

145) 岩村正彦, 前揭書, 66頁. 주11); 社會保險廳, 『社會保險のてびき』, 社會保險研究所, 1970, 127頁.

146) 岩村正彦, (註 104), 447頁.

는 자의 유족에게 지급하고, 유족이 없는 경우에는 사망자의 상속인에게 지급한
다"[147]고 규정하였다.

한편 은급제도를 가지고 있었던 官吏와 달리 오랫동안 공적 연금 제도를 가지
못했던 민간 노동자에 대해서는 1941년에 이르러서 勞働者年金保險法(法律 第60
号)이 제정되나 미지급보험급부에 관한 규정은 없었다.[148] 戰後(한국의 광복 이후)
미지급연금의 수급자의 범위를 제한하거나 확대하는 과정을 거쳐,[149] 國民年金法
의 일부를 개정하는 법률(1961년 法律 第167号) 및 통산연금제도를 창설하기 위한
관계 법률의 일부를 개정하는 법률(1961년 法律 第182号)에 의하여 國民年金法 제
19조 및 厚生年金法 제37조를 개정하여, 미지급연금의 수급자는 배우자와 자녀 및
부모, 손자, 조부모, 형제자매로 확대되어, 상속인의 범위[150]와 같이 규정하였다. 그
러나 개정 법령들은 수급자의 범위를 넓히기는 하였으나, 한편 다른 형태로 축소되
었다는 것에 주의해야 한다. 즉 구법 규정에서는 수급자이기 때문에 요구되는 것은
생계유지 요건이었지만, 개정법 규정에서는 생계동일요건으로 가중되어 배우자와
자녀 및 부모, 손자, 조부모, 형제자매라 하여도 생계동일요건이 아니면 수급자가
될 수 없게 된다.[151]

5. 餘論

일본은 사회보험 미지급급부에 대하여 관련 법령을 개정하여 遺族과 相續人의
범위를 같이 하고 있으나, 미지급급부의 수급요건을 사망한 수급권자와의 生計同
一要件을 규정하여, 상속인이라 하여 반드시 유족이 되는 것이 아니라 사망한 수급

---

147) 岩村正彦, (註 104), 449 – 450頁.

148) 岩村正彦, (註 104), 452頁.

149) 자세한 것은, 岩村正彦, (註 104), 449 – 458頁 참조.

150) 일본 민법 제887조, 889조 참조.

151) 岩村正彦, (註 104), 458頁.

권자와의 생계동일요건이 아니면 수급자가 될 수 없다고 본다.[152]

그리고 미지급급부의 소송승계에 대해서는 판례가 미지급급부를 상속재산으로 보지 않고 소송승계를 부정하며,[153] 학설도 다수설이 이에 동조한다. 따라서 수급권자가 보험급부의 소송 중 사망한 경우에는 유족이 새로이 보험자에 대하여 미지급급부를 청구하여 보험자로부터 결정(부지급 처분)을 받고 이에 대하여 불복절차를 거쳐야 하며, 그 이유는 미지급급부는 상속재산이 아니라 관련법의 규정에 의한 고유한 권리로 파악하고 있기 때문이다.[154]

Ⅲ. 우리나라의 경우

1. 사회보험법령의 규정

1) 국민연금법

국민연금법상의 연금제도는 자기기여를 전제로 하는 사회보험의 전형적인 형태이다.[155] 동법상의 각종 급여 수급권은 헌법 제23조에 의하여 보장되는 재산권으로서의 성격을 가지고 있다.[156] 동법 제55조 제1항은 "급여의 수급권자[157]가 사망

---

152) 國民年金法 제19조 제1항 및 厚生年金法 제37조 제1항 참조.

153) 그러나 우리나라 산재보험의 경우 유족에게 소송수계를 인정하고 있다(大判 2006. 3. 9. 2005두13841).

154) 岩村正彦, 前揭書, 68頁.

155) 憲裁決 2001. 4. 26. 2000헌마390.

156) 憲裁決 1996. 10. 4. 96헌가6; 憲裁決 2000. 6. 1. 97헌마190.

157) '수급권자'를 실제로 유족연금을 지급받은 사람뿐 아니라 연금 가입자의 상속인인 유족들이 모두 포함되는 것으로 확장 해석할 근거가 없을 뿐만 아니라, 그와 같이 확장해석하게 되면 수급권자 이외의 상속인인 유족들은 유족연금을 지급받지 아니하고도 그들이 제3자에 대하여 가지는 손해배상 청구권을 상실하든가 그 금액을 감액당하는 경우

한 경우에 그 수급권자에게 지급하여야 할 급여로서 아직 지급되지 아니한 것이 있을 때에는 그 배우자·자녀·부모·손자녀 또는 조부모로서 수급권자의 사망 당시 수급권자에 의하여 생계를 유지하고 있던 자의 청구에 의하여 그 미지급급여를 지급한다"고 규정하고 있다.

미지급보험급여는 연금 또는 반환일시금 수급권자가 사망한 경우에 그로 인하여 지급되지 못한 급여액을 그 유족에게 지급함으로써 수급권자와 공단간의 법률관계를 종결하고자 하는 것이다.[158]

행정해석은 유족연금 수급권은 민법상의 상속재산에 해당되지 아니 한다[159]고 하나, 동법에서 미지급보험급여의 상속을 제한하는 규정은 없다.

2) 국민건강보험법

국민건강보험법 제39조의 요양급여는 현물급여가 원칙이다. 그러나 예외적으로 금전급여가 지급될 동법 제44조의 긴급 기타 부득이한 사정에 의한 요양비[160], 동법 제45조의 임의급여(장제비, 상병수당, 기타 급여), 동법 제46조의 규정에 의한 장애인복지법에 의하여 등록한 장애인 가입자 및 피부양자에게는 보장구에 대하여 보험급여를 실시하는 경우 등에 대하여는 수급권자가 급여를 받기 전에 사망한 경우에 대하여 특별히 규정하고 있지 아니하다.

법률에 의하여 구체적으로 형성된 건강보험 수급권에 대하여 헌법재판소는 이를 재산권의 보장을 받는 공법상의 권리로서 헌법상의 사회적 기본권의 성격과 재산권의 성격을 아울러 지니고 있다고 보고 있다.[161] 국민건강보험법의 경우에도

가 발생하여 유족들에게 뜻하지 아니한 손해를 입히게 될 것이므로, 위에서 말하는 '수급권자'라 함은 현실로 국민연금관리공단으로부터 유족연금을 지급받은 자를 의미하는 것으로 풀이함이 상당하다(大判 1996. 5. 10. 95누11993).

158) 인경석, 『국민연금법 해설』, 국민연금관리공단, 2001, 215쪽; 김태성·김진수, 『사회보장론 (개정판)』, 청목출판사, 2003, 235쪽.

159) 1992. 10. 7. 심사 800.0 - 10.79(이상윤, 『국민연금법 해설』, (주)중앙경제, 1999, 184쪽).

160) 국민건강보험공단, 『업무처리요령 및 제 신고서식』, 2004, 53쪽.

부득이한 사정에 의한 요양비,[162] 동법 제45조의 임의급여(장제비, 상병수당 등)등은 금전급여지만 이에 대한 상속여부에 대한 규정은 없다.

그러나 보험급여비 還收(구 의료보험법 제41조 제1항 : 현행 국민건강보험법 제52조 제1항)에 관한 납부의무의 상속에 관하여 피보험자가 사망한 경우 그의 妻나 기타 상속인에게 상속시키자는 견해가 있으며,[163] 하급심 판례는 보험급여의 반환과 관련하여 '보험급여를 받은 자가 사망한 경우 피보험자가 그의 보험급여 반환의무 전부를 당연히 승계한다는 법규정을 찾아볼 수 없어, 그 반환의무는 민법상의 법정 상속분에 따라 상속인들에게 상속된다'[164]고 한다. 이는 아마도 미지급보험급여가 상속인에게 상속된다는 것을 전제로 한 것이 아닌가 여겨진다. 왜냐하면 보험료 반환의무의 상속을 인정한다면 그 반대급부인 보험급여의 상속도 인정함이 형평하기 때문이다.

3) 고용보험법의 구직급여

고용보험법 제57조 제1항은 미지급구직급여에 대하여 '수급자격자가 사망한 경우 그 수급자격자에게 지급되어야 할 구직급여로서 아직 지급되지 아니한 것이 있는 경우에는 당해 수급자격자의 배우자(사실상의 혼인관계에 있는 자를 포함한다)·자녀·부모·손자녀·조부모 또는 형제자매로서 수급자격자와 생계를 같이 하고 있던 자의 청구에 의하여 그 미지급분을 지급한다'고 규정하고 있다.

이 규정은 수급자격자가 사망한 경우에 수급자격자의 수급권을 유족에게 승계시키고 그 유족으로 하여금 수급에 필요한 절차를 밟도록 하고 있다.[165] 그러나 당해

---

161) 憲裁決 2003. 12. 18. 2002헌바1.

162) 국민건강보험공단, 앞의 책, 53쪽.

163) 이응도, "보험급여비 환수에 관한 납부 의무의 승계", 『의료보험(제89호)』, 의료보험조합연합회, 1986. 2, 40쪽.

164) 대구高判 1993. 7. 21. 93구310; 정홍기·조정찬, 『국민건강보험법』, 한국법제연구원, 2005, 505쪽.

165) 유길상·이철수, 『고용보험법해설』, 박영사, 1996, 434쪽.

수급자격자와 생계를 같이하고 있던 유족이 없는 경우에 대하여는 아무런 규정이 없을 뿐만 아니라 아직 이와 관련하여 다툰 사례도 찾기가 어렵다.

2. 노동관계법상의 규정

건설근로자의 고용개선 등에 관한 법률 제14조 제1항은 건설근로자가 사망하여 퇴직공제금을 지급받지 못한 경우에는 유족에게 지급하도록 규정하고 있으며, 동 제2항은 유족의 범위 및 그 순위는 산재보험법 제44조 및 제46조의 규정을 준용하도록 규정하고 있다.

1998. 7. 1.부터 시행된 임금채권보장법(1998. 2. 20. 법률 제5513호)에는 경기의 변동 및 산업구조의 변화 등으로 사업의 계속이 불가능하거나 기업의 경영이 불안정하여 임금 등을 지급받지 못한 상태로 퇴직한 근로자에 대하여 최종 3월분의 임금 또는 휴업지불과 최종 3년간의 퇴직금에 해당하는 체당금을 지급하도록 규정되어 있다. 동법시행령 제18조 제1항은 '체당금을 지급받을 권리가 있는 자는 그의 부상 또는 질병으로 인하여 체당금을 수령할 수 없는 경우에는 법 제10조 제2항에서 그 가족[166]에게 수령을 위임할 수 있다'고만 규정하고 있어, 근로자 사망의 경우 미지급된 체당금에 대하여는 규정된 것이 없다.

3. 사회보상법

국가유공자 등 예우 및 지원에 관한 법률 제18조는 동법에 의한 보상금 및 수당을 받을 자가 사망하거나 1년 이상 계속하여 행방불명인 때에는 그 지급이 확

---

166) 2005. 3. 31. 개정 민법 제779조는 가족의 범위를 다음과 같이 규정하고 있다.
　① 다음의 자는 가족으로 한다.
　　1. 배우자, 직계혈족 및 형제자매.
　　2. 직계혈족의 배우자, 배우자의 직계혈족 및 배우자의 형제자매.
　② 제1항 제2호의 경우에는 생계를 같이 하는 경우에 한한다.

정된 보상금 및 수당은 동법 제17조 제1항 또는 제2항의 사망일시금의 지급 례에 따르도록 규정하고 있다.

동법 제17조의 사망일시금의 지급은, "보상금을 받고 있는 국가유공자가 사망한 경우에는 그 유족에게 제13조의 보상금 지급순위에 따라 사망일시금을 지급한다. 이 경우 유족이 없는 때에는 사망 당시 생활을 같이 하고 있던 친족 중 재산상속인이 될 자의 신청에 따라 당해 재산상속인에게 이를 지급한다."(제1항). 그리고 "보상금을 받고 있는 국가유공자의 유족이 사망한 경우에 지급하는 사망일시금은 당해 보상금을 받을 수 있는 다른 유족이 없는 경우에 한하여 지급하되 사망 당시 생활을 같이 하고 있던 친족 중 재산상속인이 될 자의 신청에 따라 당해 재산상속인에게 이를 지급한다."(제2항). 또한 "동 1항 및 제2항의 경우 재산상속인이 될 자도 없는 때에는 장제를 행하는 자에게 이를 지급할 수 있다."(제3항).

따라서 동법의 지급이 확정된 미지급 보훈급여금은 먼저 유족에게, 유족이 없는 경우에는 사망 당시 생활을 같이 하고 있던 친족 중 재산상속인에게, 그리고 재산상속인이 될 자도 없는 때에는 장제를 행하는 자에게 지급하게 하여 상속을 인정하고 있다.

4. 특수직 연금제도

1) 관련 규정

공무원연금법 제28조는 공무원 또는 공무원이었던 자의 사망으로 동법의 유족급여를 지급할 경우에는 유족에게 상속순위에 의하여 지급하도록 규정하고 있으며, 군인연금법 제12조와 사립학교 교직원연금법 제36조도 동일하게 규정하고 있다.

그러나 공무원연금법 제30조 제1항은 "공무원 또는 공무원이었던 자가 사망한 경우에 급여를 받을 유족이 없을 때에는 대통령령이 정하는 한도의 금액을 유족이 아닌 직계비속[167)]에게 지급하고, 직계비속도 없을 때에는 공무원 또는 공무원이었

던 자를 위하여 사용할 수 있다"고 규정하고 있다. 군인연금법 제14조[168]와 사립
학교 교직원연금법 제38조[169]에서도 같은 내용으로 수급자에 대한 특례규정을 두
고 있다. 이 규정의 문리해석상 '공무원 또는 공무원이었던 자의 사망'은 유족급여
의 지급사유로 해석할 수밖에 없으나, 동법시행령 제24조[170]에서 단기급여[171], 퇴
직급여 등 그 수급권이 공무원이었던 자에게 전속된 것에 대해서까지 규정하고 있

---

167) 여기서 유족이 아닌 직계비속은, 18세 이상의 폐질상태에 있지 아니한 자녀와 그의 부
가 없는 손자녀, 그의 부가 없는 18세 이상의 폐질 상태에 있지 아니한 손자녀, 퇴직
일 이후에 출생한 자녀와 손자녀 및 퇴직일 이후에 입양된 자녀와 손자녀, 증손 등이
될 수 있다.

168) 제14조 (급여의 수급자에 대한 특례) 군인 또는 군인이었던 자가 사망한 경우에 급여
를 받을 유족이 없을 때에는 대통령령으로 정하는 한도의 액을 그 직계비속 또는 직
계존속에게 지급하고 직계비속 또는 직계존속도 없을 때에는 당해 군인이었던 자를
위하여 사용한다.

169) 제38조 (유족이 없는 경우의 급여지급의 특례) ① 교직원 또는 교직원이었던 자가 사
망한 경우에 급여를 받을 유족이 없을 때에는 대통령령으로 정하는 한도의 액을 그
직계비속에게 지급한다. 이 경우에 직계비속이 없을 때에는 관리공단은 관계 학교 경
영기관의 장의 의견을 들어 그 사망한 자를 위하여 사용할 수 있다.

170) 제24조 (유족이 없는 경우의 급여지급의 특례) ① 급여를 받을 유족이 없는 경우에 법
제30조의 규정에 의하여 급여를 유족이 아닌 직계비속에게 지급하거나 사망한 공무원
을 위하여 사용할 수 있는 금액은 다음과 같다.
  1. 연금인 급여에 있어서는 사망 당시 원연금액(공무원 또는 공무원이었던 자가 법 제
     46조 제1항 제1호 또는 제2호의 규정에 의한 퇴직연금 지급 연령 도달 전에 사망
     한 경우에는 사망 당시의 조기퇴직연금 상당액을, 법 제46조제2항의 규정에 의한
     미달연수 5년을 초과하여 사망한 경우에는 미달연수 4년 초과 5년 이내에 사망한
     깃으로 보아 산징한 조기퇴직언금 상낭액을 말한다)의 3년분에 다음의 비율을 곱
     한 금액 [36 - (법 제43조제1항의 규정에 의하여 사망 시까지 연금을 받을 수 있는
     달수)] × 1/36
  2. 단기급여에 있어서는 원급여액의 전액
  3. 삭제 <2000.12.30.>
  4. 그 밖의 장기급여에 있어서는 원급여액의 전액. 다만, 유족연금일시금ㆍ유족일시금
     및 유족보상금에 있어서는 원급여액의 2분의 1

171) 동법 제34조는 동법에 의한 단기급여를 1. 공무상요양비, 2. 공무상요양일시금, 3. 재해
부조금, 4. 사망조위금으로 규정하고 있다.

기 때문에 동법의 미지급급여에 대해여도 적용된다고 해석할 수밖에 없다.[172]

2) 미지급 급여의 상속여부

공무원연금법에 의한 급여는 재산권적 성격을 갖는 급여라기보다는 유족의 생활보장 등을 위해 지급하는 사회보장 급여이므로 유족이 없으면 지급하지 않는 것이 원칙이나 재직기간 동안 본인의 기여도를 고려하여 유족이 아닌 직계비속에게 일정 한도의 금액을 지급하고, 그 직계비속도 없을 때에는 당해 공무원이었던 자를 위하여 사용토록 하는 재산권 부정설[173]이 있다.

한편 공무원연금법상의 유족급여도 장기간 충실히 복무한 공로에 대한 공적 보상으로서 지급되는 은혜적 성질 및 공무원이 불입한 기여금에 상당한 부분의 俸給延拂的 성질이 포함되어 있다고 할 수 있다. 따라서 적어도 유족급여 중 기여금에 상당한 부분에 관한 한 다른 상속인에게 상속이 가능하다고 해석하여야 할 것이라며, 재산권적 성격을 인정하는 견해[174]도 있다.

헌법재판소는 공무원연금 제도는 일종의 사회보험으로서 보험의 기본원리에 있어서는 私保險과 동일하나, 보험원리에 사회조정 원리를 도입한 사회보장제도의 하나로서 몇 가지 점에서 私保險과는 다른 면[175]을 지니고 있다면서 사회보장 수급권의 성격과 재산권적 성격을 함께 인정하고 있다.[176]

공무원연금법상의 급여 상속과 관련하여 대법원은 "공무원 또는 공무원이었던 자의 사망 당시 그에 의하여 부양되고 있던 유족의 생활보장과 복리향상을 목적으로 하여 민법과는 다른 입장에서 수급권자를 정한 것으로, 수급권자인 유족은 상속인으로서가 아니라 이들 규정에 의하여 직접 자기의 고유의 권리로서 취득하

---

172) 최재식, 『공무원연금법 해설』, 공무원연금관리공단, 2001, 149 - 150쪽.
173) 김양중 · 최재식, 『공무원연금 제도』, 법우사, 2004, 203쪽; 최재식, 앞의 책 148쪽.
174) 박홍우, 앞의 논문, 605쪽, 주13).
175) 憲裁決 1996. 10. 4. 96헌가6.
176) 憲裁決 1999. 4. 29. 97헌마333.

는 것이고, 따라서 그 각 급여의 수급권은 상속재산에 속하지 아니하므로 동법 제30조 제1항이 정하는 수급권자가 존재하지 아니하는 경우에 상속재산으로서 다른 상속인의 상속의 대상이 되는 것은 아니며, 위 규정이 국민의 재산권보장에 관한 헌법 제23조의 규정에 위배되는 것도 아니다"177)라고 한다.

헌법재판소도 "공무원 또는 공무원이었던 자가 유족 없이 사망하였을 경우 급여의 수급자를 유족이 아닌 직계비속으로만 한정하여 유족 및 유족이 아닌 직계비속 이외의 다른 상속권자들의 법상의 급여청구권에 대한 상속권을 제한하고 있는 것은 공공복리를 위하여 입법 형성권의 범위에서 이루어진 합리적인 제한으로서 헌법에 위반되지 아니 한다"178)고 판시하여, 공무원연금법 제30조 제1항의 상속 제한에 대한 합헌성을 인정하고 있다. 그 이유는 이와 같은 제한 조항(법 제30조 제1항)이 있기 때문이라 한다. 즉 공무원연금법상의 급여 수급권은 재산권의 일종이고 퇴직급여나 유족급여는 다같이 공무원의 근로에 대한 후불임금의 성격도 가지고 있으므로, 민법상 상속의 법리에 의하면 공무원이 사망한 경우 급여 수급권은 상속인들에게 포괄적으로 승계되어야 할 것이다. 그런데 이 사건 법률조항은 수급권자를 유족이 없을 때에는 유족이 아닌 직계비속에 한정하고 있으므로 재산상속인들인 청구인들의 법상 급여 수급권의 상속권을 제한하는 규정이라는 것이다.

이는 동법 제30조 제1항의 규정을 전제로 해석한 것으로 이와 같은 상속권을 제한하는 규정이 없다면 상속이 가능하다는 해석을 도출할 수도 있다. 즉 이 결정은 급여 청구권자인 상속인의 범위를 사회보장적인 급여라는 특성을 고려하여 민법상의 상속인의 범위와 달리 규정하였어도 위헌은 아니지만, 상속의 법리를 완전히 배제한 것은 아니라는 것이다.179)

---

177) 大判 1996. 9. 24. 95누9945.
178) 憲裁決 1998. 12. 24. 96헌바73.
179) 윤진수, 앞의 논문, 202쪽.

Ⅳ. 요약

사회보험의 미지급보험급여에 대하여 과거 독일은 학설과 판례가 미지급사회보험급여에 상속을 긍정하는 것에 논란이 있었으나, 현재는 큰 이설이 없으며 입법을 통하여 상속을 인정하고 있다.

일본의 경우는 勞災保險을 제외한 다른 사회보험의 경우 판례는 미지급보험급부를 상속재산으로는 보지 않고, 유족이나 상속인이 취득하는 미지급급부는 관련 법의 규정에 의한 고유한 권리로 보고 있다. 현재는 관련 법령을 개정하여 유족과 상속인의 범위를 같이 규정하고 있으나, 구법 규정에서는 수급자에게 요구되는 요건이 생계유지요건이었지만, 개정법 규정에서는 생계동일요건으로 가중되어 배우자와 자녀 및 부모, 손자, 조부모, 형제자매라 하여도 생계동일요건이 아니면 수급자가 될 수 없게 되었다.

우리나라의 경우 헌법재판소는 사회보험급여를 재산권으로 판단하고 있으나, 사회보험법령의 미지급보험급여에 대한 논의는 아직 활발하지 못한 것으로 보인다.

국민건강보험법의 경우 하급심 판례는 보험급여의 반환채무의 상속을 인정하고 있다.

국가유공자 등 예우 및 지원에 관한 법률 제18조는 지급이 확정된 미지급 보험급여금의 지급은 먼저 유족에게 지급하며, 유족이 없는 때에는 사망 당시 생활을 같이 하고 있던 친족 중 재산상속인이 될 자의 신청에 따라 당해 재산상속인에게 지급하고, 재산상속인이 될 자도 없는 때에는 장제를 행하는 자에게 지급할 수 있어, 유족이 없는 경우에는 상속인에게 상속을 인정하고 있다.

특수직인 공무원연금법의 경우 미지급급여는 명문의 규정이 없으나 동법 시행령 제24조의 해석상 동법 제30조 제1항의 규정이 미지급급여에도 적용된다고 해석되며, 동법 제30조 제1항은 동법상의 유족급여와 미지급급여에 대하여 상속을 제한하고 있는 것으로 해석된다. 그런데 동법 제30조 제1항의 상속 제한 규정이 없다면 상속이 가능하다고 볼 수도 있을 것이다.

제4절 산재보험 미지급보험급여의 상속법리

Ⅰ. 사회보험으로서의 산재보험의 특징

1. 의의

사회보장이라고 하는 개념은 원래 법률적 개념이 아니고 일정한 사회정책적 목적을 실현하기 위하여 형성된 제도의 총칭으로 사용되어 왔으며,[180] 사회보장제도는 기본적으로 산업화라는 경제사회 시스템의 구조 변화나 거기에 수반되는 가족구조, 취업구조 등의 변천에 대응하는 형태로 전개되어 왔다.[181]

사회보험이라는 시스템을 처음 도입한 사례는 급격한 산업화를 이루어 나가던 19세기 후반 독일의 산재보험제도이다. 이후 세계 각국은 노동보호법의 중심에 산업재해 예방규정을 두고 이와 병합하여 재해를 입은 근로자에 대한 구제 규정을 두고 있다.[182] 산업재해가 근로관계를 기초로 하여 발생한 점, 예방과 보상이 근로조건과 불가분한 관계인 점을 고려한다면 산업재해에 대한 입법이 노동보호법으로써 시행된 것은 당연한 일이다. 그러나 제2차 세계대전 이후 사회권이 국민의 기본권으로서 자리 잡기 시작하자 산재보험은 사회보장법과 상호 접근·결합을 시도하게 되었고,[183] 오늘날 산재보험은 노동보호법으로서의 독자적인 법체계를 구축하게 된 것이다.

---

180) 김유성, "공적부조법에 관한 일고찰",『노동법과 노동정책 (탄은 김진웅 박사 화갑 기념 논문집)』, 일신사, 1985, 516쪽.

181) 장인협 역, 앞의 책, 172쪽.

182) 荒木誠之,『社會保障の法的構造』, 有斐閣, 2001, 110頁; 오선균, "산재보험 적용에 관한 법리연구 ─ 판례의 입장을 중심으로 ─ ",『근로복지 정책과정 수료논문』, 고려대학교 노동대학원, 2004, 1쪽.

183) 荒木誠之, 前揭書, 212~213頁; 오선균, 앞의 논문, 1쪽.

2. 다른 사회보험과의 구별

1) 보장 목적의 차이

건강보험·국민연금·고용보험 등은 개인의 생활보장 그 자체를 목적으로 하는 순수한 사회 정책적 제도이다. 그러나 산재보험은 종속 노동과정에서 발생하는 근로자의 업무상 재해를 보호하며, 또한 사용자의 책임관계를 규율하는 성격을 동시에 갖는다.[184] 따라서 산재보험은 다른 사회보험제도에 비하여 높은 수준의 보험급여를 지급하고 있다.[185] 산재보험사고, 즉 업무상 재해의 인정을 위해서는 업무와 재해 사이에 인과관계가 존재하여야 하나, 이에 대한 입증 책임은 원칙적으로 근로자가 부담한다.[186]

2) 보험사고

산재보험급여의 지급사유는 근로자의 업무[187]상 재해[188]이다. 근로자의 업무상 재해는 종속노동 관계에서 근로자의 취업과 관련하여 발생한다. '업무상 재해'라 함은 업무상의 사유에 의한 근로자의 부상·질병·신체장해 또는 사망을 말하며[189] 구체적인 업무상 재해의 인정기준은 노동부령으로 정하도록 규정하고 있다

---

184) 전광석, 『(註 24)』, 334쪽.

185) 전광석, 『(註 24)』, 334쪽.

186) 大判 1990. 10. 23. 88누5037; 1999. 1. 26. 98두15757; 전광석, 『(註 24)』, 342쪽.

187) 산재보험법상의 업무의 개념은, 유성재, "산재보험법제의 현황과 과제 ― 업무의 개념과 인과관계를 중심으로 ―", 『법제연구(제27호)』, 한국법제연구원, 2004, 101쪽 이하 참조.

188) 선원법의 경우 직무상 부상·질병(선원법 제85조)이라고 하며, 직무상 부상·질병은 해상 근로의 특성상 업무상 재해보다는 넓은 개념으로 이해하는 것이 타당하다고 한다(권창영, "선원법 제90조의 유족보상 청구권의 성립요건", 『노동법연구(제13호)』, 서울대학교노동법연구회, 2002, 470 ― 521쪽 참조).

189) 업무상 재해의 인정 범위에 대해서는, 맹수석, "산업재해보상보험법상 업무상 재해의 인정 범위에 관한 연구", 『보험학회지(제58집)』, 한국보험학회, 2001, 169쪽 이하 참조.

(산재보험법 제5조 제1호).[190] 그리고 민법의 실종선고 제도에 대한 특례로서 사망의 추정(제36조)제도를 두어 신속하게 유족을 보호하고 있다.

3) 수급자격의 특색

다른 사회보험의 경우 보험사고가 발생되면 보험급여를 수령할 수 있는 자격을 지칭하는 피보험자 개념이 있다. 그러나 산재보험법은 이와 같은 피보험자[191] 개념이 없다.[192] 산재보험은 보험관계의 성립이 사업 또는 사업장 단위이고, 그 사업장의 근로자는 업무상 재해가 발생하면 자동적으로 수급자격이 발생한다.[193] 근로자는 피보험자이면서 수급자의 지위를 동시에 가지며, 업무상 재해에 동료 근로자가 가해자가 되는 경우에도, 근로자는 수익자이면서도 피보험자로서의 이중적 지위를 가지기 때문에[194] 동료 근로자를 제3자로 보지 않으므로 구상권의 대상이 되지 않는다.[195]

---

190) 『산재보험법』에 의한 보험급여를 청구할 수 있는 업무상 재해 여부는 입법자 스스로 정하지 않고 행정부에 유보한 것이 법률유보 원칙에 어긋난다는 비판이 있다(박종희·김희성·박지순, 『출퇴근 재해의 업무상 재해 인정관련 입법론적 개선 방안에 관한 연구』, 노동부, 2005, 8쪽).

191) 그러나 특수형태 근로 종사자들의 산재보험 적용 문제의 해결방안으로 산재보험법상의 피보험자 개념을 도입하여 '산재보험법상의 피보험자를 근로기준법상의 근로자와 특수형태 근로 종사자'로 하자는 입법 정책적 제안이 있다(장의성, "특수형태 근로 종사자의 산재보험 적용 방법에 관한 입법 정책적 제언", 『사회법연구(제5호)』, 한국사회법학회, 2006, 97쪽 이하 참소).

192) 송영천, "산업재해 보상보험급여에 관한 쟁송절차", 『재판자료(제40집), 법원도서관, 1987, 726쪽.

193) 이에 대하여 산재보험법의 사회보장법적 성격을 강화하기 위해서는 산재보험의 법률관계가 가입자 중심으로 형성되어야 하며, 그러기 위해서는 근로자 가입제가 되어야 한다는 주장이 있다(전광석, "사회보험법의 현황과 과제", 『법제연구(제27호)』, 한국법제연구원, 2004, 23쪽).

194) 이달휴, 앞의 논문, 371쪽.

195) 大判 2002. 3. 21. 2000다62322.

보험급여 수급자격에 있어 다른 사회보험의 경우 근로형태나 취업기간[196) 및 국적197)에 따른 제한이 있으나, 산재보험은 그 사업 또는 사업장에 취업하고 있는 근로자는 근로형태나 취업기간, 그리고 국적에 관계없이 취업하는 때부터 모두 산재보험의 적용 대상이 되므로, 외국인의 경우 불법체류와 불법고용의 관계가 존재하여도 보호받을 수 있다.198)

이와 같이 산재보험법이 의료보험법과 국민연금법 및 고용보험법과 달리 불안 정 근로자 적용제외 규정을 두지 않은 것은, 산업재해의 발생은 근로관계 존속기 간의 多寡, 國籍 등과는 무관하며, 산재보험급여는 사업주의 지배관리하에서 발생 한 근로자의 업무상 재해에 대한 보상이기 때문이다.

4) 사용자의 보험료 전액 부담

우리나라 사회보험의 갹출제는 전반적으로 근로소득에 대한 정율제를 원칙으로 하고 있다.199) 국민연금과 건강보험의 경우 지역 가입자는 보험료의 전액을 부담하 고 있기는 하지만, 직장 가입자의 경우 사업주와 근로자가 각각 2분의 1씩 부담하 고 있으며,200) 고용보험(실업급여)201)의 경우도 사업주와 근로자가 각각 2분의 1씩 을 부담하고 있다. 그러나 산재보험료는 사업주가 전액을 부담하고 있으며, 이는 산

---

196) 국민연금법시행령 제2조 제1호, 국민건강보험법 제6조 제2항 제1호 및 동법시행령 제 10조, 고용보험법 시행령 제3조 제1항.

197) 국민연금법 제6조, 국민건강보험법 제5조, 고용보험법 시행령 제3조 제4호.

198) 전광석, "장기 체류 외국인과 사회보장제도", 『법제연구(제24호)』, 한국법제연구원, 2003, 63쪽; 강희원, "노동의 국제적 이동 시대와 노동법 ― 노동과 노동법의 세계화를 위해서 ―", 『법제연구(제24호)』, 한국법제연구원, 2003, 29쪽; 최홍엽, "외국인 근로자 의 사회보장", 『민주법학(제22호)』, 민주주의법학연구회, 2002, 158쪽; 大判 1995. 9. 15. 94누12067.

199) 수원상공회의소, 『4대 사회보험제도의 개편방향』, 2001, 56쪽.

200) 국민연금법 제88조 제2항, 건강보험법 제67조 제1항.

201) 고용보험 및 산업재해보상보험의 보험료징수 등에 관한 법률 제13조 제2항. 그러나 직 업안정사업과 직업능력개발사업의 보험료는 사업주가 전액을 부담한다.

재보험이 사용자의 재해보상에 대한 책임보험적 성격에서 비롯된 것이다.[202]

그리고 다른 사회보험의 경우 보험요율이 일률적이나, 산재보험요율은 사업의 위험률에 따라 사업의 종류를 구분하여 보험요율을 달리 적용하고 있다. 또한 일정 규모 이상의 사업은 보험료의 수지율에 따라 보험요율을 할증 또는 할인하는 보험료율의 특례 제도[203]를 시행하여, 비록 같은 종류의 사업이라도 보험수지율에 따라 보험료 부담에 차등을 둠으로써 공평부담과 재해예방에 관한 노력을 촉진시키고 있다.[204]

5) 기업의 위험분산기능

산재보험의 이념은 사회 연대성을 근거로 하여 대기업의 사용자에 의한 소기업의 사용자의 경비원조 관계인 사용자의 연대성과 사용자의 근로자에 대한 연대성으로 나타나며,[205] 보험의 원리를 통해 사용자의 산업재해에 대한 책임을 분산하는 기능을 갖는다.[206] 이러한 의미에서 보험료에 의한 보상비용의 부담은 근로관

---

202) 이홍재, 앞의 논문, 233쪽.

203) 그러나 보험료율 결정의 특례제도는 기업의 위험 분산이라는 보험의 근본 정신을 그르칠 우려가 있으며, 사업주가 재해율을 낮추기 위해 재해를 고의로 은폐하는 폐단이 우려된다는 비판이 있다(김치선, "산업재해보상보험의 기초이론", 『대한변협(제14권)』, 1976. 2. 19쪽; 김교숙, "산재보상 법리에 관한 연구", 『박사학위논문』, 부산대학교 대학원, 1988, 83쪽; 이상국, 『산업재해보상보험법』, (주)청암미디어, 2001, 709쪽; 김수복, 『산업재해보상보험법』, 중앙경제사, 1991, 643 – 644쪽).

204) 김수복, 앞의 책, 643쪽; 문원주 · 조석련, 『산업재해보상보험법』, 법원사, 1992, 588쪽; 이상국, 앞의 책, 709쪽; 조보현, 『산업재해보상보험법』, 홍익재, 2000, 141쪽.

205) 高藤昭, 『社會保障法の基本原理と構造』, 法政大學出版局, 1993, 144頁; 이달휴, 앞의 논문, 369쪽.

206) 그러므로 우리나라의 경우 법률상으로는 보조금 등 국가 예산으로 산재보험 사업에 소요되는 비용 중 일부를 조달할 수는 있는 근거를 두고 있지만, 제도 운영의 현실에는 산재보험 사업에 소요되는 비용으로 사업주가 납부하는 보험료로만 전액 충당되고 있다. 그러므로 보험금의 무한정적인 지급 확대는 필연적으로 사업주의 부담으로 연결되고 안정적 기업 활동의 도모라는 또 다른 제도의 이념이 훼손될 염려가 있다는 비판이 있다(김영철, "산업재해 소송과 관련된 문제점과 대책 ─ 과로성 질환과 관련하여 ─",

계 전반의 산업재해에 대하여 모든 기업의 연대책임을 제도적으로 표현한 것이기 때문에, 그 책임분담 형식이 보험료의 납부라고 할 수 있다.207) 각 사업장에서 부담하여야 하는 보험요율은 1,000분율로 표시되며, 이 보험요율에다 각 사업장의 임금 총액을 곱하면 그 사업장의 납부 보험료가 된다. 그러므로 각 사업장의 보험료 부담비율인 보험요율은 그 사업장의 임금 1,000원에 대한 보험급여의 비율(보험관리비 포함)이 되는 것이다.

6) 사용자 책임과의 조정

산재보험은 근로자에게 산업재해에 대한 사용자 책임을 대체하는 기능을 수행한다.208) 동법 제52조는 이를 명시하여 산재보험급여와 근로기준법상의 재해보상, 민법의 손해배상과의 조정관계를 규정하고 있으며,209) 이는 산재보험의 법적 성질을 구명함에 있어 손해배상적 성격을 부인할 수 없는 근거가 된다. 산재보험급여가 지급되면 그 금액의 한도 안에서는 동일한 재해에 대하여 사용자의 민법 기타 법령에 의한 책임이 면제되며, 수급권자가 동일한 재해에 대하여 민법 기타 법령에 의한 배상을 받은 경우에도 그 금액의 한도 안에서는 보험급여의 지급이 제한된다.

『법조(통권 제545호)』, 법조협회, 2002, 31쪽).

207) 김교숙, (註, 207), 83쪽; 이용석, "산업재해보상보험의 민영화 반대론", 『보험학회지(제52집 제1호)』, 한국보험학회, 1998, 107쪽.

208) 미국에서 산재보상제도를 선택하지 않는 뉴저지(New Jersey)州와 텍사스(Texas)州의 사업주는 태만(negligence)에 대한 항변권을 포기해야 하며, 잠정적인 보상책임은 산재보상제도를 선택한 사업주의 경우와 달리 한정적이지 않다(Richard J. Butler, "Worker's Compensation in the United States", 『산재보험 국제세미나 21세기 산재보험 발전방향 (2002. 11. 28.)』, 한국노동연구원, p. 1.).

209) 한경식, "산업재해의 구제 법리에 관한 연구", 『박사학위논문』, 청주대학교 대학원, 1998. 110쪽 이하 참고.

7) 요약

산업재해에 대한 보상제도는 시민법 이전 시대에는 사용자의 扶助에 의한 救恤制度에서 출발하였으며, 산업사회 초기에는 시민법의 원리에 의한 사용자의 손해배상제도로 발전하였다. 그러나 사용자의 과실의 입증 등 그 실현성이 희박하여 근로조건의 보호라는 직접 보상제도가 도입되었고, 이후 책임보험제도로 발전하였다. 오늘날의 산재보험제도는 단순히 근로조건의 보호라는 한계를 뛰어넘어 피재자의 생활보장이라는 목적을 취함으로써 사회보장법으로서의 특질도 겸비하게 되었다.[210]

각국의 산재보험제도는 피재근로자 및 그 가족의 생활보장이라는 공통된 목적과 이념을 가지면서도, 그 나라의 사회·경제적 여건뿐만 아니라 본질적으로는 그 나라의 법사상·법제도 내지 국민의 법 감정의 차이, 노동운동의 영향 및 사회보장제도의 발전 상황에 따라 독자적으로 발전하였지만[211], 산재보험의 구조나 내용에 있어서는 여러 나라 사이에 제도적으로 통일화 경향이 있다.[212]

지금까지의 산재보험은 피재근로자의 사후 구제인 요양과 금전보상에 치중하였으나, 최근의 산재보험법의 세계적 입법 경향은 피재근로자의 취업 능력을 회복시키는 재활 및 사회적응 사업이 강조됨에 따라 피재근로자에게 보험급여의 지급보다 재활[213]과 사회복귀를 중시하고 있다.[214]

---

210) 林迪廣·古賀昭典 編, 『社會保障法講義』, 法律文化社, 1980, 195頁; 이상국, 앞의 책, 44쪽.

211) 일례로, 스위스는 모든 근로자와 종업원에게 직업성 질환 및 여가 중 사고를 포함한 산업재해에 대비한 보험가입이 의무적이며[(Peter Rödin, "The System of Accident Insurance in Switzerland", 『특수형태 직업종사자 산재보험 적용방안 국제세미나(2003. 5. 7.)』, 한국노동연구원, p.1), 독일은 연수중이거나 임시 고용상태의 근로자를 포함한 모든 근로자를 보험대상으로 규정하여, 근로자는 근로의 시작과 함께 적용을 받는다(Heino W. Saier, "Industrial Accident Compensation Insurance for contingent Workers' in Germany", 『특수형태 직업 종사자 산재보험 적용방안 국제세미나(2003. 5 .7.)』, 한국노동연구원, p.142).

212) 김교숙, (註 203), 47쪽.

213) 독일 산재보험이 산업재해와 직업병 발생이후 의료재활 시행에 대한 법적 책임을 갖게 된 것은 제국보험법(RVO)에서 [제국보험청 규정(1936. 6. 19.).; Bestimmung des

산재보험법의 최근의 과제는 특수형태 근로 종사자[215])에 대한 산재보험의 적용[216])과 통근재해[217])의 도입이다. 그리고 무엇보다도 우선되어야 할 것은 재해 예방사업에 더 많은 관심과 투자 및 근로자에 대한 안전·보건 교육으로 안전 의식이 고취되어야 할 것이다.

Reichsversicherungsamtes vom 19. 6. 1936] 찾을 수 있다(Hamacher E., "Grundlagen der medizinischen Rehabilitation", Die BG, Januar 1984, S. 54ff; 윤조덕·이현주·한충현, 『산재보험 요양·재활 사례 비교연구 ― 독일과 한국 ― 』, 한국노동연구원, 2005, 6쪽, 주5)에서 재인용).

214) 박수경, "산재근로자 재활 사업의 활성화 방안", 『산재보험 시행 40주년 기념 학술토론회 ― 산재보험의 과거, 현재 그리고 미래, (2004. 5. 12.)』 근로복지공단, 133쪽.

215) 이와 같은 특수형태 근로 종사자들은, 골프장 경기보조원 약 25,000명, 레미콘 지입차주 약 13,000명, 학습지 교사 약 150,000명, 보험설계사 약 200,000명 등 약 60여만 명에 이른다(윤조덕 외4인, 『산재보험제도 발전방안에 대한 연구(재활·복지)』, 한국노동연구원, 2005, 1쪽).

216) 이에 관한 문헌은, 김호경, 『산재보험과 사회안전망』, 한국노동연구원, 2002, 52쪽; 윤조덕 외 8인, 『비정규직 근로자 산재보험 적용실태와 특수형태 근로 종사자에 대한 적용확대』, 한국노동연구원, 2004, 20 - 71쪽; 김호경, "한국 산재보험의 이슈와 과제", 『산재보험 국제세미나 21세기 산재보험 발전방향(2002. 11. 28.)』, 한국노동연구원, 14 - 16쪽; 윤조덕, "특수형태 근로자 산재보험 적용을 위한 논의", 『특수형태 직업 종사자 산재보험 적용방안 국제 세미나 자료(2003. 5. 7.)』, 한국노동연구원, 3쪽 이하; 이승렬 외 3인, 『특수형태 근로 종사자에 대한 산재보험 적용확대 연구 Ⅱ』, 한국노동연구원, 2005, 96쪽 이하 등을 참조.

217) 독일은 1925년에 도입하였으나(박찬임 외 3인, 『주요국의 통근재해 보상제도 연구』, 한국노동연구원, 2004, 64쪽), 현재 사용자들은 출퇴근 시 사고에 대한 산재보험을 중단하려 하지만 노조는 유지하려고 한다.(Ulich Raschke, "Actual and Future Challenges in the German Statutory Accident Insurance", 『산재보험 국제 세미나 21세기 산재보험 발전 방향(2002. 11. 28.)』, 한국노동연구원, p. 7). 프랑스는 1946년에 도입되어(심창학, 『프랑스 산재보험제도 연구』, 한국노동연구원, 2003, 43쪽) 통근재해와 업무상 재해를 구별하고 있으나, 보상수준은 동일하고 근로자의 비용부담이 없다(윤조덕, 『산재보험 중장기 발전방안』, 한국노동연구원, 2002, 4, 62쪽). 일본도 1973년 12월에 시행되어 업무재해의 경우에 준하여 보호되게 되었다.(Masahiko Ezawa(江澤雅彦), "Japanese Worker's Compensation Insurance and Key Issues", 『산재보험 국제 세미나 21세기 산재보험 발전 방향, (2002. 11. 28.)』, 한국노동연구원, p.15.

3. 산재보험급여의 법적 성질

원래 재해보상책임은 개별적인 사용자의 손해배상책임, 불법행위책임 또는 계약책임을 근거로 하고 있기 때문에 이러한 책임이론으로부터의 제약을 면할 길이 없었으나,[218] 산재보험제도는 근로자의 업무상 재해에 대하여 신속하고 공정한 보상을 그 목적으로 하고 있어 사용자의 과실 여부에 관계없이 보험급여가 지급되며, 또한 근로자에게 과실이 있어도 보험급여가 지급된다.

이와 같은 산재보험급여의 법적 성질에 대한 논의는 주로 재해보상책임의 요건인 업무상의 인정기준이나 민사배상과의 조정을 둘러싸고 대립하고 있으며,[219] 대체로 손해배상설과 근로조건 보호설, 생활보장설로 대별할 수 있다.[220]

1) 손해배상설

손해배상설은 민사법에 의한 손해배상제도가 과실책임의 원칙을 유지하면서 사회생활 관계에서 발생하는 손실을 누구에게 어느 정도 부담시키는 것이 형평에 적절한 것인가의 관점에서 구성되어 있다. 노동법상의 산재보상도 이와 같은 형평의 관점에서 산업재해라고 하는 사회생활상의 손실을 보상하는 제도로서 파악해야 한다는 것이다.[221] 이는 산업재해는 사용자가 발생시킨 것이므로 그것에 의한 근로자의 손해는 당연히 사용자에 의해서 보상되어야 한다는 생각에 바탕을 둔 것이다. 따라서 사용자는 민사상의 배상원리에 따라 산업재해로 인한 모든 손해를 피재근로자에게 배상해야 하고, 만약 피재근로자에게 과실이 있는 경우에는

---

218) 김형배, 『근로기준법』, 박영사, 2000, 540쪽, 주1) 참조.

219) 박홍규, 『노동법론』, 삼영사, 1998, 465쪽.

220) 한경식, 앞의 논문, 12쪽; 김진석, "산업재해보상 보험금 지급 청구권과 민법상 손해배상의 관계", 『노동법연구(제7호)』, 서울대학교 노동법연구회, 1998, 354쪽 이하.

221) 한경식, 앞의 논문, 12쪽; 김진웅, "현행 노동재해보험제도의 구조와 법적성격", 『노동법과 노동정책(탄은 김진웅 박사 화갑기념 논문집)』, 일신사, 1985, 352 – 353쪽.

과실상계가 적용된다고 본다.[222]

이 설은 보험급여의 본질을 재해로 인하여 생긴 노동력 훼손에 대한 손해의 塡補로 보는 견해[223]로서, 보상책임은 민법상의 무과실 손해배상책임의 연장선상에 있으며, 근로자가 불가피한 재해의 위험을 내포하고 있는 기업에 고용되어 노동력이 훼손된 경우 근로자의 노동력을 사용하여 이윤을 얻는 사용자에게 이를 부담시키는 것이 공평의 원칙에 부합한다는 것에서 그 근거를 찾는다.[224]

손해배상설은 불란서의 직업위험 이론에서 영향을 받은 것으로 위험책임 사상에 노동관계 법리를 가미하여 보상책임을 배상책임이 아닌 노동법 특유의 책임으로 정리한 점에서 공로가 있다.[225]

그러나 산재보험은 정률보상제도, 근로자의 과실을 인정하고 있지 않은 점, 보험가입자인 사업주에게 공법상의 의무를 과하고 있는 점, 산재보험의 사회보험화를 설명할 수 없는 점 등의 단점이 있다.[226] 이 이론은 보상과 배상과의 조정에 있어서 중요한 위치를 차지하고 있다.[227]

2) 근로조건 보호설

근로조건 보호설은 산재보험제도의 법리를 근로관계의 법률구조에 기초하여 사용자가 직접 보상하는 경우나 사용자가 산재보험료를 부담하는 산재보험의 경우를

---

222) 한경식, 앞의 논문, 12쪽.

223) 서울민사지방법원 교통·산재·손해배상 실무연구회, 『교통·산재·손해배상 소송실무』, 한국사법행정학회, 1994, 422쪽; 사법연수원, 『노동 특수이론 및 업무상 재해관련소송』, 2004, 139쪽.

224) 김진석, 앞의 논문, 354쪽.

225) 조성한 외 5인, 『산재보험과 자동차보험(책임보험중심)과의 조정방안 연구』, 한국행정학회, 2003, 84쪽.

226) 이에 관한 자세한 내용은, 김교숙, "산재보상의 법이론", 『신세기 노동법의 전개(우전 이병태교수 화갑기념 논문집)』, 대전서적, 1996, 475-476쪽 참고; 한경식, 앞의 논문, 13쪽.

227) 김진웅, 앞의 논문, 352쪽.

막론하고, 그 보상은 어디까지나 근로자의 근로관계 보호에 관한 것이기 때문에 노동법상의 독자적인 영역에 속하는 것으로서 보는 견해이다.[228]

이 설은 산업재해의 특질을 자본·노동력과 소유의 분리라는 체제하에서 노동력을 지배하는 근대적 노사관계의 구조 자체에 내포하고 있는 위험에서 구하고 그에 대한 보상책임을 노사관계에 관련시켜 명확하게 하려는 것이다.[229] 이설에 의하면 근로조건으로서의 산재보험제도는 노동보호 입법에 의하여 결정되는 것이 합리적일 뿐만 아니라, 노동조합 운동에 의하여 영향을 받지 않을 수 없다고 한다. 즉 근로조건으로서의 산재보험제도가 노동보호 입법에 의해 보장되고 단결권의 법리가 근로관계의 지배원리로 등장하며 산재보상에 관한 법률관계도 필연적으로 시민법상의 배상관계에서 벗어나 노동법상의 독자적인 관계로 발전할 수밖에 없다는 것이다.[230]

그러나 이 설은 무과실에 의한 사용자의 산재보상책임을 전제로 한 것이기 때문에 사업주에게 충분한 재산이 없으면 피재근로자가 보상을 받을 수 없을 뿐만 아니라, '업무상'의 여부가 사업주의 귀책요건이기 때문에 '업무상'의 인정을 엄격하게 파악할 수밖에 없으며, '업무외' 재해로 판정되면 피재근로자는 아무런 보상을 받을 수 없게 된다.[231] 이 이론은 시민법적 원리를 수정하고 새로운 법영역에서 산재보상의 문제를 해결하려 했다는 측면에서 진일보한 것으로 볼 수 있다.[232]

3) 생활보장설

오늘날 산재보험의 구조나 내용은 각국 사이에서 제도적으로 통일화하는 경향을

---

228) 한경식, 앞의 논문, 13쪽.

229) 김진웅, 앞의 논문, 355쪽; 한경식, 앞의 논문, 13쪽.

230) 김진웅, 앞의 논문, 355쪽; 한경식, 앞의 논문, 14쪽.

231) 김교숙, "산재보상제도에 관한 연구(1) ― 독자성인『업무상』의 의의를 중심으로 ―", 부산대학교『법학연구(제31권 제1호)』, 부산대학교, 1982. 12, 305쪽.

232) 윤찬영, "산업재해보상보험법에서 '업무상 재해'의 개념에 관한 연구",『전주대학교 논문집(21)』, 1992. 앞의 논문, 563쪽.

띠고 있다. 산재보험제도가 사회보장제도의 일환으로 생활보장적 기능을 하게 된 것은 제2차 대전 후의 일이다. 생존권 내지 근로권이란 권리관념이 실정법화 되고 생존권적 기본권의 구체화로서 산재보상법 이론을 구성하는 것이 가능하게 되었다.233) 종래에는 단순히 정책적 목적내지 부차적 기능으로 파악되었던 생활보장적 요소가 오히려 산재보상의 기본적 요소로 부각된 것이다.234)

생활보장설은 노사관계에서 사용자의 책임근거를 규명하는 것보다는 재해의 결과가 피재근로자 및 유족의 생활에 치명적인 영향을 미치는 데 초점을 둔다. 또한 개별 자본의 책임보다 총자본의 책임을 사회보험 방식으로 조직화하여 재해에 따른 노동력 상실 및 소득상실에 대해 보상하게 하려는 것이 산재보험제도라는 것이다.235) 따라서 산재보상제도의 궁극적인 목적은 피재근로자와 그 가족의 생활을 보장하는 데 있다.236)

산재보상의 권리를 생존권과 결부시키든지 근로권과 결부시키든지 간에 현대의 산재보상제도가 피재근로자의 생활보장적 기능을 가지고 있다는 점에 대하여는 이론이 없다. 또한 산재보상이 개별 기업의 사회적 책임이든 생산조직의 사회적 책임이든지 간에 사회적 책임 관념에 바탕을 두고 있으므로 산재보상의 근로관계적 구조와 관련시켜 산재보상제도를 파악하는 것이 산재보상이론의 중심과제라 하겠다.237)

4) 판례

판례는 산재보험법상의 모든 보험급여는 근로기준법상의 재해보상에 상당하는

233) 松岡三郞, "通勤途上災害の勞災保險法適用問題", 『日本勞働法學會誌 第43号』, 1974. 4, 15－21頁: 김교숙, (註 203), 98쪽.

234) 荒木誠之, 『勞災補償法の硏究』, 114－115頁, 주27): 김교숙, "산재보상의 법이론", 『법학연구(제6집)』, 부산외국어대학교 비교법학연구소, 1994, 117쪽.

235) 윤찬영, 앞의 논문, 563쪽.

236) 사법연수원, 앞의 책, 139쪽.

237) 김교숙, (註 234), 118－119쪽 .

것이므로, 산재보험법상의 유족급여, 장의비와 근로기준법상의 유족보상, 장사비는
그 성질이 동일하다고 본다.[238] 산재보험법에 의한 보험급여는 근로자의 생활보장
적 성격 외에 근로기준법에 따른 사용자의 재해보상에 대한 책임보험적 기능도 수
행하며,[239] 상법상의 손해보험적 성격을 넘어 사회보장적 성격도 있지만,[240] 사업
주의 민사상의 손해배상책임에 대한 책임보험적 성질까지 갖는 것은 아니다.[241]
재해보상금에 대하여는 근로자의 과실여부를 가려 과실상계를 할 수도 없고, 유족
보상금이 민법의 손해배상액을 초과한다 하여 그 초과 부분에 대하여 부당이득 반
환청구권이 발생할 여지도 없다.[242] 유족보상이 위자료의 성질을 갖지도 않으
며,[243] 유족보상금에 대하여는 상속이 배제되어 유족에게 지급한다.[244]

또한 헌법재판소는 "산재보험법의 기본 이념은 산업재해를 당한 근로자와 그 가
족의 생존권을 보장하는 데 있고, 산재보험 수급권은 이러한 헌법상의 생존권적 기
본권에 근거하여 산재보험법에 의하여 구체화된 것"이라고 하고 있다.[245]

5) 사견

재해보상의 성격이나 기능은 그 시대의 국가가 추구하는 이념에 따라 달라질
수밖에 없을 것이다. 우리나라 산재보험법 제52조는 동일한 재해에 대하여 산재
보험급여와 민사상의 손해배상과의 조정제도를 두고 있으며, 동법 제39조 제2항
및 동법 제47조 제3항은 휴업급여와 상병보상연금의 경우 근로자가 일정한 연령

---

238) 大判 1981. 10. 13. 80다2928.
239) 大判 1994. 5. 24. 93다38826.
240) 大判 1992. 12. 8. 92다23360.
241) 大判 1989. 11. 14. 88다카28204; 2002. 10. 11. 2002다39944.
242) 大判 1981. 10. 13. 80다2928.
243) 大判 1969. 1. 28. 68다1464; 조일환, "생명침해의 구제에 관한 연구", 『동의법정 (제2집)』,
    동의대학교 지역사회개발연구소, 1986. 2, 39쪽.
244) 大判 1969. 1. 28. 68다1464.
245) 憲裁決 2005. 11. 24. 2004헌바97.

(동법 시행령 별표 1의2에 의하면 65세 이상으로 규정하고 있음)에 도달한 이후에는 노동능력 등을 고려하여 감액 지급하도록 규정하고 있다.[246) 그리고 보험료는 사업주가 전액을 부담할 뿐만 아니라,[247) 보험수지율에 따라 보험요율을 인상 또는 인하하는 점[248) 등을 고려하면 손해전보적 기능을 완전히 부인할 수도 없을 것이다.[249)

그리고 단순히 사용자의 개인 책임을 추구하는 시민법적 원리의 연장으로서 인정된 것이 아니고 재해를 당한 노동력 그 자체에 대한 塡補를 목적으로 하는 특수한 청구권의 성격을 가지고 있으며,[250) 유족보상금에 대해서는 그 상속이 배제되는 특징도 있다.[251) 그렇다고 하여 산재보험이 사회보장적 생활보호 기능을 도외시할 수도 없다. 따라서 산재보험급여는 노동관계적 특성을 이유로 노동력의 훼손에 대한 보상이라는 측면과 근로조건의 보호의 측면과 동시에 사회보장적 성격에 따른 생활보장적 성격이 공존한다고 보아야 할 것이다.[252) 근로자의 생활보

---

246) 휴업급여의 경우 평균임금의 100분의 70에서 65로, 상병보상연금의 경우 연금액의 100분의 93으로 감액하여 지급한다.

247) 김수복, 앞의 책, 291쪽; 문원주 · 조석련, 앞의 책, 178쪽.

248) 황운희, "보험급여를 받을 수 있는 자의 재해보상 선택권", 『노동법률(2005년 9월호)』, (주)중앙경제, 2005, 96쪽.

249) 반면에 사회보험으로서의 생활보장적 기능을 확대하고 민사상의 손해배상의 손실전보적 기능을 완전히 흡수하여 근로조건의 보호기능을 강화하자는 주장이 있다(근로복지공단, 『산재보험 적용에 관한 법리』, 2003. 7쪽 참조).

250) 김치선, "우리나라 산재보험제도상 과실의 책임", 『법조(제20권 제4호)』, 1971. 4, 49쪽; 권용우, "산업재해와 사용자 책임", 『경영논총(제1집)』, 단국대학교 경영대학원, 1981, 93쪽.

251) 大判 1969. 1. 28. 68다1464.

252) 윤찬영, 앞의 논문, 564쪽; 박종희, "통근도상의 재해", 『산재보험 시행 40주년 기념 학술토론회 — 산재보험의 과거, 현재 그리고 미래, (2004. 5. 12.)』, 근로복지공단, 31쪽; 김현, "재해보상제도와 산제보험제도에 관한 연구", 『육사논문집(제33집)』, 1987. 12, 135쪽; 문혜정, "업무상 재해보상 요건", 『재판실무연구』, 광주지방법원, 2000, 356－357쪽; 윤진영, "재해보상과 과실책임", 『재판자료(제40집)』, 법원도서관, 1987, 119쪽; 강봉수, "재해보상과 손해배상", 『민사재판의 제 문제(제4권)』, 한국사법행정학회, 1986, 116쪽; 강영호, "재해보상의 법적성질과 재해보상 요건", 『재판자료(제39집)』, 법원도서관, 1987,

장적 기능을 강조한다하여 사용자의 손해배상적 기능이나 근로조건의 보호기능을 무시할 수는 없으며,[253] 또한 손해전보도 실제 지급된 경우에는 생활보장적 기능을 한다고 볼 수 있다.[254]

Ⅱ. 산재보험 미지급보험급여의 의의

1. 의의

산재보험의 미지급보험급여(Unpaid Insurance Benefits)란 보험급여의 한 종류가 아니라, 근로자의 업무상 재해로 인한 보험급여 수급권이 발생되었으나, 수급권자가 보험급여를 지급받지 못하고 사망하는 경우 그 사망한 수급권자에게 지급되지 못한 보험급여다.

산재보험법 제53조 제1항은 "보험급여의 수급권자가 사망한 경우에 그 수급권자에게 지급하여야 할 보험급여로서 아직 지급되지 아니한 보험급여가 있으면 그 수급권자의 유족의 청구에 의하여 그 보험급여를 지급 한다"고 규정하고 있으며, 동 제2항은 "제1항의 경우에 그 수급권자가 사망 전에 보험급여를 청구하지 아니하면 같은 항에 따른 유족의 청구에 의하여 그 보험급여를 지급한다"고 규정하고 있다. 그러므로 미지급보험급여의 수급권은 민법의 상속순위에 따라 상속인들이 상속하는 것이 아니라 산재보험법에 정한 순위에 따라 우선순위에 있는 유족이 이를 승계하는 것이다.[255]

616쪽; 조성한 외 5인, 앞의 책, 87쪽.

253) 한경식, 앞의 논문, 16 - 17쪽 참고.

254) 강봉수, 앞의 논문, 35쪽; 김현, "인신 손해액의 산정에 있어서 손익상계에 관한 연구", 『박사학위논문』, 건국대학교 대학원, 1995. 6, 94쪽.

255) 大判 2006. 3. 9. 2005두13841.

2. 연혁

미지급보험급여제도의 필요성은 恩給權이나 年金受給權 자체는 일신전속권으로 상속의 여지는 없지만, 수급권자가 생존 중에 취득하였으나, 아직 지급을 받지 못한 연금급부는 재산권이므로 사망한 수급자와 일정한 신분 관계를 갖는 자에게 인도하는 것이 당연하다는 견해256)에서 찾을 수 있다.

우리나라도 1963년 산재보험법 제정 당시에는 미지급보험급여 규정이 없었으나, 1973. 3. 13. 개정법(법률 제2607호)에서 도입되었으며, 개정 이유는 "보험급여 수령 전에 수급권자가 사망한 경우에는 그 유족이 청구·수령할 수 있도록 하기 위한 것"이다.257)

그러나 미지급보험급여제도가 도입되기 이전에도 행정해석은, "미지급 휴업급여에 대하여 산재보험법의 취지로 보아 민법상 상속제도와 상이한 것이므로 수급권은 동법의 유족급여 수급순위로 결정함"이라 하였다.258)

일본도 1947년 勞働者災害補償保險法(이하 "勞災保險法"이라 줄여 씀) 제정 당시에는 그와 같은 규정이 없었으나, 1965년(法律 第130号)에 도입하였으며, 그 전에는 수급권자의 상속인이 미지급된 보험급부의 청구권자였다.259)

---

256) 岩村正彦, (註 104), 458-459頁.

257) 노동부, 『산재보험 33년사』, 문원사, 1997, 66쪽; 근로복지공단, 『산업재해보상보험 판례집』, 1995, 983쪽; 법제처 홈페이지(http://www.moleg.go.kr), 산업재해보상보험법 개정이유 참조; 同旨: 일본의 1944년 노동자연금보험법의 개정(법률 제2호)에 의해 제30조의2가 『미지급급부를 피보험자의 유족에게 지급한다』고 개정하였고, 이러한 규정이 없었던 노동자연금보험법 및 동시행규칙 아래서의 미지급연금의 법안, 즉 상속인에의 지급이라는 법안을 변경하려고 했다는 것을 추측할 수 있다(자세한 것은 岩村正彦, (註 104), 453頁 참조).

258) 1970. 4. 15. 補償 3676(『노동법통람 : 산업재해보상보험법Ⅱ』, 중앙경제사, 1996, 43-2(7)-1쪽). 그러나 미지급보험급여제도가 없었던 당시에는 유족이라서 미지급 휴업급여를 지급하는 것이 아니라, 후술하는 바와 같이 유족이 상속법에 의한 상속권자에 해당되어 유족에게 지급하는 것으로 보아야 했을 것이다.

259) 1961. 1. 31. 起發 第73号: 노동보험국, 『日本의 勞災補償制度』, 1995, 81쪽.

3. 미지급보험급여의 유형

미지급보험급여는 사망한 수급권자에게 지급되지 못한 보험급여로서 그 형태는 원래의 수급권자가 수급권을 행사했는지 여부와 지급기관의 지급결정 유무 등을 감안할 때 다음과 같은 세 가지 형태가 있을 것이다.

첫째, 수급권자가 근로복지공단에 보험급여 청구도 하지 않은 상태의 미지급보험급여가 있을 것이고,

둘째, 수급권자가 근로복지공단에 청구는 하였으나 근로복지공단이 지급결정을 하지 않은 상태의 미지급보험급여가 있을 것이며,

셋째, 수급권자가 보험급여를 청구하여 근로복지공단도 보험급여의 지급결정을 하였으나, 그 지급을 하지 않은 상태의 미지급보험급여가 있을 것이다.[260]

이러한 미지급보험급여의 세 가지 유형 모두 미지급보험급여의 수급권자가 미지급보험급여를 지급받는 데 있어 특별히 문제가 되지는 않는다. 산재보험법 제53조 제1항은 지급되지 않은 미지급보험급여는 유족의 청구에 의하여 지급하도록 하며, 동조 제2항은 수급권자가 사망 전에 보험급여를 청구도 하지 않은 경우에는 유족의 청구에 의하여 미지급보험급여를 지급하도록 규정하고 있기 때문이다.

III. 산재보험 미지급보험급여의 상속 여부

1. 노동법상의 재해보상 규정

근로기준법 제8장은 재해보상에 대하여 규정하고 있다. 동법시행령 제48조에서 유족의 범위 및 수급권자의 결정 순위를 규정하고 있으며, 동법 시행령 제50조는

---

260) 1961. 1. 31. 起發 第73号.

"유족보상을 받기로 확정된 유족이 사망한 경우에 유족보상은 같은 순위자가 있는 경우에는 같은 순위자에게, 같은 순위자가 없는 경우에는 다음 순위자에게 지급한다"고 규정하고 있다. 그러나 같은 순위 또는 다음 순위의 유족이 없을 때의 유족보상금 지급방법에 대하여는 아무런 규정이 없다. 그리고 유족보상 이외의 재해보상, 즉 근로자가 수급권자였던 경우의 휴업보상, 장해보상, 일시보상 등의 미지급보상[261]에 대하여는 아무런 규정이 없다.

업무상 피재근로자는 사용자의 귀책사유, 즉 사용자의 고의 또는 과실로 업무상 재해가 발생한 경우에 근로기준법상의 재해보상을 청구할 수 있음은 물론, 사용자에게 민법상의 채무불이행으로 인한 손해배상의 책임을 물을 수 있다. 사용자는 작업상의 위험으로부터 근로자를 안전하게 보호하여야 할 근로기준법상의 책임이 있고, 사용자가 그 의무를 위반하여 근로자가 재해를 입은 경우에는 근로자는 근로계약상의 안전배려의무 위반을 이유로 손해배상을 청구할 수 있기 때문이다.[262] 그렇다면 근로기준법상의 미지급 유족보상도 같은 순위 또는 다음 순위 유족이 없는 경우에 달리 이에 대한 제한규정이 없음을 볼 때, 상속권자에게 상속되는 것을 부정하기 어려울 것으로 보이며, 유족보상 이외의 휴업보상, 장해보상, 일시보상 등의 미지급 보상도 피재근로자의 사망과 동시에 당연히 상속권자에게 상속시켜야 할 것이다.

한편 선원법은 선원의 재해보상에 대하여 제10장에서 규정하고 있으며, 동법시행령 제29조는 유족의 범위를 규정하고 있다. 동법시행령 제30조 제1항 내지 제4항은 유족의 순위를 규정하고 있고, 동조 제5항은 "유족보상을 받을 수 있었던 자가 사망한 경우에는 유족보상을 받을 같은 순위의 자가 있는 경우에는 같은 순위의 자가, 같은 순위의 자가 없는 경우에는 다음 순위의 자가 이를 승계한다"고 규정하고 있다. 그리고 근로기준법과 같이 유족보상 이외의 재해보상, 즉 선원이 수

---

261) 요양보상은 일신전속적인 권리라 수급권자의 사망과 동시에 소멸된다고 볼 수 있으나, 요양에 소요된 비용은 미지급 보상금으로 보아야 할 것이다.

262) 임종률, 『(제3판) 노동법』, 박영사, 2003, 456-457쪽; 大判 1989. 8. 8. 88다카33190.

급권자였던 경우 미지급 보상에 대하여는 아무런 규정이 없다. 선원법의 경우에
도 같은 순위 또는 다음 순위 유족이 없는 경우에는 미지급 유족보상과, 유족보
상 이외의 휴업보상, 장해보상, 일시보상 등의 미지급보상은 근로기준법의 경우와
같이 상속권자에게 지급되어야 한다고 해석할 수밖에 없을 것이다.

2. 일본의 勞災保險法

1) 勞災保險法의 規定

보험급여의 체계 및 종류가 각 나라마다 상이하여 각국의 제도[263]에 대하여 직
접적인 비교는 어려우나, 우리나라의 보험급여 체계와 종류가 비슷한 일본[264]의
미지급급부제도는 우리에게 시사하는 바가 클 것이다.

일본도 1947년 勞災保險法 제정 당시에는 미지급급부제도가 없어 수급권자의
상속인이 미지급된 보험급부의 청구권자였다.[265] 1965년 동법의 개정 법률(法律
第130号)에서 미지급급부제도가 도입되어, 동법 제11조 제1항은 "이 법률에 의한
보험급부를 받을 권리가 있는 자가 사망한 경우에는 그 사망한 자에게 지급하여
야 할 보험급부로서 아직껏 그 자에게 지급하지 않은 것이 있을 때에는 그 자의
배우자(사실상 혼인관계에 있는 자를 포함한다.) · 자녀 · 부모 · 손 · 조부모 또는
형제자매로서 그 자의 사망 당시 그 자와 생계를 같이 한 자[266](유족보상 연금에
대해서는 당해 유족연금을 받을 수 있는 유족, 유족연금에 대해서는 당해 유족
연금을 받을 수 있는 다른 유족)는 자기 명의로 그 미지급 보험급부의 지급을 청

---

263) 주요국의 산재보험급여 체계의 비교는, 이현주 외 5인, 『주요국의 산재보험급여 체계
    비교 연구』, 한국노동연구원, 2003, 260쪽 이하 참조.
264) 이승렬 외 3인, 앞의 책, 209쪽.
265) 노동보험국, (註 259), 81쪽.
266) 우리나라 산재보험법은 미지급보험급여를 받을 수 있는 유족의 범위를 부양과 관계없
    이 인정하고 있다(동법 제46조 제1항 및 동법시행령 제46조 참조).

구할 수 있다"267)고 개정하였다.

1965년의 개정 勞災保險法 이전에는 수급권자의 상속인이 그 미지급된 보험급부의 청구권자였으나, 1965년 개정법 제11조는 보험급부의 본질은 근로자의 임금가득능력의 손실보전으로 본인 및 그 부양가족의 생활보장에 있다는 관점에서 수급권자의 상속인보다도 수급권자와 생계를 같이 하고 있던 유족을 미지급급부의 청구권자가 되는 것으로 규정하고 있다.

이 규정의 적용대상이 되는 보험급부는 수급권자인 근로자 이외의 자에 대해서는 그 성질상 행할 수 없는 요양보상 급부인 요양의 급부(勞災保險法 제13조 제1항) 및 요양급부인 요양의 급부(勞災保險法 제22조 제2항)268) 이외의 모든 보험급부(현금급부)가 해당된다.269) 보험급부를 받을 권리가 있는 자의 사망 당시 그 자와 생계를 같이 하던 배우자·자녀·부모·손·형제자매의 순위에 의하여 미지급보험급부가 지급되어, 이와 같은 청구권자의 범위 안에서는 민법의 상속에 관한 규정은 배제된다.270) 그러나 미지급 보험급부의 청구권자인 유족이 없는 경우에는 본래의 사망한 수급권자의 상속인에게 지급된다.271) 그리고 미지급된 보험급부의 청구권자가 그 지급을 받지 못하고 사망한 경우에는 일시금이기 때문에 유족연금의 轉給規定272)(勞災保險法 제16조의4 제1항)과 같은 규정이 없어 다음 순위자가

---

267) 근로복지공단, 『日本 勞働者災害補償保險法令』, 2000, 9쪽; 勞働省勞働基準局勞災管理課, 『(三訂新版) 勞働者災害補償保險法』, 勞務行政研究所, 1992, 278頁.

268) 일본 노재보험법은 업무상 재해와 통근재해를 구분하여 규정하고 있으며, 업무상 재해에 대하여는 "補償給付", 통근재해에 대한 보상을 "給付"로 규정하고 있다.

269) 노동보험국, (註 259), 81-82쪽; 근로복지공단, 『勞災保險法解釋總覽』, 2004, 529쪽.

270) 노동보험국, (註 259), 81-83쪽.

271) 厚生勞働省 勞働基準局 勞災補償部 勞災管理課, 『勞災保險制度の詳解』, 株式會社勞務行政, 2004, 261頁; 노동보험국, 『日本 勞災保險給付와 認定 實務』, 1994, 40쪽; 이현주외 5인, 앞의 책, 169쪽; 井上浩, 『勞災補償法入門 勞災保護法を中心とする (改訂8版)』, 經營書院, 2004, 301頁; 岩村正彦, 前揭書, 66頁; 厚生勞働省 勞働基準局 勞災補償部 勞災管理課, 『明說勞災保險法』, 株式會社勞務行政, 2003, 254頁.

272) 유족보상연금의 수급권 소멸로 인한 유족보상연금을 받을 권리가 같은 순위 또는 다음 순위자에게 이전하는 것을 말한다.

청구할 수 있는 것이 아니라, 사망한 유족의 상속인이 청구하는 것이며, 代襲相續도 부정되지 않는다.273)274) 특별지급금275)의 경우에도 미지급급부의 지급례에 따라 지급한다.276)

이와 같은 미지급 보험급부는 사망자가 생전에 받아야 했던 권리이며, 사망자에게 귀속된 권리로, 그 의미는 상속 그 자체라 할 수 있다고 평가되는 부분이다.277)

2) 해석예규

일본의 해석예규는 보험급부를 받을 권리가 있는 자의 사망 당시 그 자와 생계를 같이 하던 배우자·자녀·부모·손·형제자매의 순위에 의하여 미지급보험급부가 지급되어, 이와 같은 청구권자의 범위 내에서는 민법의 상속에 관한 규정은 배제되지만, 본조에서 규정하는 미지급보험급부의 청구권자인 유족이 없는 경우에는 상속법의 규정에 따라 사망한 수급권자의 상속인이 청구권자가 되는 것이다 (1966. 1. 31. 基發 第73号).278)

---

273) 노동보험국, (註 259), 82 - 83쪽; 勞働省勞働基準局勞災管理課, 『(三訂新版) 勞働者災害補償保險法,』, 286頁.

274) 그러나 우리나라 산재보험법은 유족급여의 경우에는 그와 같은 대습상속의 문제는 발생하지 않는다. 산재보험법 제53조 제1항의 규정이 유족급여는 다른 유족에게 미지급보험급여의 청구권을 주고 있기 때문이다.

275) 노동복지 사업 중에서 '피재근로자 또는 유족의 원호를 도모하기 위해 필요한 사업'의 가장 중요한 것으로 특별지급금의 지급이 있다. 특별지급금은 보험급부의 수급권자에 대해서는 그 자가 빝는 보험급부에 부가하어 지급되는 것으로, 보험급부에 준하는 섯이라 말 할 수 있다. 특별지급금의 종류로는 ① 휴업특별지급금, ② 장해특별지급금, ③ 유족특별지급금, ④ 상병특별지급금, ⑤ 장해특별연금, ⑥ 장해특별일시금, ⑦ 유족특별연금, ⑧ 유족특별일시금, ⑨ 상병특별연금 등이 있다. 이 중 ⑤-⑨가 보너스 등의 특별급여를 산정기초로 하는 소위 '보너스 특별지급금'이다(이현주 외 5인, 앞의 책, 212쪽 참조).

276) 노동보험국, (註 271), 55쪽; 이현주 외 5인, 앞의 책, 169쪽.

277) 西原道雄, "遺族給付の法的性格", 『損害賠償責任の研究(我妻還曆記念)上』, 有斐閣, 1957, 367頁; 社會保障事典編輯委員會 編, 『社會保障事典』, 547頁; 川神裕, (註, 127), 249頁.

3) 우리나라 미지급보험급여제도와의 차이점

일본의 勞災保險法의 미지급보험급부제도는 우리나라의 미지급보험급여제도와 비교할 때 다음과 같은 차이점이 있다.

첫째, 우리나라의 미지급보험급여는 '유족급여의 경우에는 그 유족급여를 받을 수 있는 다른 유족'에게 미지급보험급여를 지급하도록 규정하고 있다(제53조).[279] 일본의 勞災保險法의 미지급급부의 규정(제11조)도 '유족급부연금에 대해서만 당해 유족급부연금을 받을 수 있는 유족, 유족연금에 대해서는 당해 유족 연금을 받을 수 있는 다른 유족'으로 규정하고 있다.

둘째, 勞災保險法은 유족급부일시금 규정(제16조의6)에서는 우리나라의 산재보험법 제46조 제3항과 같은 다른 유족에게 수급권이 이전되는 규정이 없다. 그러므로 일본에서는 다음과 같은 해석이 가능하다. 유족급부연금의 경우에는 일본도 우리나라와 같이 당해 유족급부연금을 받을 수 있는 다른 유족이 미지급연금의 수급권자가 된다. 그러나 다른 유족이 없는 경우에는 본래의 사망한 수급권자의 상속인에게 지급된다.[280] 그리고 유족급부일시금의 미지급급부는 다른 유족에 대한 수급권 이전 규정이 없으므로 유족에게 지급되지 아니하고 사망한 미지급보험급부 수급권자의 상속인이 미지급 보험급부의 수급권자가 된다.[281]

---

278) 厚生勞働省 勞働基準局 勞災補償部 勞災管理課, 『勞災保險制度の詳解』, 株式會社勞務行政, 2004, 261頁; 노동보험국, (註 271), 40쪽; 이현주 외 5인, 앞의 책, 169쪽; 井上浩, 前揭書, 301頁; 岩村正彦, 前揭書, 66頁; 厚生勞働省 勞働基準局 勞災補償部 勞災管理課, 『明說 勞災保險法』, 株式會社勞務行政, 2003, 254頁; 岩村正彦, (註 104), 175頁.

279) 물론 수급권 이전 규정, 즉 유족보상일시금의 경우 동법 제46조 제3항, 유족보상연금의 경우 제45조 제2항의 규정에 의하더라도, 결론적으로는 미지급보험급여는 유족에게 지급된다.

280) 노동보험국, (註 271), 40쪽

281) 노동보험국, (註 259), 1995, 83쪽.

3. 우리나라 산재보험 미지급보험급여의 상속여부

1) 학설

① 상속부정설

산재보험 미지급보험급여의 상속부정설은 "산재보험법은 보험급여의 수급권자였던 피부양가족을 신속하게 보호하자는 것이 본래의 목적이며",[282] "업무상 재해의 경우 신속한 보상을 위해 상속에 관한 민법의 적용을 배제하는 것"[283]이라 한다.

한편 "미지급보험급여의 한도 안에서는 상속에 관한 민법규정이 배제된다."[284]는 견해와 "미지급보험급여는 규정하는 한도 안에서 민법의 상속에 관한 규정이 배제되는 경우 외에는 상속할 수 있다고 보아야 한다."[285]는 견해가 있으나, 미지급보험급여의 문제는 수급순위자에 관한 문제이지 그 금액의 문제가 아니라 할 것이다.

미지급보험급여의 상속을 부정하는 입장에서는 미지급보험급여는 상속의 규정이 배제되어 수급권자의 유족에게 지급되며, 유족이 없는 경우에는 보험급여가 지급될 수 없으므로 산재보험의 법률관계가 종료되고, 따라서 지급되지 못한 보험급여는 관리운영 주체에 귀속된다는 것이다.

---

282) 김수복, 앞의 책, 536쪽.

283) 근로복지공단, 『고용·산재 실무편람』, 2005, 84쪽; 근로복지공단, 『고용·산재 실무편람』, 2002, 67쪽; 근로복지공단, 『보험사무 대행기관 실무』, 2005, 187쪽; 근로복지공단, 『보험사무조합 실무』, 2004, 221쪽; 근로복지공단, 『보험사무조합 실무』, 2002, 243쪽; 근로복지공단, 『고용·산재 실무편람』, 2004, 79쪽; 근로복지공단, 『산업재해보상보험 실무편람』, 1996, 113쪽.

284) 김수복, 앞의 책, 536쪽; 김우기, 『산업재해보상보험법상해』, 중앙경제사, 1988, 142쪽; 이상국, 앞의 책, 761쪽; 한국공인노무사회 편저, 『노동법 실무총서 산업재해보상보험법 Ⅰ』, 1991, 115쪽; 근로복지공단, 『사이버 직무교육교재 산재보험보상』, 2004, 267쪽.

285) 이미화, "산재보상에 관한 법제 ― 산업재해보상보험을 중심으로 ―", 『석사학위논문』, 한국외국어대학교 대학원, 1992, 118쪽.

② 상속긍정설

미지급보험급여의 상속긍정설은 보험급여 수급권도 하나의 재산권이므로 민법의 규정에 의하여 재산상속인에게 귀속되어야 한다는 것이다.286) 산재보험의 미지급 보험급여제도는 보험급여 청구권의 행사를 용이하게 하여 유족의 생활보호를 위한 것으로서,287) 민법상 재산상속에 대한 특칙이라는 것이다.288), 미지급보험급여는 수급권자의 상속 여부에도 불구하고 동법에 의하여 유족에게 보험급여를 청구하게 하여 피재근로자와 유족의 생활보장을 도모하기 위한 법적 배려라는 것이다.289)

산재보험법 제53조의 규정에 의한 미지급보험급여의 수급권자는 민법의 상속 규정과 관계없이 미지급보험급여를 법적으로 당연히 승계하며, 유족(특별 승계인)이 없는 경우에는 민법의 재산상속의 규정에 따라 상속된다290)는 것이다.

한편 2006. 12. 28. 개정된 고용보험 및 산업재해보상보험의 보험료징수 등에 관한 법률 제28조의3은 "상속인에게 상속으로 인하여 얻은 재산을 한도로 하여 피상속인에게 부과되거나 그 피상속인이 납부하여야 하는 보험료, 동법에 따른 그 밖의 징수금과 체납처분비를 납부할 의무를 부과하여", 동법상의 보험료 등의 납부의무에 대한 상속을 규정하고 있다.

2) 판례 및 행정해석

우리나라의 경우 아직까지 산재보험 미지급보험급여의 상속여부와 관련하여 직접적으로 다룬 판례는 찾기가 어렵다. 다만 피재근로자가 요양 중 사망한 사건에 대한 "요양불승인 처분 취소소송 계속 중 원고가 사망한 사건에 대한 소송수계 여부"에 대한 판결을 2건 찾을 수 있을 뿐이다.

---

286) 김우기, 앞의 책, 142쪽; 이상국, 앞의 책, 759쪽 및 761쪽; 한경식, 앞의 논문, 171쪽.
287) 김우기, 앞의 책, 142쪽.
288) 김우기, 앞의 책, 141쪽.
289) 문원주 · 조석련, 앞의 책, 516쪽; 그러나 유족이 없는 경우에 대해서는 언급이 없다.
290) 이상광, (註 105), 524쪽.

그 하나는 "근로자의 요양 자체는 일신전속적인 것으로서 다른 사람이 대신 요양 받을 수는 없는 것이지만, 요양으로 인한 요양급여의 수급권은 근로복지공단의 요양승인 등 일정한 절차를 거쳐서 당해 근로자에게 직접 또는 간접으로 지급되는 금전채권의 성격을 지닌 것으로, 근로자가 업무상 재해로 요양을 받아 이미 요양급여의 지급요건이 충족된 경우로서 요양 도중이나 요양 후에 당해 근로자가 사망한 경우에는 당해 근로자가 생전에 요양승인 신청을 했는지, 미처 하지 못한 채 사망했는지를 불문하고 그 요양급여의 수급권은 당해 근로자의 상속인에게 상속되므로, 원고들이 망인의 상속인으로서 이 사건 처분에 불복하여 이 사건 소를 제기한 것은 적법하다"291)고 판시하여, 사망한 피재근로자의 공동 상속인인 배우자와 아들이 요양불승인처분 취소소송의 수계를 인용한 사건이다.

또 다른 하나의 사건은 "산재보험법의 규정에 의한 보험급여의 수급권자가 사망한 경우 그에게 지급하여야 할 보험급여로서 아직 지급되지 아니한 보험급여의 수급권은 민법에 정한 상속순위에 따라 상속인들이 상속하는 것이 아니라 산재보험법에 정한 순위에 따라 우선순위에 있는 유족이 이를 승계하는 것이다. 이 경우 보험급여를 지급하지 않기로 하는 내용의 처분에 대한 취소를 구하는 소송에 있어서는 그 보험급여의 수급권을 승계한 유족이 그 처분의 취소를 구할 법률상의 이익을 실체법상 승계하는 자로서 민사소송법 제233조에 정한 '그 밖의 법률에 의하여 소송을 계속하여 수행할 사람'에 해당하여 그 소송을 수계한다고 해석함이 상당하다"292)며, 사망한 근로자의 배우자에게는 요양불승인부지급처분 취소소송의 수계를 인용하고, 자녀에게는 소송의 수계자격을 부인하였다.

위의 2건의 판례는 미지급보험급여의 상속여부를 직접 다루지는 않았지만, 요양불승인처분 취소소송 중에 피재근로자가 사망하였을 때 소송수계 여부와 관련하여 '소송수계를 상속인에게 인정'하기도 하고, 다른 사건에서는 "미지급보험급여의 수급권은 민법에 정한 상속순위에 따라 상속인들이 상속하는 것이 아니라

---

291) 大判 2001. 7. 27. 2000두4538.
292) 大判 2006. 3. 9. 2005두13841.

산재보험법에 정한 순위에 따라 우선순위에 있는 유족이 이를 승계하는 것"이라고 하여 서로 엇갈린 판단으로 혼란을 주고 있다.

그리고 미지급보험급여의 상속 여부와 관련된 행정해석도 찾기 어렵다. 그러나 노동부장관의 위탁을 받아 산재보험 업무를 수행하는 근로복지공단은 직원의 직무교육용 교재에서 "미지급보험급여의 지급에 관하여는 그 한도 내에서 까다로운 민법상의 상속에 관한 규정을 배제하고 하는 것"293)이라 하며, 실무편람에서도 "업무상 재해의 경우 신속한 보상을 위해 상속에 관한 민법의 적용을 배제하는 것"294)이라 하여 상속부정설의 입장을 취하고 있다.

그러나 동법 제56조의 수급권자에게 지급된 부당이득금의 징수와 관련하여 근로복지공단은 "상병보상연금을 부당하게 지급받은 근로자가 사망한 경우 고용보험 및 산업재해보상보험의 보험료징수 등에 관한 법률 및 국세징수법에서 정하고 있는 바에 따라 부당이득 당사자의 재산 등을 상속한 상속인에게 부당이득 사실을 고지하고 체납처분 절차를 거쳐야 한다"295)고 한다.

3) 사회보험급여 수급권의 상속요건

① 사회보험급여 수급권 상속의 의의

상속은 민법의 규정(민법 제1005조)에 따라 피상속인의 권리·의무가 포괄적으로 상속인에게 승계된다. 그러므로 상속인의 범위, 순위 등과 상속될 수 있는 권리의 기준(객관적 상속능력) 등에 관하여 민법의 적용을 받는다. 상속은 공법상의 권리의 객체이든지 또는 사법상의 권리의 객체이든지 간에 민법이 적용되어야 하는 私法上의 법현상이며, 특히 그 객체가 사회보험급여 수급권인 경우 상속인과 사회보험급여 관리운영 주체 간에 사법관계를 새로 발생시킨다.296)

---

293) 근로복지공단, (註 284), 267쪽.

294) 주) 283.

295) 2007. 4. 25. 보상팀 – 3460.

어떤 구체적 권리가 상속되는가의 여부는 그 권리가 민법의 상속재산에 해당하는가에 따라 결정될 것이며, 이는 그 권리를 규정한 법령의 취지에 따라 상속재산에 포함되는 법적 성질을 구비하고 있는가의 문제이다. 이와 같은 권리의 상속능력 판단은 절차법적 요건과 그 권리를 규정한 법령의 실체법적 측면도 함께 고려하여야 할 것이다.[297] 사회보장급여 수급권이 법률에 의하여 수급권자로부터 타인에게 이전되는 경우가 있다. 이때 "법률행위를 통한 권리의 이전을 권리의 임의승계라 한다면, 사회보장법상의 권리·의무도 민법상의 권리·의무와 마찬가지로 법규에 의한 이전을 특별 승계"[298]라 한다.

사회보장급여 수급권은 수급권자가 사망하지 않더라도 타인에게 법률상 이전하는 수도 있으나,[299] 사회보험급여의 수급권자가 보험급여를 지급받지 못하고 사망한 경우에 그 수급권자에게 지급되지 못한 보험급여 수급권을 유족(유족급여의 경우에는 다른 유족)이 승계하는 경우도 있다.

② 실체법적 판단기준(객관적 상속능력)

어떤 권리의 상속 능력의 여부의 판단 기준으로 일신전속성이 고려된다(민법 제1005조 단서). 피상속인의 일신에 전속하는 성질을 가진 권리는 상속되지 않기 때문이다. 어떤 권리의 승계가 그 권리를 규정한 입법 목적에 반할 때 그 권리는 상속되지 않으며 일신전속성이 있다고 볼 수 있다.[300]

현물급여와 용역급여는 그 성질상 당연히 피상속인의 일신에 전속하는 것이므로 상속재산으로 보기는 어려울 것이다.

---

296) 이상광, (註 12), 656쪽.

297) 이상광, (註 12), 656 – 657쪽.

298) 이상광, (註 12), 649쪽. 특히 이상광 교수는 이를 '법정승계'라 한다.

299) 예컨대, 수용 보호시설 운영자의 轉拂要求, 사회급여 관리운영 주체에 의한 사회급여 청구권의 승계, 법적 부양 청구권자의 수급권 승계 등이 있다(이상광, (註 12), 650 – 651쪽 참조).

300) 이상광, (註 12), 657쪽.

금전급여는 원칙적으로 상속성을 인정하여야 할 것이나,[301] 모든 금전급여가 상속된다고 주장할 수는 없을 것이다. 금전급여는 일반적으로 그 재산법적 성질이 어느 특정인에 부착하지 않고, 유통성을 갖는 것이 보통이나, 그 급여를 인정한 입법목적을 볼 때 수급권자가 아닌 다른 사람에게 승계되는 것이 부당하다고 생각될 때에는 그 금전급여는 수급권자에게만 부여되고 양도나 상속을 허용하지 않는다.[302]

같은 금전채권이라도 그것이 민법상의 권리냐 또는 공법(사회법)상의 권리냐에 따라 그 상속성에는 차이가 있다. 공법상의 권리는 입법목적·공익적 이유 등으로 인하여 유통성이 제한된 결과 그의 상속성도 또한 엄격히 제한되기 때문이다. 그러므로 금전급여라도 '부양 부조를 목적으로 하는 금전급여', 특히 정기적 금전급여는 원칙적으로 상속되지 않는다. 이러한 금전급여는 권리자의 부양 등을 목적으로 하므로 그 권리자의 사망과 함께 소멸하는 것은 권리의 존재 목적상 당연하다.[303]

그러나 그 권리자의 사망 이전에 이미 발생하였던 부양료는 그 권리자의 사망에 의하여 소멸하지 않으며,[304] 산재보험의 미지급보험급여의 수급권은 원래의 수급권자로부터 유족에게 승계되는 것이므로 일신전속의 예외로 보아야 할 것이다.[305]

③ 상속될 수 있는 권리의 절차법적 판단기준

상속이 허용되는 권리(일부의 금전급여)라도 그 권리가 상속될 수 있기 위해서는 실체법적 요건 이외에 절차법적 요건(형식요건)의 충족을 요구한다. 이는 사회보험급여의 지급에 수급권자의 신청이 필요한 경우에 피상속인이 이미 신청한 것을 요구하는가 아니면 그와 같은 절차법적 요건은 상속인에 의해서도 보완될 수

---

301) 이상광, (註 12), 657쪽.
302) 이상광, (註 12), 657쪽.
303) 이상광, (註 12), 656 – 657쪽.
304) 김주수, 『친족·상속법』, 법문사, 1995, 507 – 508쪽.
305) 岩村正彦, (註 104), 455 – 456頁.

있는 것인가의 문제이다.306)

피상속인이 사망 전에 사회보험급여를 신청하지 못하고 사망한 경우에는 사회보험급여 수급권은 발생하지 않고 그것은 수급권자의 사망과 더불어 소멸하는가 아니면 상속인이 그를 신청할 수 있는가? 이 경우에는 그 권리가 실체법상 어떠한 법적 성질을 가지고 있으며 신청은 어떤 성격을 가지고 있는가에 따라서 결정하여야 한다.

첫째, 사회보험급여 수급권이 객관적 상속능력이 있다 하더라도 사회보험급여 청구에 형성권적 성격이 부여되어 있는 경우에는, 그 보험급여의 청구 여부는 사회보험급여 청구권자인 피상속인 본인의 의사에 의존하는 것이 타당하며 타인(상속인)이 결정할 성질의 것이 아니라고 본다.307) 이때는 청구를 수급권자 본인만이 할 수 있게 규정한 입법목적을 존중하여야 할 것이다.

둘째, 수급권이 객관적 상속능력이 있고, 또 사회보험급여의 신청이 형성권적 성격을 가지고 있지 않는 경우에는 반드시 피상속인 본인의 결정이 없더라도 상속인의 청구를 통하여 그 급여를 상속할 수 있게 하여도 그 급여를 인정한 입법

---

306) 이 문제는 독일 사회법전에 의하며 "확인 절차를 받은 후 처분이 있거나 또는 확인 절차 계속 중인 사회보험급여 청구권"은 피상속인의 사망으로 소멸하지 않는다고 규정하고 있다(§59 SGB Ⅰ). 그러므로 독일 사회법전에 의하면 피상속인이 사회보험급여를 신청한 후 확인 절차가 계속 중에 사망한 경우에는 상속인이 그 계속 중인 확인 절차를 계속 밟을 수가 있으며, 확인 절차의 종결 후에 처분이 있게 되면 그 수급권을 승계받을 수 있다. 그 뿐만 아니라 급여청구가 피상속인 사망시 이미 기각되었거나 또는 지나치게 낮은 금액으로 결정된 경우에는 이의신청 기간이 경과하지 않는 한 상속인이 그에 대한 이의신청도 할 수가 있다(이상광, (註 12), 658쪽).

307) 국가유공자 등 예우 및 지원에 관한 법률에 의한 보상금을 신청할 권리는 일신전속적인 권리로서 등록을 신청한 자가 사망한 경우에도 당연히 상속되는 것이 아니라, 보훈처장이 정하는 자가 동법에 의한 보상금을 취득한다 할 것이고, 동법에 의하여 보상금을 받을 권리는 국가보훈처장이 국가 유공자 또는 그 유족으로 결정하여 등록해야만 발생할 수 있는 형성적 권리라는 것이다.(大判 2003. 8. 19. 2003두5037; 신용석, "전상군경 등록 거부처분 취소 청구소송 계속 중 원고가 사망한 경우, 원고의 상속인에게 수송수계가 허용되는지 여부(소극)", 『대법원 판례해설(제47호)』, 법원행정처, 2004. 7, 547 - 548쪽.

목적에 저촉된다고는 볼 수 없을 것이다.[308)

산재보험의 미지급보험급여는 동법 제53조의 규정에 의하면, 사망한 수급권자가 미지급보험급여를 청구한 경우는 유족(유족급여는 다른 유족)에게 지급하며, 사망한 수급권자가 청구도 아니한 경우에는 유족이 직접 청구할 수 있다.

④ 수급권의 변경 허용

사회보험법에 의한 보험급여의 경우 유족 등 수급권자의 범위나 순서가 법령에 정해져 있어 그 규정에 따라 고유의 권리로서 이를 취득하는 것으로,[309)] "그 변경이 인정되지 않는 경우에는 수급자의 고유재산이 되어 상속재산에 포함되지 않는다."[310)]

그러나 미지급보험급여는 원래의 수급권자의 사망으로 그 수급권이 유족에게 승계되는 보험급여이므로, 이는 '법령에 의하여 그 수급권의 변경이 인정되는 보험급여'로 보아야 할 것이며[311)], 이는 상속대상의 재산이 된다 할 것이다.

---

308) 그러나 이 경우도 극히 제한된 경우에나 생각될 수 있는 것이므로, 피상속인이 신청하기 전에 사망한 경우 상속인에 의하여 신청되고 보완될 수 있는 경우란 입법례에 따라 극히 예외적인 경우에나 인정될 수 있으므로, 사회보험급여가 상속될 수 있기 위해서는 실체법상의 판단기준 이외에 절차법상 그것이 이행될 수 있는 단계에 있을 것, 즉 신청이 필요한 경우 피상속인에 의하여 이미 신청된 것이어야 한다고 보아도 수급권의 절차법적 요건을 너무 엄격하게 요구한다고는 주장할 수 없을 것이다(이상광, (註 12), 658쪽).

309) 박동섭, 『친족상속법』, 박영사, 2004, 458쪽; 양수산, 앞의 책, 594-595쪽; 김용한, 앞의 책, 315쪽.

310) 김능환, "유류분 반환청구", 『재판자료(제78집) : 상속법의 제 문제』, 법원도서관, 1998, 31쪽; 김숙자, "부양과 상속에 관한 비교법적 연구", 『사회과학논총(제11집)』, 명지대 사회과학연구소, 1996, 50쪽; 이진만, "유류분의 산정", 『민사판례연구(제19권)』, 박영사, 1997, 376쪽; 이진만, "유류분의 산정", 『실무연구자료(제1권)』, 법원행정처, 1997. 03, 118쪽.

311) 同旨: 이상광, (註 12), 649쪽.

4) 특별 승계의 상속 우선

사회보험법에 있어 특별 승계는 상속에 우선한다. 사회보험법에서는 특수한 입법 목적으로 인하여 승계인의 범위, 그 순위 등에 대하여 민법의 상속과는 다른 규정을 두고 있으며,[312] 이때는 사회보험법의 규정이 우선적으로 적용되고 특별 승계인이 없거나 특별 승계를 포기할 때 비로소 민법의 상속인에게 상속된다고 보아야 한다.

5) 사견

사회보험이라 하여도 각 법령의 취지와 목적에 따라 그 보호 대상과 보호 범위가 같지는 않을 것이다. 어떤 권리의 상속여부는 일신전속성이 고려되며, 이는 피상속인의 일신에 전속하는 성질을 가진 권리는 상속되지 않기 때문이다. 가족권(신분권)·인격권은 대부분 일신전속권이고, 재산권은 비전속권이다.[313] 그러나 특정 신분을 전제로 하는 경우에도 재산적 성격이 강한 것은 상속되어야 할 것이며,[314] 또한 금전급여인 미지급보험급여는 일신전속성이 그대로 적용되지 않는다고 보아야 할 것이다.[315]

산재보험 미지급보험급여 중에서도 요양 그 자체는 현물급여라 일신전속적인 것으로서 다른 사람이 대신 요양받을 수는 없는 것이므로 상속을 인정할 수 없지만, 금전급여와 금전채권의 성격을 지닌 요양으로 인한 요양급여의 수급권(예컨대 요양에 소요된 비용)[316]은 상속재산의 대상이라고 본다.

---

312) 산업재해보상보험법 제53조, 국민연금법 제55조 등.

313) 곽윤직, 『민법총칙』, 박영사, 1990, 106쪽; 김준호, 『민법강의』, 법문사, 1997, 35쪽.

314) 이은영, 『민법Ⅱ(제3판)』, 박영사, 2002, 672쪽.

315) 이상광, (註 12), 666쪽.

316) 大判 2001. 7. 27. 2000두4538: 최주영, "요양불승인 처분 취소소송 계속 중 원고가 사망한 경우 소송수계의 가부", 『행정재판 실무연구집 : 재판자료(제108집)』, 법원도서관, 2005, 526쪽.

상속재산은 상속 개시 당시에 현존함으로써 충분하고 순수한 재산권은 물론 순수한 재산권이 아닌 것도 재산상의 권리의무와 관계되는 것은 상속의 대상이 되기 때문에,[317] 산재보험법의 미지급보험급여도 상속대상이 되는 재산으로 보아야 하며, 그 이유는 다음과 같다.

첫째, 산재보험의 미지급보험급여는 수급권자의 사망에 의하여 소멸한다는 명제를 전제로 하지 않고,[318] 수급권자가 사망한 후에도 존속한다는 것이 미지급보험급여 규정의 존재 이유인 것이다.[319]

둘째, 우리나라 판례는 산재보험급여는 근로기준법에 따른 사용자의 재해보상에 대한 책임보험적 기능을 인정하고 있다.[320] 그렇다면 근로기준법에서 규정하지 않는 미지급보상금의 상속 제한을 책임보험적 기능을 하는 산재보험법에서 근거를 찾기는 어려울 것이다.

셋째, 피재근로자나 그 유족은 산재보험급여 지급사유인 업무상 재해에 대하여 사업주의 안전배려의무 위반의 불법행위 책임을 물을 수 있으며, 근로기준법상의 재해보상에 대하여도 손해배상 청구권이 인정된다.[321] 또한 산재보험급여는 손해배상적 성격을 완전히 부인할 수 없으며, 업무상 재해로 인한 생명·신체권의 침해에 대한 손해배상의 상속이 부정되지 않으므로,[322] 산재보험의 미지급보험급여의 상속을 부인하기는 어려울 것이다.

넷째, 헌법상의 재산권 보장은 사유재산의 처분과 그 상속을 포함하는 것으로 이해하고 있다.[323] 국가유공자 등 예우 및 지원에 관한 법률 제18조는 지급이 확

---

317) 김용한, 앞의 책, 312쪽; 김용한, 앞의 논문, 27쪽.

318) 岩村正彦, (註 104), 465頁.

319) 岩村正彦, (註 104), 459頁.

320) 大判 1994. 5. 24. 93다38826.

321) 김형배, 앞의 책, 594쪽; 임종률, 『(제3판) 노동법』, 박영사, 456-457쪽; 大判 1989. 8. 8. 88다카33190.

322) 大判 1969. 4. 15. 69다268; 조일환, "손해배상 청구권의 상속", 『가족법연구(제13호)』, 한국가족법학회, 1999, 19쪽 이하 참고.

정된 미지급 보험급여금의 지급은 먼저 유족에게 지급하며, 유족이 없는 때에는 사망 당시 생활을 같이 하고 있던 친족 중 재산상속인에게 지급하도록 규정하고 있다. 산재보험급여도 헌법상 재산권으로 인정될 뿐만 아니라, 특수직 연금제도와 같이 상속을 제한하는 특별 규정324)도 없다. 또한 사회보험법관계는 수급권자의 사회적 보호라는 공익을 목적으로 하며, 재산적 가치가 있는 급여의 지급을 내용으로 하는 법률관계로서 공법상의 특별 채권·채무관계의 성격이 있어 행정법상의 채권·채무관계에 적용될 특별한 법규가 없을 때에는 민법의 규정이 준용되어야 한다는 것이다.325)

다섯째, 산재보험법 등의 유족급여는 사망자와의 일정한 관계에 있는 생존자에게 주어지는 급여로서 '수급권자의 범위나 순서가 법령에 정하여 있어 그 변경이 인정되지 않는 경우'에는 수급자의 고유재산이 되어 상속재산이 될 수 없다.326) 그러나 미지급보험급여는 원래의 수급권자에게 발생한 수급권이 그 수급권자의 사망으로 인하여 유족 등에게 승계되는 권리이므로 '법령(동법 제53조)에 의하여 그 변경이 인정되는 경우'로 보아야 할 것이다.327)

여섯째, 2006. 12. 28. 개정된 고용보험 및 산업재해보상보험의 보험료징수 등에 관한 법률 제28조의3은 보험료 등의 징수금 등을 상속인에게 납부의무를 지우고 있으면서도, 미지급보험급여는 상속인에게 지급하지 않는다면 형평의 원칙에도 어긋나는 것이다.

---

323) 憲裁決 1998. 8. 27. 96헌가22, 97헌가2·3·9, 96헌바81, 98헌바24·25(병합); 윤진수, 앞의 논문, 178쪽; 강대식, 앞의 논문, 30쪽; 유경춘, 앞의 논문, 185쪽; 권형준, 앞의 논문, 185쪽; 김형성, 앞의 논문, 412쪽.

324) 공무원연금법 제30조, 군인연금법 제14조, 사립학교교직원연금법 제38조 등.

325) 이상광, (註 12), 156쪽.

326) 김용한, 앞의 책, 315쪽.

327) 이상광, (註 12), 649쪽.

Ⅳ. 미지급보험급여제도의 법적 성격

위에서 살핀 바와 같이 미지급보험급여는 민법의 상속재산의 대상으로 보아야 할 것이다. 일본에서는 미지급보험급부를 유족이 없는 경우 상속인에게 지급하고 있으며, 代襲相續까지도 인정하고 있다. 그러면 미지급보험급여를 유족에게 지급하도록 규정하고 있는 우리나라 산재보험법 제53조의 법적 성격을 어떻게 볼 것인가가 문제이다.

미지급보험급여를 유족에게 지급하도록 규정한 동법 제53조의 규정은 상속의 배제규정이 아니라 상속의 특칙 규정이라고 본다. 그러므로 미지급보험급여는 사망한 근로자의 유족(유족급여의 경우 다른 유족)에게 먼저 지급하며, 만일 유족이 없는 경우에는 유족이 아닌 상속인에게 지급하여야 할 것이다.

제5절 소 결

사회보험급여는 과거에는 반사적 이익으로 간주되었으나, 현대 복지국가에서는 사회보험 수급권을 개인적 공권으로 보고 있으며, 이는 그 구체적 청구권성이 인정된다는 것이다. 독일이나 우리나라의 경우도 사회보험급여 수급권의 재산권 여부에 대하여 '사적 유용성', '수급자의 상당한 자기기여', '수급자의 생존의 확보에 기여' 등의 요건을 충족하는 경우에는 긍정하고 있다. 산재보험급여도 여기서 예외일 수는 없을 것이다.

다른 사회보험제도와는 달리 근로자의 업무상 재해를 보호하기 위한 특별한 목적이 있는 산재보험의 미지급보험급여 중에서도 현물급여는 일신전속성을 배제하기 어려워 상속재산으로 보기에는 어려움이 있다. 그러나 금전급여인 미지급보험급여는 상속 대상의 재산이며, 미지급보험급여를 유족에게 지급하도록 규정한 산재보험법 제53조는 상속의 특칙 규정으로 보아야 할 것이다.

그 이유는 산재보험의 미지급보험급여는 수급권이 수급권자의 사망 이후에도 존속한다는 것이며, 산재보험급여는 사용자의 재해보상에 대한 책임보험적 기능도 수행하고 있는데, 근로기준법에서 규정하지 않는 미지급보상금의 상속제한을 책임보험적 기능을 하는 산재보험법에서 제한할 근거는 없다는 것이다. 또한 근로기준법상의 재해보상에 대하여는 손해배상 청구권도 인정되며, 민법의 생명·신체권의 침해에 대한 손해배상의 상속도 부정되지 않으므로, 산재보험급여의 법적 성격에서 손해배상적 성격을 완전히 배제할 수도 없다.

헌법상의 재산권 보장은 사유재산의 처분과 그 상속을 포함하여, 국가유공자 등 예우 및 지원에 관한 법률에 의한 미지급 보험급여금도 유족이 없는 때에는 사망 당시 생활을 같이하고 있던 친족 중 재산상속인에게 지급하도록 규정하고 있다. 산재보험급여도 헌법상 재산권으로 인정될 뿐만 아니라, 특수직 연금제도와 같이 상속을 제한하는 특별 규정도 없을 뿐만 아니라 사회보험법관계는 공법상의 특별 채권·채무관계로 성격이 있어 행정법상의 채권·채무관계에 적용될 특별한 법규가 없을 때에는 민법의 규정이 준용되어야 한다.

산재보험법의 미지급보험급여는 원래의 수급권자에게 발생한 수급권이 그 수급권자의 사망으로 인하여 유족 등에게 승계되는 권리이므로 '법령(동법 제53조)에 의하여 그 변경이 인정되는 경우'에 해당된다고 보아 상속재산의 대상이 된다할 것이다.

또한 2006. 12. 28. 개정된 고용보험 및 산업재해보상보험의 보험료징수 등에 관한 법률 제28조의3은 상속인에게 피상속인의 체납 보험료 등의 납부의무를 부과하고 있어, 미지급보험급여의 상속도 인정함이 형평의 원칙에도 합당할 것이다.

따라서 산재보험의 미지급보험급여는 수급권자 사망 이전에 발생하였던 보험급여 청구권으로서 현물급여가 아닌 금전급여는 일신전속권이 없어 그 상속을 인정하여야 한다고 본다.

그러므로 미지급보험급여제도는 상속인보다는 유족을 먼저 보호하자는 취지이지 상속을 배제하는 것은 아니며, 그 법리는 상속의 특칙 규정으로 보아야 할 것이다.

제3장

미지급보험급여의 지급 요건 및 적용 범위

제1절 미지급보험급여의 지급요건

Ⅰ. 의의

산재보험법 제53조 제1항은 "보험급여의 수급권자가 사망한 경우에 그 수급권자에게 지급하여야 할 보험급여로서 아직 지급되지 아니한 보험급여가 있으면 그 수급권자의 유족(유족급여의 경우에는 그 유족급여를 받을 수 있는 다른 유족)의 청구에 의하여 그 보험급여를 지급한다"라고 규정하고 있으며, 동 제2항은 "제1항의 경우에 그 수급권자가 사망 전에 보험급여를 청구하지 아니하면 같은 항에 따른 유족의 청구에 의하여 그 보험급여를 지급한다"라고 규정하고 있다.

따라서 미지급보험급여가 지급되려면 수급권자가 사망하여야 하며, 사망한 수급권자가 받아야 할 보험급여를 청구를 하지 아니하였거나 또는 청구는 하였으나 지급되지 않아야 하고, 그 미지급보험급여를 지급받을 유족이 있어야 할 것이다.

Ⅱ. 미지급보험급여의 지급 요건

1. 수급권자의 사망

1) 수급권자

① 수급권자의 개념

수급권이란 근로자의 업무상 재해에 대하여 산재보험급여를 받을 수 있는 권리로 산재보험급여 수급권은 산재보험의 가입자인 사업주와 근로계약 관계를 전제로 하여 업무상 재해가 발생하였을 때 자동적으로 발생하며, 근로계약 종료 후에 새롭게 발생한 질병 등도 근로계약 관계 중에 그 원인이 있다고 인정되는 경우에는 수급권이 인정된다.[1] 고용보험의 실업급여는 일정기간의 피보험기간을 요구하나, 산재보험은 일정기간의 고용기간을 요구하지 않는다.[2]

근로자가 산재보험급여를 받는 것은 보험 관장자와 보험계약의 효과로 파생된 권리가 아니라, 법률의 규정에 의하여 재해발생과 동시에 원시적으로 취득한 국가에 대한 독립적인 권리이다.[3]

수급권자(beneficiaries)라 함은 수급자격자 중에서 보험급여를 청구·수령할 권리를 행할 수 있는 자로서,[4] 수급권자는 정신분열증이어서 수급능력을 잃었어도 인정되며,[5] 미성년자에게도 인정된다.[6]

---

1) 大判 1992. 5. 12. 91누10466; 서울高判 1995. 9. 19. 95구2557.
2) 그러나 일정한 대기 기간을 가지게 하는 나라도 있다.(박찬임, 『산재보험제도의 국제 비교』, 한국노동연구원, 2001, 8쪽).
3) 김수복, 『산업재해보상보험법』, 중앙경제사, 1991, 351－352쪽; 김규장, "사용자에게 명의를 대여하여 근로복지공단에 '사업주(보험가입자)'로 신고 된 근로자가 산재보험의 수급권자에 해당하는지", 『대법원판례해설(제32호)』, 법원도서관, 1999, 428쪽.
4) 근로복지공단, 『산재·고용보험 실무』, 2001, 363쪽.
5) 1956. 3. 31. 基收 第294号(근로복지공단, 『勞災保險法 解釋 總攬』, 2004, 745쪽).
6) 1997. 12. 30. 補償 6602－933; 황운희, "산재보험 유족급여 수급권자 결정에 관한 연구",

② 수급권자의 종류

산재보험급여 중 유족급여는 유족이 수급권을 가지게 되고, 장의비는 장제를 실행한 자가 수급권이 있다. 요양급여와 휴업급여, 상병보상연금, 장해보상 등의 수급권자는 업무상 재해를 당한 근로자 본인이다.

가. 피재근로자

근로자가 업무상 부상 또는 질병의 재해를 당하는 경우 그 근로자 본인은 노동력의 회복을 위한 요양급여와, 요양기간 중의 소득상실 보장을 위한 휴업급여 또는 상병보상연금이 지급되며, 완치 후에 신체에 장해가 남으면 그 등급에 따라 장해급여가 지급된다.

산재보험법 제5조 제2호는 근로자의 정의를 근로기준법의 정의 규정에 따르게 규정하고, 근로기준법 제2조 제1항 제1호는 ‘직업의 종류를 불문하고 사업 또는 사업장에서 임금을 목적으로 근로를 제공하는 자’를 근로자로 규정하고 있다. 근로기준법상의 근로자인지의 문제는 그 내용을 ‘사용 종속관계’로 이해하는데 학설, 판례, 행정해석은 대체로 일치하고 있다.[7]

판례는 산재보험법은 보험급여를 받을 수 있는 근로자에 대하여 ‘근로기준법상의 근로자’를 말한다고 규정하는 외에 다른 규정을 두고 있지 아니하므로 보험급여 대상자인 근로자는 오로지 ‘근로기준법상의 근로자’에 해당하는지의 여부에 의하여 판가름 나는 것이고, 그 해당 여부는 그 실질에 있어 그가 사업 또는 사업장에 임금을 목적으로 종속적인 관계에서 사용자에게 근로를 제공하였는지 여부에 따라 판단하여야 하기 때문에 그와 근로복지공단과의 관계가 아니라 근로관계의 상대방인 사용자와의 관계에서 결정되는 것이다.[8]

사회보험은 특성상 보호 범위를 확장하기 위하여 근로자의 개념에 사용자의 지

『석사학위논문』, 숭실대학교 노사관계대학원, 2002, 12, 118 - 119쪽.

7) 강성태, “근로자의 개념”, 『박사학위논문』, 서울대학교 대학원 , 1997, 103 - 104쪽.

8) 大判 1999. 2. 24. 98두2201.

위에 있는 자를 포함시키고 있다.[9] 그러나 산재보험법은 회사 대표자는 동법 제
90조의 중소기업 사업주에 대한 특례를 적용받지 않는 한 근로자로 볼 수 없으
나,[10] 회장이나 대표가 아닌 임원은 근로자로 보호받을 수 있다.[11] 근로자는 정신
노동, 육체노동, 사무노동의 구별도 문제되지 않고, 상용, 일용, 시간제 근로, 임시
직, 촉탁직 등 근무형태나 직종, 직급 등에 관계없이, 일반 외국인은 물론, 불법체
류 외국인도 근로자에 해당된다.[12]

나. 유족

피재근로자가 업무상 재해로 사망한 경우에는 유족급여가 유족에게 지급된다.
유족의 범위는 산재보험법 제5조 제3호에서 배우자·자녀·부모·손·조부모·형
제자매로 규정하고 있어, 민법의 상속인보다는 그 범위가 좁다.

2) 원래의 수급권자 사망

① 사망

미지급보험급여가 지급되기 위해서는 원래의 수급권자가 사망하여야 한다. "미
지급보험급여는 통상의 민사채권과는 그 성질이 다른 것이기 때문에 이를 바로
민법상 상속인에게 상속시키는 것이 바람직하지 않고,[13] 산재보험법의 목적을 고

---

9) 임종률, 『(제3판) 노동법』, 박영사, 2003, 24쪽; 강희원 외 3인, 『특수 고용직 종사자의 법
   적 지위 ― 레미콘 운송차주를 중심으로 ―』, (주)중앙경제, 2002, 37쪽.

10) 산업재해보상보험심사위원회, 1991. 10. 28. 재결91 - 512호: 동 1992. 3. 23. 재결92 - 128
    호; 동 1994. 8. 1. 재결94 - 616호.

11) 1989. 1. 30. 勤基 01254 - 1455; 1969. 12. 30, 法務法 810 - 13947; 勞働省, 勞働基準局 編
    著, 『(增補改版) 解釋通覽 勞働基準法』, 1983, 49頁; 김형배, 『노동법』, 박영사, 1981, 249
    쪽; 김형배, 『노동법연구』, 박영사, 1991, 95쪽.

12) 이상윤, 『노동법』, 법문사, 2000, 98 - 99쪽.

13) 厚生勞働省 勞働基準局 勞災補償部 勞災管理課編, 『(改訂新版)勞災保險制度の詳解』, 株
    式會社勞務行政, 2004, 261頁.

려하여 수급권자의 상속인보다 수급권자와 생계를 함께 하는 등 적합한 자, 즉 유족에게 먼저 지급하려는 취지에서 마련된 것[14]"이다.

그런데 산재보험급여는 근로자의 업무상 재해에 대하여 지급되므로 미지급보험급여의 지급 요건인 원래의 수급권자 사망도 반드시 업무상 사망을 요구하는 것 같은 오해가 있을 수 있으나, 미지급보험급여의 지급요건인 원래의 수급권자 사망은 반드시 업무상의 사망을 요구하지는 않는다. 산재보험법상 원래의 보험급여는 근로자의 업무상 재해가 그 지급사유이지만, 미지급보험급여는 업무상 재해 이후 보험급여를 지급받지 못한 수급권자의 사망이 그 지급사유이기 때문이다.

② 失踪의 경우

不在者의 生死가 분명하지 아니한 경우 사망을 추측할 사정은 있으나, 정확한 사망의 증명이 없고 또한 認定死亡[15]으로도 인정할 수 없는 경우가 있다. 이때 사망의 증명이 없다 하여 영구히 生存者로 취급하면 생사불명자에 대한 재산관계나 신분관계가 불확정한 상태에 놓이게 된다.[16]

이와 같은 취지에서 일정한 조건하에 법원이 실종선고를 하고, 일정기간을 표준으로 해서 사망과 동일한 법률 효과가 생기게 하고 있다. 이 실종선고를 받은 사람을 失踪者라고 한다. 실종선고는 실종기간이 만료된 때에 사망한 것으로 看做되는 효과가 있다는 점에서, 가족관계의 등록 등에 관한 법률 제87조의 규정에 의한 認定死亡과는 다르다. 실종선고는 실종선고의 취소 재판이 확정되기 전에는 실종선

---

14) 勞働省 勞働基準局 勞災管理課編, 『(新訂版) 勞働者災害補償保險法』, 勞務行政研究所, 1985, 234頁; 勞働省 勞働基準局 勞災管理課編, 『(三訂新版) 勞働者災害補償保險法』, 勞務行政研究所, 1992, 281頁.

15) 認定死亡에 있어서는 수난, 화재 기타 사변으로 인하여 사망하였음이 확실하나 그 사체가 발견되지 아니한 경우에 이를 조사한 관공서가 사망지의 시, 읍, 면의 장에게 사망의 보고를 하고 이에 기하여 호적상 사망기재가 이루어지지만, 그 기재는 반증이 없는 한 호적에 기재된 사망 일자에 사망한 것으로 인정되는 정도의 사실상 추정력이 있다(김병옥, "실종의 선고와 그 취소", 『가사조정(제2호)』, 서울가정법원 조정위원회, 1999, 77쪽).

16) 이희봉, "실종선고", 『법학과 민사법의 제 문제』, 나남출판사, 1986, 306쪽.

고의 효력을 부인할 수 없다. 민법의 실종선고 제도는 부재자의 생사가 불명한 때에 보통 실종은 5년, 특별 실종은 1년의 경과 후에 이해관계인이나 검사의 청구에 의하여 법원이 실종선고를 하게 된다(민법 제27조).

산재보험법 제36조는 사고가 발생한 선박 또는 항공기에 타고 있던 근로자의 생사가 불명한 경우 대통령령으로 정하는 바에 따라 사망으로 推定하여 유족급여 및 장의비에 관한 규정을 적용하고 있다.[17] 사회보험의 특성상 국민연금법 제15조에서도 사망의 추정제도가 있으며, 일본의 勞災保險法 제10조[18], 독일의 산재보험법 제63조[19]에도 사망의 추정제도가 있다.

사망의 추정제도는 1970. 12. 31. 개정 산재보험법에서 생사불명의 사고를 당한 선박 및 항공기에 승무하는 근로자에 관하여 민법 제27조의 실종선고에 대한 특례로서 단기인 사망추정 규정을 마련하여 신속한 보상을 행함으로써 유족 등의 보호를 도모하고 있다.[20] 그리고 1996. 6. 29. 삼풍백화점의 붕괴로 수백 명의 생사가 불명한 것을 계기로 1997. 12. 31. 산재보험법시행령 개정 시에 사망의 추정

---

17) 동법시행령 제27조는 사망으로 추정되는 경우를 다음과 같이 규정하고 있다.
　ⅰ) 선박이 침몰·전복·멸실·또는 행방불명된 경우
　ⅱ) 항공기가 추락·멸실 또는 행방불명된 경우
　ⅲ) 항행 중의 선박 또는 항공기에 타고 있던 근로자의 생사가 행방불명된 경우
　ⅳ) 천재·지변, 화재, 구조물 등의 붕괴 등이다.
　위와 같은 사고 현장에 있던 근로자의 생사가 그 사고가 발생한 날로부터 3월간 불명한 때에는 그 사고 일에 사망으로 추정하며, 그 생사가 불명하였던 자가 사고가 발생한 날 또는 행방불명된 날부터 3월 이내에 사망한 것이 확인되었으나 그 사망시기가 불명한 경우에도 그 행방불명된 날에 사망한 것으로 추정하도록 규정하고 있다.

18) 일본의 勞災保險法 제10조의 사망의 추정제도는 "선박의 전복, 멸실, 행방불명 및 항공기의 추락의 멸실, 행방불명과 선박 또는 항공기에 탔던 근로자의 행방불명으로 3월간 생사를 알 수 없는 경우" 사망으로 추정한다.

19) 독일 산재보험법 제63조 (4)에 의하면, "피보험자가 실종되고 실종상황이 사망이 거의 확실하면 1년 이내 생존 소식이 없는 경우" 사망한 것으로 판정한다(근로복지공단, 『독일 산재보험법』, 1997, 69쪽); 이현주 외 5인, 『주요국의 산재보험급여 체계 비교 연구』, 한국노동연구원, 2003, 310-311쪽.

20) 김우기, 『산업재해보상보험법상해』, 중앙경제사, 1988, 362쪽.

요건을 천재·지변, 화재, 구조물의 붕괴 등 기타 각종 사고에도 확대하였다.[21]

유족의 신속한 보호를 위해서는 유족급여와 장의비의 적용에 死亡推定 制度를 적용하고, 유족보상 연금의 경우 수급자격자가 1년 이상 행방불명인 경우 수급자격 이전 규정(동법시행령 제36조)을 두어 보호하면서도, 유족보상 일시금과 미지급보험급여의 경우에는 수급권자의 실종에 대하여 아무런 보호 규정이 없다.

국가유공자 등 예우 및 지원에 관한 법률 제13조 제3항 제4호는 '1년 이상 계속하여 행방불명인 때'에는 동법 18조의 규정에 의한 미지급 보훈급여금의 지급사유로 하고 있다.

따라서 사망의 추정제도는 산재보험법의 미지급보험급여도 적용될 수 있는 방안의 모색이 필요하다.

2. 補償關係의 未終了

수급권자가 사망하여도 그 수급권자에게 모든 보험급여가 지급되었다면 산재보험관계는 종료되므로 미지급보험급여의 문제는 발생하지 않는다. 미지급보험급여는 수급권자의 사망으로 그 수급권자에게 지급되지 못한 보험급여가 남아 있는 경우의 문제이다.

이는 수급권자가 보험급여를 청구하였으나 지급받지 못한 경우가 있을 수 있으며, 수급권자가 보험급여를 청구도 못한 경우가 있을 수 있다. 이와 관련하여 미지급보험급여가 절차법상 어느 단계에 있는 것을 의미하는가라는 의문이 있을 수 있다.

제1설, 지급사유의 발생으로 수급권자가 청구할 수 있는 단계를 의미한다는 설,

제2설, 수급권자로 될 자가 신청하여(또는 직권) 확인절차에 계속 중인 것을 의미한다는 설,

제3설, 다만, 운영주체의 지급하는 일만 남은 경우를 의미한다는 설 등[22]이 있다.

---

21) 조보현, 『산업재해보상보험법』, 홍익재, 2000, 338쪽.
22) 이상광, 『(개정판) 사회법』, 박영사, 2002, 667쪽.

　우리나라 산재보험법 제53조 제2항은 수급권자가 보험급여를 청구하지 아니한 때에는 유족의 청구에 의하여 미지급보험급여를 지급하도록 명시하고 있다. 따라서 우리나라 산재보험법은 미지급보험급여가 원래의 수급권자의 청구 여부와는 관계없이 그 절차가 어느 단계에 있는지는 문제가 되지 아니한다. 이는 국민연금법의 경우에도 동일하게 해석된다.[23]

　독일 사회법도 사회급여가 확인 절차에 계속 중인 경우에도 수급권자의 사망으로 그 급여청구권이 소멸하지 않고 특별 승계인이 그 계속 중인 확인절차를 밟을 수 있다.[24]

3. 유족(유족급여의 경우 다른 유족)

　미지급보험급여는 원래의 수급권자의 사망으로 지급되지 못한 보험급여를 상속인보다는 유족에게 우선적으로 지급함에 그 목적이 있다. 유족의 범위는 산재보험법 제5조 제3호에서 배우자·자녀·부모·손·조부모·형제자매로 규정하고 있다.

　따라서 미지급보험급여가 지급되기 위해서는 원래의 수급권자였던 피재근로자의 유족이 있어야 하며, 유족급여의 경우에는 사망한 수급권자인 유족 이외의 다른 유족이 있어야 한다.

　미지급보험급여의 수급권자로서의 유족은 업무상 재해로 사망한 근로자의 유족과는 구별된다. 업무상 사망한 근로자의 유족은 유족급여를 받을 수 있는 유족으로서 근로자의 업무상 사망 당시의 유족만이 유족급여를 받을 수 있다. 반면에 미지급보험급여의 수급권자로서의 유족은 근로자의 업무상 재해로 인한 수급권자가 보험급여를 지급받지 못하고 사망하여 그 수급권자에게 지급되지 못한 미지급보험급여를 받을 수 있는 유족이다.

---

23) 인경석, 『국민연금법 해설』, 국민연금관리공단, 2001, 앞의 책, 216쪽.

24) § 59 SGB Ⅰ. 이 규정은 상속과 특별 승계에 모두 적용된다(이상광, (註 22), 667쪽, 주 163)).

1) 유족의 결정 시기

여기서 유족의 결정 시점이 문제된다. 원래의 수급권자인 피재근로자의 업무상 재해발생 당시에 그 수급권자의 유족이어야 한다는 견해와 업무상 재해 당시와는 관계없이 수급권자의 사망 당시를 기준으로 하여야 한다는 견해가 대립될 수 있다.

① 업무상 재해 기준시설

미지급보험급여의 수급권자가 될 수 있는 유족도 피재근로자의 업무상 재해 당시를 기준으로 판단하여야 한다는 것이 이 견해이다.

이 견해에 따를 경우 업무상 재해 당시 피재근로자의 유족이 아니었던 자는 미지급보험급여를 받을 수 있는 유족이 될 수 없으므로, 피재근로자가 업무상 재해 이후에 결혼하거나 또는 입양 등 새로운 친족관계가 성립되어도 그들은 미지급보험급여의 수급권자가 될 수 없다.

반면에 업무상 재해발생 당시에는 피재근로자의 유족이었으나, 수급권자(피재근로자 또는 유족)의 사망 당시에는 신분관계 변동으로 유족이 아닌 경우에도 미지급보험급여의 수급권자가 될 수 있다. 즉 업무상 재해발생으로 요양 중이던 피재근로자의 배우자는 피재근로자 사망 이전에 이혼하였어도 여전히 미지급보험급여의 수급권자가 될 수 있으며, 업무상 재해 이후 수급권자가 사망할 당시의 친족관계가 파양 등으로 종료되어도 여전히 미지급보험급여의 수급권자가 될 수 있게 된다.

② 수급권자 사망 기준시설

미지급보험급여의 수급권자가 될 수 있는 유족은 업무상 재해 당시와는 관계없이 원래의 수급권자(피재근로자 또는 유족)의 사망 당시를 기준으로 판단하여야 한다는 것이 이 견해이다. 동법 제45조의 규정도 피재근로자 사망 이후 수급자격자가 사망 등으로 친족관계가 종료되는 경우 유족보상 연금의 수급자격을 상실시키고 있다.

업무상 재해 당시 피재근로자의 유족이 아니었던 자도 수급권자(피재근로자 또는 유족)의 사망 당시에 피재근로자의 유족에 해당되면 미지급보험급여를 받을 수 있으므로, 피재근로자가 업무상 재해 이후에 결혼하거나 또는 입양 등 새로운 친족관계가 성립되면 수급권자가 될 수 있게 된다.

반면에 업무상 재해발생 당시에는 피재근로자의 유족이었으나, 수급권자(피재근로자 또는 유족)의 사망 당시에 신분관계 변동으로 유족이 아닌 경우에는 미지급보험급여의 수급권자가 될 수 없게 된다. 즉 업무상 재해발생 당시에 피재근로자의 배우자가 수급권자 사망 이전에 이혼하면 미지급보험급여의 수급권자가 될 수 없으며, 수급권자 사망 이전에 친족관계가 파양 등으로 종료되어도 미지급보험급여의 수급권자가 될 수 없다.

③ 행정해석

행정해석은 근로자의 업무상 재해 이후 사망 전에 삼촌에게 입양된 경우 삼촌을 양부모로 인정하여[25] 유족급여의 수급자격을 준 사례가 있다.

일본의 행정해석도 離緣(養子結緣關係 解消)으로 사망 근로자와의 친족관계가 종료되었을 경우 수급권이 소멸(실격)된 것으로 보고 있다.[26]

④ 사견

업무상 재해 기준시설과 수급권자 사망기준시설의 得失은 아래의 표1)과 같이 정리된다. 미지급보험급여의 지급사유는 수급권자의 사망이며, 그 사망의 이유를 묻지 않으므로 미지급보험급여의 수급자격을 판단하는 시기는 원래의 수급권자(피재근로자 또는 유족)의 사망시점으로 판단하여야 할 것이다.

---

25) 2000. 11. 6. 補償 6601 - 1738.

26) 1966. 1. 31. 起發 第73号.

표 1) 미지급보험급여 수급권자 결정 시점의 비교

	업무상 재해 기준시설	수급권자 사망기준시설
업무상 재해 이후 친족관계 성립	수급자격 없음	수급자격 있음
업무상 재해 이후 친족관계 종료	수급자격 있음	수급자격 없음

2) 유족이 없는 경우

원래의 수급권자의 사망으로 유족(유족급여의 경우 다른 유족)이 없는 경우에는 상속인에게 지급되어야 할 것이다.

미지급보험급여제도는 상속 규정을 배제하는 규정이 아니라 상속의 특칙 규정으로 상속인보다는 유족을 우선적으로 보호하는 것으로 보아야 하기 때문이다. 그러나 상속권자도 없는 경우에는 민법 제1057조의2의 규정에 의한 특별 연고자에 대한 분여 및 동법 제1058조의 규정에 의해 국가에 귀속되어야 한다는 주장이 있을 수 있으나, 산재보험급여는 사업주가 피재근로자를 보호하기 위한 財源으로 산재보험관리 주체에 귀속시킴이 타당할 것이다.[27]

제2절 미지급보험급여 청구권의 법적 성격

Ⅰ. 미지급보험급여 청구권의 법적 성격

산재보험법 제53조의 미지급보험급여는 유족(유족급여는 다른 유족)에게 지급하도록 규정하고 있다. 이때 유족의 미지급보험급여 청구권은 유족 고유의 권리인

---

27) 독일사회법 §58 SGB Ⅰ 참조; 이상광, 『사회법』, 박영사, 1988, 516쪽.

가 아니면 원래의 수급권자인 근로자(유족급여의 경우에는 원래의 수급권자인 유족)의 보험급여청구권을 승계받는 것인가를 살펴볼 필요가 있다.

1. 원시취득설

원시취득설은 유족에게 발생된 미지급보험급여 청구권은 유족이 직접 취득하는 고유의 권리로 보는 견해로서, 산재보험법상의 미지급보험급여의 규정은 유족이 수급권을 원시취득 하는 것으로 본다.[28]

그러나 미지급보험급여는 원래의 수급권자에게 발생한 것이며, 유족은 원래의 수급권자가 보험급여를 지급받지 못하고 사망한 경우에 한하여 미지급보험급여 청구권을 취득하는 것이므로 원시적 취득을 주장하기에는 무리가 있다.

2. 승계취득설

승계취득설은 수급권자에게 발생한 보험급여 청구권이 수급권자가 사망함으로써 유족에게 승계된다고 본다. 일반적으로 보험급여는 수급권자의 사망에 의하여 소멸하며, 상속의 대상이 되지 않는 것을 전제로 하고 있으나, 미지급보험급여의 청구권은 수급권자의 생전에 이미 발생한 청구권이므로 수급권자의 사망에 의하여 소멸되는 것은 아니라는 것이다.[29]

그러므로 "유족이 청구할 수 있는 미지급보험급여는 원래의 수급권자의 보험급여 그 자체로서, 이와 다른 별개의 특별한 보험급여가 아니다."[30] 또한 "청구 가능한 유족도 본래의 사망한 수급권자를 대신하여 자기 이름으로 청구할 수 있는

---

28) 川神裕, "國民年金法(昭和六〇年法律第三四号による改正前のもの)に基づく年金の受給資格を有する者が國に對して未支給年金の支拂を求める訴訟の係屬中に死亡した場合における 訴訟承繼の成否",『法曹時報 49卷 11号』, 法曹會, 1997. 11, 248頁.

29) 川神裕, 前揭論文, 245頁.

30) 川神裕, 前揭論文, 249頁.

것을 인정한 것에 불과한 것이다."[31] 따라서 미지급보험급여 청구권의 시효도 사망 수급권자가 청구 가능했던 시점에서 기산된다.[32] 그러므로 유족이 취득하는 미지급보험급여 청구권은 수급권자가 가지고 있었던 청구권과 동일성이 있다.[33]

3. 사견

사견으로는 승계취득설에 찬성한다. 동법 제45조 제2항의 유족보상 연금의 수급권 이전은, 원래의 수급권자의 사망으로 다른 유족이 원래의 수급권자 사망이후부터 발생되는 보험급여의 수급권을 이전받는 수평적 권리변동이라 할 것이다.

반면에 미지급보험급여는 원래의 수급권자의 사망으로 그 사망 이전에 발생하였으나 지급되지 못한 미지급보험급여의 수급권의 승계취득, 즉 원래의 수급권이 수직적으로 유족에게 승계된 것으로 보아야 할 것이다.

미지급보험급여는 수급권자가 보험급여를 수령하기 전에 사망함으로써 보험급여를 수령하지 못한 것에 따른 문제를 신속히 해결하기 위한 제도로서,[34] 산재보험법상의 별개의 특별한 급여가 아닌, 사망한 수급권자가 받을 수 있었던 보험급여 그 자체이며, 또한 청구 가능한 유족도 사망한 수급권자를 대신하여 자기 이

---

31) 小山進次郎, 『國民年金法の解說』, 時事通信社, 1959, 149頁(川神裕, 前揭論文, 248 - 249頁에서 재인용).

32) 川神裕, 前揭論文, 249頁; 大島隆明, "1. 基本權たる年金受給權の裁定を受けた原告が國民年金法に基づく未支給の老齡年金の支拂を求める訴訟の係屬中に死亡した場合, 相續人が當然にその地位を承繼するか(消極), 2. 右の場合に生計を同じくしていた子が", 『判例タイムズ 臨時增刊 44卷 24号(821) : 平成4年度 主要民事判例解說』, 判例タイムズ社, 1993, 301頁.

33) 西村健一郞, "年金の支給停止を爭っていた者の死亡と訴訟の承繼", 『判例時報 1442号(判例評論 409)』, 判例時報社, 1993. 187頁 참조; 川神裕, 前揭論文, 249頁; 齊木敏文, "未支給國民年金支拂請求訴訟係屬中の受給權者の死亡と訴訟承繼の可否: 本村訴訟", 『行政關係判例解說. ぎょうせい』, 1996, 216-217頁; 宮崎良夫, "未支給年金支拂請求訴訟の承繼の可否", 『ジュリスト別冊 153号 社會保障判例百選(第3版)』, 有斐閣, 2000, 81頁.

34) 강길봉·허영표, 『실무 산재보험법(하)』, 법정사, 1991, 221쪽.

름으로 청구할 수 있는 것을 인정한 것에 불과한 것이다.[35]

그러므로 미지급보험급여의 시효도 원래의 수급권자의 사망으로 중단되거나, 새롭게 시작하는 것이 아니라 본래의 수급권자에게 발생하였던 청구권 시효가 계속되는 것이다.

II. 미지급보험급여 청구권의 취득시기

1. 의의

산재보험급여 수급권자의 사망으로 미지급보험급여가 발생된 경우 유족에게 미지급보험급여가 지급될 때 그 유족이 미지급보험급여 청구권을 취득하는 때는 언제인가? 원래의 수급권자가 사망한 때인가? 아니면 근로복지공단이 수급권자의 유족여부를 확인하는 때인가?

사회보장 수급권이 실체법상 언제 어떻게 발생하는가는 입법정책에 의하여 결정된다. 이러한 유형으로는 형성행위형, 확인행위형, 당연발생형이 있다.

형성행위형은 상대방인 요보호자 등의 신청에 의하여 형성행위 또는 특허의 성질을 가진 행정행위에 의하여 상대방에 대하여 일정한 급부를 받을 권리와 그에 따라 법이 정하는 일정한 高權的 監督을 받아야 할 지위를 설정하는 경우가 있다.[36] 이러한 유형의 관계에서는 급부 주체인 국가가 단순히 거래대가 지불자의

---

35) 小山進次郎, 前揭書, 149頁(川神裕, 前揭論文, 248-249頁에서 재인용).

36) 서원우, "급부행정에 관한 법률관계", 『법제월보(제8권 제2호)』, 법제처, 1966, 9쪽; 김세규, "지방자치와 복지행정", 『동아법학(제3호)』, 동아대학교 법학연구소, 1986, 191쪽; 김춘환, "사회보장 행정에 관한 법적 문제점", 『토지공법연구(제11집)』, 한국토지공법학회, 2001, 260쪽; 고종주, "행정주체에 대한 금전급부 청구권의 행사방법 ― 소송방식의 선택 기준에 관한 판례와 이론의 검토 ―", 『판례연구(제12집)』, 부산판례연구회, 2001, 410-411쪽.

입장에서가 아니라 고권적 입장에서의 형성적 처분에 의하여 일방적으로 급부의 내용을 결정하고 지급하는 관계이기 때문에 급부 주체와 수급자와의 관계는 단순한 당사자 관계가 아니라 일종의 고권적 법률관계라 하지 않으면 안 된다.[37] 우리나라의 국민기초생활보장법 제26조 및 제27조의 급여의 결정이 여기에 속하며,[38] 일본의 생활보호법에 의한 보호결정 등이 이에 해당된다.[39]

미지급보험급여 청구권은 보험급여가 수급권자의 사망으로 지급되지 못한 경우이므로 형성행위형에 해당되지 않음에는 이의가 없는 것으로 보이나, 원래의 수급권자의 사망으로 당연히 유족에게 발생된다고 보는 견해와 근로복지공단이 유족여부를 확인한 때라는 견해의 대립이 있다.

2. 확인행위형

확인행위형은 수급권의 발생 요건이나 보험급여 금액에 대하여 명확한 규정이 마련되어 있는데, 객관적으로 이 요건을 만족시킴으로써 보험급여 청구가 가능한 것이 아니라, 보험급여 지급주체와 상대방과의 사이의 분쟁을 방지하고, 보험급여의 법적 확실성을 담보하는 견지에서, 행정청에 의한 認定, 決定 등의 확인행위에 의하여 비로소 구체적인 권리를 발생시키는 것으로 보는 것이다.[40] 이들 확인처분은 구체적인 급부청구권을 취득하기 위한 요건으로 법률 소정의 요건이 되는 사실이 발생하여도 확인행위가 있을 때까지는 잠재적인 효력을 가지는 데 지나지 않아 구체적 수급권이 발생하지 않았다고 보는 것이다.[41]

---

37) 서원우, 앞의 논문, 9쪽.
38) 김춘환, 앞의 논문, 260쪽.
39) 川神裕, 前揭論文, 250-251頁; 齊木敏文, 前揭論文, 217頁.
40) 川神裕, 前揭論文, 251頁; 齊木敏文, 前揭論文, 217頁; 서울고등법원, 『행정소송 실무편람』, 한국사법행정학회, 2003, 103쪽.
41) 김춘환, 앞의 논문, 261쪽; 신용석, "전상군경 등록 거부처분 취소청구 소송 계속 중 원고가 사망한 경우 원고의 상속인에게 소송수계가 허용되는지 여부(소극)", 『대법원판례해설

군인연금법 제10조[42])나 공무원연금법 제26조[43]) 및 사립학교교직원연금법 제34조[44])의 규정에 의하면, 각 기관장의 확인 후에 결정기관의 결정 절차를 거쳐야 하므로 이들 급여가 여기에 속하는 것에는 이설이 없는 것으로 보인다.[45]) 그리고 산재보험법에 의한 보험급여 관계도 여기에 속한다는 견해도 있다.[46])

일본의 경우 國民年金法 제16조[47])의 裁定을 비롯한 恩給法, 國家公務員等共濟

(제47호)』, 법원행정처, 2004, 07, 546쪽; 고종주, 앞의 논문, 412쪽.

42) 제10조 (급여사유의 확인 및 급여의 결정) ① 각종 급여는 그 급여를 받을 권리를 가진 자가 당해 군인이 소속하였던 군의 참모총장의 확인을 얻어 청구하는 바에 따라 국방부장관이 결정하여 지급하되, 제23조의 규정에 의한 상이연금, 제26조 제1항 제3호의 규정에 의한 유족연금 및 제30조의5의 규정에 의한 공무상요양비의 결정에 있어서는 군인연금급여심의회의 심의를 거쳐야 한다. 다만, 급여 중 퇴직일시금·유족일시금 및 기여금반환은 각 군 참모총장이 결정하여 지급할 수 있다.

43) 제26조 (급여사유의 확인 및 급여의 결정) ① 각종 급여는 그 급여를 받을 권리를 가진 자가 당해 공무원이 소속하였던 기관장의 확인을 얻어 신청하는 바에 의하여 행정자치부장관의 결정으로 공단이 지급한다. 다만, 대통령령이 정하는 종류의 급여의 결정에 있어서는 공무원연금급여심의회의 심의를 거쳐야 하며, 지방자치단체의 공무원의 재해부조금 및 사망조위금은 지방자치단체의 장의 결정으로 지방자치단체가 지급한다.

44) 제34조 (급여의 결정) ① 각종 급여는 그 권리를 가질 자의 신청을 받아 관리공단이 결정한다. 다만, 대통령령으로 정하는 종류의 급여의 결정에 있어서는 사립학교교직원연금급여심의회의 심의를 거쳐야 한다. ② 급여를 받을 권리를 가질 자가 제1항의 규정에 의한 급여를 신청함에 있어서는 당해 교직원이 소속되었던 학교 경영기관의 장(학교에 근무하는 교직원에 대하여는 학교의 장)의 확인을 받아야 한다.

45) 서원우, 앞의 논문, 10쪽; 김춘환, 앞의 논문, 260쪽; 김원주·이철주, 『행정법Ⅱ』, 한국방송통신대학교 출판부, 1994, 179쪽; 김세규, 앞의 논문, 192쪽; 신용석, 앞의 논문, 546쪽; 서울고등법원, 앞의 책, 103쪽.

46) 서원우, 앞의 논문, 10쪽; 고종주, 앞의 논문, 411쪽; 김정술, "행정소송 실무상의 몇 가지 문제"『인권과 정의(통권 제264호)』, 대한변호사협회, 1998, 45쪽; 이재권, "당사자소송의 영역확대와 그 한계 ─ 조세환급 청구소송을 중심으로 ─", 『법조(통권 제526호)』, 법조협회, 2000, 180–181쪽; 오용식, "공법상 당사자 쟁송과 행정심판에 대한 소고", 『법제통권(제520호), 법제처, 2001, 94쪽; 안철상, "공법상 당사자 소송의 본질과 유형에 관한 일고찰", 『사법논집(통권 제29집)』, 법원도서관, 1998, 247쪽; 서울고등법원, 앞의 책, 103쪽.

47) 제16조, "급부를 받는 권리는 그 권리를 갖는 자의 청구에 의거하고 사회보험청장관이

組合法, 厚生年金保險法 등의 급여가 여기에 속하며, 또한 명문의 규정은 없지만, 보험급여의 청구나 불복신청, 취소소송 등에 관한 규정이 이에 해당한다고 해석되는 것으로서, 勞災保險法에 근거하는 保險給付나 地方公務員災害補償法에 근거한 補償 등도 확인행위형에 속한다[48])는 견해가 있다.

3. 당연발생형

당연발생형은 실체상의 권리 발생 등은 행정청의 행위를 기다리지 않고 객관적인 사실의 존재에 의하여 법률상 당연히 발생하므로,[49]) 여기에 행정기관의 행위가 있더라도 그것은 이미 발생한 권리 등에 변동을 끼치는 것이라고는 생각할 수 없으며, 그 처분성을 긍정할 수 없는 것이라 한다.[50])

산재보험법의 보험급여 관계가 여기에 속한다는 견해도 있다.[51]) 산재보험급여 수급권은 산재보험법 제1조의 목적과 같은 법 제35조 및 산재보험법의 본질에 비추어 보아 당연히 근로계약 관계의 존재를 전제로 하는 업무상 재해 발생하고 산재보험법에 정하는 자격 요건에 해당하는 경우에는 자동적으로 발생한다는 것이다.[52])

재정한다."

48) 川神裕, 前揭論文, 250 - 251頁.

49) 서원우, 앞의 논문, 11쪽; 김춘환, 앞의 논문, 261쪽; 김세규, 앞의 논문, 192쪽.

50) 川神裕, 前揭論文, 251頁; 齊木敏文, 前揭論文, 217頁; 김세규, 앞의 논문, 192쪽; 서원우, 앞의 논문, 11 - 12쪽.

51) 석종현, 『일반행정법(하)(제7판)』, 삼영사, 1997, 425쪽; 박윤흔, 『(개정25판)최신행정법(하) 』, 박영사, 2001, 521쪽; 김세규, 앞의 논문, 192쪽; 김춘환, 앞의 논문, 261쪽; 김원주 · 이철주, 앞의 책, 180쪽.

52) 채규성, "업무상 질병", 『국민과 사법(윤관 대법원장 퇴임기념)』, 박영사, 1999, 275 - 276쪽; 채규성, "여러 사업장을 전전한 근로자의 질병과 업무와의 인과관계 및 퇴직 후 질병발생과 산재보험법상 권리 존부", 『법조(통권 제435호)』, 법조협회, 1992, 103쪽; 채규성, "1. 여러 개의 사업장을 옮겨 다니며 근무한 근로자가 업무상 질병에 걸린 경우 그 질병의 업무와의 인과관계를 인정함에 있어 포함시켜 보아야 할 업무의 범위. 2. 근로계약 관계 종료(퇴직)후에 발생한 질병이 근로계약 관계 중에 그 원인이 있다고 인정되는

일본의 경우 재해를 당한 노동자는 사용자에 직접 보상을 청구할 수 있는 勞働基準法에 근거하는 災害補償, 國家公務員災害補償法에 근거하는 補償, 國家公務員退職手當法에 의한 退職手當 등이 여기에 속한다고 한다.[53]

4. 판례

대법원은 국가유공자 등 예우에 관한 법률의 전상군경 등록 거부 취소 소송 계속 중 원고가 사망한 경우 원고의 상속인에게 소송수계를 허용하지 않는 점으로[54] 보아 형성행위형으로 보고 있으며,[55] 군인연금법의 급여[56]와 공무원연금법의 급여[57]에 대해서는 확인행위형으로 보았다.

일본의 경우는 "勞災保險法에 의한 보험급부는 동법 소정의 결정에 따라 급부의 내용이 구체적으로 정해지고, 수급자는 이에 따라 최초로 정부에 대하여 그 보험급부를 청구하는 구체적 권리를 갖는 것이므로, 그 이전에는 구체적인 일정의 보험금 급부 청구권을 가지지 않는다"[58]며 확인행위형으로 보고 있다.[59]

우리나라의 경우도 산재보험급여 청구권이 확인행위형에 해당한다는 하급심 판례가 있다. "휴업급여 청구권 발생에 필요한 산재보험법 소정의 요건에 해당하는 사실이 있어도 확인행위인 근로복지공단의 승인이 있을 때까지는 구체적인 급부 청구권으로서의 휴업급여 청구권은 발생하였다고 볼 수 없다"[60]는 것이다. 그러

경우에 산업재해보상보험법상의 보험급여를 받을 권리가 있는지 여부", 『대법원판례해설(제17호)』, 법원도서관, 1992, 845쪽.
53) 川神裕, 前揭論文, 251頁; 齊木敏文, 前揭論文, 217頁.
54) 大判 2003. 8. 19. 2003두5037.
55) 신용석, 앞의 논문, 548쪽.
56) 大判 1995. 9. 15. 93누18532.
57) 大判 1996. 12. 6. 96누6417; 동 1987. 12. 8. 87다카2000.
58) 最高裁 1954. 12. 16. 判決(民集8卷 11号, 2075頁).
59) 齊木敏文, 前揭論文, 217頁.

나 대법원은 "근로자가 산업재해보상보험법상의 보험급여를 받을 권리(수급권)는 같은 법 제1조가 정하고 있는 목적과 같은 법 제9조(현행법령 제35조)가 정하고 있는 지급사유 및 산업재해보상보험제도의 본질에 비추어, 산업재해보상보험의 보험가입자인 사업주와 근로계약관계의 존재를 전제로 하여 업무상 재해가 생겼을 때 자동적으로 발생한다"[61]고 한다.

5. 사견

산재보험급여는 근로자가 산재보험의 적용 요건에 해당하는 사업장에서 업무상 재해를 당하면 당연히 수급권이 발생하는 것이므로, 미지급보험급여 청구권도 수급권자가 사망하면 당연히 유족에게 발생하는 것으로 보아야 할 것이다.

산재보험법 제53조도 유족이 직접 미지급보험급여를 청구할 수 있도록 규정하고 있다.

제3절 미지급보험급여의 적용 범위

I. 개설

산재보험급여의 종류는 법 제35조 제1항에서 요양급여, 휴업급여, 장해급여, 간병급여, 유족급여, 상병보상연금, 장의비 등으로 규정하고 있으며, 동법 제50조 내

---

60) 울산地判 2004. 10. 13. 2004구합1999(근로복지공단, 『산재보험판례집(Ⅲ), 2005, 91－93쪽).

61) 大判 1992. 5. 12. 91누10466; 大判 2002. 9. 4. 2002다4429; 大判 1995. 11. 24. 95다39540; 大判 1999. 4. 9. 99두189; 大判 1995. 3. 14. 93다42238.

지 제51조에서는 특별급여를 규정하고 있다. 그리고 동법 제60조는 보험가입자가 수급권자에게 보험급여에 상당하는 금액을 미리 지급한 경우 수급권 대위에 의하여 보험가입자가 대체지급 받는 경우가 있으며, 동법 제90조의 규정에 의한 중소기업 사업주의 산재보험 가입 특례적용에 의한 보험급여가 있다.

미지급보험급여는 수급권자의 사망으로 그 원래의 수급권자에게 지급되지 못한 보험급여로서 위와 같은 모든 경우가 미지급보험급여의 지급 대상인지를 구명할 필요가 있을 것이다.

Ⅱ. 피재근로자가 수급권자인 보험급여

1. 요양급여 등

1) 의의

보험급여 중에서도 업무상 부상 또는 질병으로 피재근로자의 상실된 노동력 회복을 위한 치유를 목적으로 하는 산재보험법 제37조의 요양급여(법 제38조의 재요양급여 포함)와 동법 제38조의 규정에 의한 재요양의 요건에는 해당하지 아니하나, 당해 업무상의 부상 또는 질병의 특성상 치유된 후에 후유증상이 발생되었거나 발생될 우려가 있는 자에 대하여 의료기관에서 필요한 조치를 받도록 할 수 있는 동법 제49조이 후유증상의 진료는 현물급여가 원칙이다.

요양의 범위는 診察, 藥劑 또는 診療材料와 義肢 기타 補綴具의 지급, 處置·手術 기타의 治療, 醫療施設에의 收容, 移送, 기타 노동부령이 정하는 사항이다. 그러나 동법 제37조 제2한 단서는 부득이한 경우에는 요양에 갈음하여 요양비를 지급하도록 규정하고 있다.

2) 미지급보험급여 적용 여부

원칙적으로 일신에 전속하는 요양급여는 미지급보험급여의 대상도 아닐 뿐만 아니라 상속의 대상도 아니다. 비록 요양을 받고 있던 근로자가 완치되지 못하고 사망하였다고 하더라도 더 이상 요양을 할 수는 없을 것이므로 미지급보험급여의 대상이 될 수 없을 것이다.

그리고 요양에 대한 현물급여는 요양기관에서 피재근로자를 직접 요양하여 근로복지공단에 요양비를 청구하는 것이며, 만일 개인 요양기관의 대표자가 요양비를 근로복지공단으로부터 지급받지 못하고 사망하는 경우에 요양기관에 지급되지 못한 요양비는 미지급보험급여의 지급대상이 아니라 할 것이다. 산재보험법상 요양급여기관 지정행위의 실체적 전제가 되는 요양담당 계약은 私法上의 契約[62]으로서 그 계약에서 정하는 바에 따라 의료기관의 개설자가 국가 또는 그로부터 업무를 위탁받은 자에 대하여 진료비 상환청구권을 취득하며, 이러한 진료비 상환청구권(진료비 채권)은 보험급여 청구권 자체는 아니기 때문이다.[63]

한편 동법 제37조 제2항 단서는 "부득이한 경우에는 요양에 갈음하여 요양비를 지급할 수 있다"는 규정에 의하여, 응급진료 등 부득이한 사유로 보호시설이나 지정 의료기관이 아닌 의료기관에서 요양을 받았거나, 피재근로자가 직접 약제구입·통원요양·이송[64], 간병[65] 등을 하였을 경우에는 근로자에게 직접 금전으로 요양비를 지급한다.[66] 그리고 피재근로자였던 수급권자가 근로복지공단의 요양승인결

---

62) 행정심판위원회 1995. 9. 13. 국행심95 – 85호(근로복지공단, 『행정심판재결집(95 – 97년도분)』, 1998, 40 – 41쪽).

63) 大判 1998. 2. 13. 97다47675.

64) 교통비는 물론 숙박료 및 식대도 순로 상 숙식을 하지 아니하면 아니 될 경우에 한하여 인정 지급하여야 하는 것이며,[1977. 2. 17. 補償 1455.6 – 3110,(노동부, 『1963 – 1988 산재보험질의회시집<재해보상편>』, 1988, 225쪽]. 移送의 범위는 동법시행규칙 제28조에서, 이송비용은 동법시행규칙 제29조에서 규정하고 있다.

65) 간병료의 청구권자도 피재근로자 본인이며(1983. 7. 22. 補償 1458.7 – 10708), 간병의 범위는 동법시행규칙 제24조에서 규정하고 있다.

정 이전에 요양기관에 직접 지불한 요양비가 사후에 요양승인이 된 경우에도 기왕에 실시한 요양에 대한 비용도 지급된다.

이와 같이 요양급여라 할지라도 부득이한 경우 금전으로 지급되는 경우에 수급권자인 당해 근로자의 사망으로 미지급되었다면 요양비도 미지급보험급여의 적용대상이 된다고 볼 것이다. 근로자의 요양 자체는 일신전속적인 것으로서 다른 사람이 대신 요양 받을 수는 없는 것이지만, 요양으로 인한 요양급여의 수급권은 당해 근로자에게 직접 또는 간접으로 지급되는 금전채권의 성격을 지닌 것이기 때문이다.[67]

2. 휴업급여와 상병보상연금

동법 제39조의 휴업급여는 피재근로자가 요양으로 인하여 취업하지 못한 기간에 임금의 지급이 없어 피재근로자의 생활을 보호하고자 1일에 대하여 평균임금의 100분의 70에 상당하는 금액을 지급하며, 65세에 도달한 이후에는 평균임금의 100분의 65에 상당하는 금액을 지급하되, 65세 이후에 취업중인 자가 업무상 재해로 요양하는 경우에는 2년간은 감액하지 않는다. 휴업급여는 의료기관의 요양뿐만 아니라 통원요양 및 재가요양[68]의 경우에도 지급된다. 그러나 근로자의 업무상 부상의 정도, 부상의 치유과정 및 치유상태, 요양방법 등에 비추어 근로자가 요양하느라고 취업을 하지 못한 것이 아닌 경우에는 실제로 취업을 못하였다고 하더라도 그 기간에 대하여 휴업급여를 지급할 수 없다.[69] 또한 교도소에서 복역한 기간은 범죄로 인하여 국가로부터 신체의 자유가 제한된 기간으로 비록 교도소에서 치료를 받았다고 하더라도 동법에 의한 요양기간으로 볼 수 없어 휴업급

---

66) 노동부, 『2003년 산재보험 사업연보』, 2004, 23쪽.

67) 大判 2001. 7. 27. 2000두4538.

68) 근로복지공단, 『2003 산재보험 심사결정사례집』, 2003, 253 – 526쪽.

69) 부산高判 2001. 8. 24. 2000누4057(근로복지공단, 『산재보험판례집Ⅱ』, 2003, 53 – 56쪽).

124

여를 지급할 수 없다.[70)

동법 제47조의 상병보상연금은 요양개시 후 2년이 경과된 이후에 당해 부상 또는 질병이 치유되지 아니하고 폐질의 정도가 3급 이상에 해당하는 경우 휴업급여 대신에 지급하는 급여로서, 그 지급률(제3급 70.4%, 제2급 79.7%, 제1급 90.1%)이 휴업급여보다 높다.

휴업급여와 상병보상연금은 우리나라 근로기준법 제43조 제2항의 '임금은 매월 1회 이상의 정기지급원칙'의 영향으로 1개월 단위로 청구함이 일반적이므로, 요양급여를 받던 근로자가 사망하는 경우 그 요양 종료일이 속하는 달의 휴업급여와 상병보상연금이 피재근로자의 생전에 지급되지 못하는 경우가 있을 수 있다.

또한 업무상 재해 여부에 대한 다툼으로 동법 제72조의 규정에 의한 심사청구 또는 동법 제74조의 규정에 의한 재심사청구나 행정소송 등의 불복절차에 의해 업무상 재해가 인정되는 경우, 그 이전의 요양기간에 대하여도 휴업급여가 지급되며,[71) 요양불승인 또는 요양비부지급처분의 심사청구나 행정소송에 의하여 취소되고 이에 따라 그 요양승인이 이루어진 경우에는 그때부터 소멸시효가 진행된다.[72) 위와 같은 절차의 진행 중에 피재근로자가 사망한 경우에는 미지급 휴업급여가 발생한다.

미지급 휴업급여와 미지급 상병보상연금은 금전급여로서 당연히 미지급보험급여의 적용 대상이라 할 것이며, 미지급보험급여제도가 도입(1973. 3. 13. 법률 제2607호)되기 전에도, 행정해석은 사망 근로자의 휴업급여의 수급권자는 유족급여의 수급순위로 결정함이 타당하다[73)고 하였다.

---

70) 근로복지공단, 『2002 산재보험 심사결정사례집』, 2002, 200－201쪽.

71) 근로복지공단, (註 70), 197－199쪽.

72) 서울行判 2004. 10. 22. 2003구단8794; 서울行判 2004. 6. 25. 2003구단9056(<주>중앙경제사, 월간노동법률(2004년 12월호), 2004, 150－154쪽).

73) 1970. 4. 15. 補償 3676(노동부, 『산재보험질의회시집(재해보상편)』, 1994, 553쪽).

3. 장해급여

1) 의의

장해급여는 근로자가 업무상의 사유에 의하여 부상을 당하거나 질병에 걸려 치유 후 신체 등에 장해가 있는 경우에 당해 근로자에게 장해등급(제1급에서 제14급)에 따라 지급한다(법 제40조 제1항). 여기서 '치유'라 함은 부상 또는 질병이 완치되거나 부상 또는 질병에 대한 치료의 효과를 더 이상 기대할 수 없어 그 증상이 고정된 상태에 이르게 된 것을 말한다.[74] 장해급여의 지급사유는 부상 또는 질병이 치유된 후 신체에 장해가 잔존하였을 경우 발생하는 것이므로,[75] 현대의 의학적 치료 효과를 기대할 수 없다고 명확히 인정되는 경우에 한하여 치료를 종결한다.[76] 재요양 후 장해상태가 처음 치료 종결 당시보다 더 중하게 변경되었다고 볼 수 없는 경우에는 처음 요양 종결 시점이 장해보상을 위한 치유 시점이 된다.[77] 그러나 요양급여를 받고 있는 근로자가 임의로 '상병이 완치되어 장해가 고정되었다'고 주장하면서 장해급여를 청구할 수는 없다.[78]

장해급여 청구권은 업무상 재해를 당한 근로자가 재해가 발생한 시점에서 바로 취득하는 것이 아니라, 장해급여의 사유가 발생한 때, 즉 치료가 종결된 시점에서 신체에 장해가 있는 경우에 비로소 그 지급 청구권을 취득하는 것이다.[79]

장해급여의 경우 요양으로 증상이 치유되어 신체에 장해가 남았으나 장해급여의 청구 또는 청구는 하였으나 지급전에 피재근로자의 사망으로 미지급보험급여

---

74) 大判 2002. 3. 29. 2002두738(근로복지공단, 『산재보험판례집Ⅱ』, 37 – 42쪽).
75) 1971. 5. 19 管理 5263(한국공인노무사회, 『노동법실무총서, 산업재해보상보험법Ⅱ』, 1991, 2 · 253쪽).
76) 1966. 6. 11. 노직산 2700.
77) 1998. 8. 26. 補償 6602 – 714.
78) 大判 1997. 5. 7. 96누16056; 대구高判 2002. 9. 13. 2002누715.
79) 大判 1997. 8. 22. 97누6544.

126

가 발생 될 수 있다. 그리고 평균임금의 증감사유가 발생하였으나 평균임금을 증감하지 아니하고 수급권자가 장해급여를 수령하고 사망한 이후에도 평균임금을 증감하여 그 차액에 대한 장해급여를 수급권자의 유족에게 지급하여야 하며[80], 장해보상 청구서를 접수한 날에 사망하여 비록 망인이 장해심사를 받지 않은 경우도 사망 당시 주치의사의 장해소견에 따라 서면 심사하여 장해급여를 미지급보험급여로 망인의 유족에게 지급하여야 하고,[81] 진폐 심사를 받고 장해등급 판정일 이전에 사망하였을 때에는 미지급보험급여로 지급하여야 한다.[82]

그러나 요양 중에 사망한 경우에는 장해급여 수급권이 발생되기 전에 사망하였기에 미지급보험급여의 대상이 아니라는 행정해석[83]과 산업재해보상심사위원회의 재결[84]이 있었으나, 최근의 산업재해보상심사위원회의 재결은 "요양 중 사망한 경우라도 사망 원인이 당초 재해 및 부상과 전혀 관계가 없어 유족급여의 지급 대상이 아닐 것, 더 이상 치료효과를 기대할 수 없고 증상이 고정되었다는 명백한 의학적 소견이 있고, 향후 치료에 의한 장해등급 변동 가능성이 없을 것의 조건을 충족한 경우에는 피재자에 대한 장해급여 청구권을 인정함이 타당하다"고 판단하여 미지급보험급여 청구권이 있다고 재결하였으며,[85] 이는 타당한 판단이라고 본다.

따라서 장해급여의 경우 미지급보험급여의 적용에 이의는 없을 것이다.

2) 장해보상연금 차액 일시금

한편 동법 제41조는 장해보상연금 수급권자가 사망하거나, 장해상태가 변동되

---

80) 1999. 3. 30. 補償 6602-350.

81) 2002. 6. 21. 補償6604-1487(근로복지공단, 『산재보험질의회시집』, 2004, 92쪽).

82) 1981. 5. 12. 補償 1458·7-14574.

83) 1983. 3. 17. 補償 1455·7-6982; 1990. 2. 8. 災補 01254-1858; 1991. 9. 27. 災補01254-13991.

84) 산업재해보상보험심사위원회 2003. 12. 9. 2003재결1148호; 동 1992. 2. 22. 92재결30호; 동 1993. 12. 20. 93재결1398호.

85) 산업재해보상보험심사위원회, 2002. 7. 13. 2002재결 제259호.

어 장해보상연금 지급 대상에서 제외되는 경우 및 동법시행령 제31조 제6항의 규정에 의한 "내국인 수급권자가 국외로 이주하거나, 외국인 수급권자가 국내를 떠나게 되는 경우"에 그 수급권이 소멸되고, 이미 지급된 연금액을 지급당시의 각각의 평균임금으로 나눈 일수의 합계가 장해보상일시금에 미달하는 경우에 지급하는 장해보상연금 차액 일시금을 당해 근로자나 유족에게 지급하도록 규정하고 있다.

이 규정은 수급권자가 연금으로 장해급여를 수령하다가 연금 수급권이 소멸된 경우 이미 수령한 연금의 합계액이 일시금에 미달하는 경우에도 최소한 장해보상 일시금만큼은 보장하여 연금수급기간 중 사망 등으로 인하여 불이익을 주지 않으려는 입법취지이다.

이와 같은 미지급 장해보상 연금차액은 수급권자의 장해상태가 변동되거나, 내국인 수급권자의 국외 이주 또는 외국인 수급권자가 국내를 떠나게 되어 연금 수급권을 포기하는 경우에는 피재근로자가 수급권자가 될 것이다(동법시행령 제31조 제6항 및 동법시행령 제31조의2).

그러나 장해보상연금 수급권자인 근로자가 사망한 경우에는 유족에게 지급되게 되며, 유족의 수급순위에 대한 규정은 없으나, 이는 미지급보험급여이므로 법 제53조의 규정에 의하여 처리되어야 할 것이다.

장해연금을 지급받아 오던 피재근로자의 사망이 업무상 사망이면 유족급여를 지급받게 되며, 이때는 이미 지급된 장해보상 연금액이 장해보상 일시금에 미달하는 경우에 그 차액 부분과 새로이 지급되는 유족급여를 함께 지급받게 된다.[86]

4. 간병급여

산재보험법 제42조는 동법 제37조의 규정에 의한 요양급여를 받은 자가 치유 후 의학적으로 상시 또는 수시로 간병이 필요하여 실제로 간병을 받는 자에게 간

---

86) 서울고등법원, 앞의 책, 419쪽; 서울행정법원, 『행정재판실무편람 : 자료집』, 2001, 589쪽.

병급여를 지급하도록 규정하고 있다.

이 제도는 1999. 12. 31. 개정법에서 도입한 것으로서, 종전에는 요양을 받는 기간에만 요양급여로서 개호료를 지급하였고, 요양종료 후에는 장해등급 제1-2급의 경우 상시 또는 수시로 간병이 필요하여도 장해급여 이외의 별도의 간병급여를 지급하지 않았다. 그러나 요양이 끝난 후에도 중증 재해자가 의학적으로 간병이 필요한 경우에는 장해급여 이외의 간병급여를 지급하도록 함으로써 중증 재해자의 사후관리를 강화함에 그 취지가 있으며,[87] 우리나라 사회보험 중 최초로 산재보험이 간병급여제도를 도입하여 산재근로자에 대한 평생 보호 제도를 마련하였다.[88]

간병급여 지급대상자는 동법시행령 [별표 2의2]에서 규정하고 있으며, 간병급여 지급 기준은 매년 노동부장관이 고시한다. 그러나 장해근로자가 보호시설, 무료요양소, 양노원 등에 입소하여 실제 간병비용으로 지급한 금액이 간병급여액에 미달하는 경우에는 실제 지급액만 지급한다.

이와 같은 간병급여를 받고 있던 근로자가 사망하여 지급받지 못한 간병급여도 금전급여로서 미지급보험급여의 적용대상이 된다고 보아야 할 것이다.

Ⅲ. 유족급여

1. 의의

근로자의 업무상 사망에 대하여 지급하는 유족급여는 유족에게 지급한다. 산재보험법의 유족급여는 상속재산에 귀속시켜 상속인에게 배분하는 것이 아니라 동법의 수급권자인 유족에게 직접 지급하도록 규정하고 있다.[89]

---

87) 법제처 홈페이지(http://www.moleg.go.kr/)산재보험법 개정 이유; 노동부, 『산재보험 40년사』, 2004, 231쪽.
88) 조보현, 앞의 책, 332쪽.

대부분의 국가에서도 유족급여는 연금지급이 원칙이며,[90] 우리나라 산재보험법도 연금지급이 원칙이다. 산재보험법 제44조 제1항의 규정에 의하면, 유족보상 연금 수급자격자의 범위는 "유족으로서 근로자의 사망 당시 그에 의하여 부양되고 있던 자 중 妻(사실상 혼인관계에 있는 자를 포함한다.)를 포함하여, 1. 남편(사실상 혼인관계에 있는 자를 포함한다.)·부모 또는 조부모로서 60세 이상인 자, 2. 자녀 또는 손으로서 18세 미만인 자, 3. 형제자매로서 18세 미만이거나 60세 이상인 자, 4. 위 1내지 3의 1에 해당하지 아니하는 남편·자녀·부모·손·조부모 또는 형제자매로서 장애인복지법 제2조의 규정에 의한 장애인 중 노동부령이 정하는 장애등급 이상에 해당하는 자"이다.

여기서 배우자의 경우 妻는 유족보상 연금 수급자격에 있어 나이 제한이 없지만 男便은 나이가 60세 이상이거나 신체장해가 있는 경우로 제한하고 있다.[91] 성별에 의한 차별금지는 공·사법의 영역에서 남녀의 성에 관한 가치판단을 기초로 하여 차별대우를 하는 것으로 허용되지 아니하며[92], 헌법적 사회 정책적으로 정당성과 타당성이 결여되었다.[93] 이와 같은 유족보상 연금 수급자격의 남녀 차별은 헌법 제11조의 평등의 원칙에 반하여 사회보험법이 자의적으로 차별을 하고 있다[94]는 비판이 있다. 최근의 경향은 여성의 경제활동의 증가로 젊은 부부들의

---

89) 이강희,『가족법』, 법원사, 2004, 364쪽.

90) 그러나 호주와 같이 일시금으로 지급되는 경우에는 부양가족 수에 따라 차이가 나는 경우도 있다(심창학,『프랑스 산재보험제도연구』, 한국노동연구원, 2003, 63쪽).

91) 오스트리아에서는 유족인 배우자가 여자인가 남자인가에 따른 차별을 헌법법원이 1981년 위헌으로 판시한 이래 양자의 급여요건을 성별에 관계없이 농일하게 취급하였으며(이상광, (註 22), 84쪽), 독일도 여성 배우자와 남성 배우자 간에 존재하던 지급 요건상의 차별은 계속 유지하여 오다가 1986년에 이르러 철폐되었고, 배우자 유족급여의 지급 조건에 있어서 남녀 간의 차별은 대부분의 EU국가에서도 폐지되었다(자세한 것은 이상광, "사회법에 있어서 배우자 유족급여의 문제점 ― 독일·우리나라의 사회법을 중심으로 ―",『아세아여성법학(제4호)』, 아세아여성법학연구소, 2001, 295 - 296쪽).

92) 권영성,『헌법학원론』, 법문사, 1992, 313쪽.

93) 전광석,『한국사회보장법론』, 법문사, 2002, 362쪽; 한경식, "현행 산재보험급여제도의 개선방안",『우암논총(제19집)』, 청주대학교 대학원, 1998, 8쪽.

경우 대부분이 맞벌이 형태이며, 專業男便도 늘어나는 현실을 감안한다면 남편에게도 나이, 신체장해 등의 제한을 없애는 것이 남녀평등의 원칙에 합당할 것이다.

유족보상 연금의 경우 수급권자가 2인 이상인 경우 청구와 수령을 위한 대표자를 선임할 수 있다(동법시행령 제33조 제1항).[95] 유족보상 연금 수급자격이 있는 유족이 없거나 또는 유족보상 연금 수급권자가 외국에 거주하는 경우에는 유족보상 일시금을 지급한다.

한편 유족보상 연금의 수급자격자가 원하는 경우에는 유족보상 일시금의 100분의 50에 상당하는 일시금을 지급하고 유족보상 연금은 100분의 50을 감액하여 지급하여, 사망 근로자의 장기간 요양으로 인한 家計의 어려움을 지원하고 수급권자의 생업자금 등 일시에 자금이 필요한 경우 일시금과 연금을 각각 1/2씩 같이 수급할 수 있도록 하고 있다. 그러나 유족급여를 일시금과 연금으로 각각 1/2씩 지급받는 방식으로 선택하여 유족보상 일시금을 수령한 후에는 그 지급방법을 다시 변경할 수는 없다.[96]

유족급여도 미지급보험급여가 적용됨에는 이의가 없을 것이다.

2. 미지급보험급여와 受給權 移轉의 구별

1) 미지급보험급여(受給權 承繼)

원래의 수급권자가 사망하면 더 이상 그 수급권자에게는 수급권이 발생되지 아

---

94) 전광석, 앞의 책, 14쪽.

95) 유족보상 연금의 경우 같은 순위자가 2인 이상인 경우 대표자를 선임할 수 있으나, 이는 원칙적으로 등분하여 지급함이 타당할 것이다. 그리고 유족보상 연금의 수급자격자의 수에 따라 가산연금이 지급되나 가산연금은 꼭 수급권자가 다른 수급자격자에 대하여 사용하지 않아도 이에 대한 제재방법이 없어 이에 대한 대책이 필요하리라 본다; 同旨: 한국사회보험연구소, 『산재보험급여체계의 합리적 개선방안에 관한 연구』, 노동부, 2005, 395쪽 및 400-401쪽 참조.

96) 大判 2005. 7. 8. 2003두13700.

니한다. 그러나 사망한 수급권자에게 이미 발생되었으나 그 수급권자에게 지급되지 못한 보험급여는 미지급보험급여이다. 이와 같은 미지급보험급여는 주로 일시금 형태이지만, 계속급여인 연금의 경우에도 수급권자의 사망 이전에 발생하였던 보험급여가 그 수급권자에게 지급되지 못하면 미지급보험급여가 된다.

유족급여의 경우 유족보상 일시금은 피재근로자의 사망 당시 이미 최선순위 유족에게 유족보상 일시금의 청구권이 발생되며, 수급권자인 유족이 사망하면 그 지급되지 못한 미지급보험급여는 다른 유족에게 지급된다. 유족보상 연금의 경우에도 수급권자가 사망한 날(동법시행령 제40조 제1항에 의하면 그 달의 말일)까지 발생한 연금은 사망한 수급권자에게 청구권이 있었으나, 사망한 수급권자에게 지급되지 못한 유족급여가 미지급보험급여이며 이는 다른 유족에게 지급하여야 한다. 이와 같이 보험급여 수급권이 사망한 수급권자인 유족에게서 다른 유족에게 승계되는 수직적 변동이라고 보아야 할 것이다. 미지급보험급여는 유족에게 새로운 청구권이 생기는 것이 아니라 수급권자의 지위를 승계하는 것으로 보아야 하며, 소멸시효도 중단되거나 새로이 시작되는 것이 아니라 사망한 수급권자에게서 발생하였던 소멸시효가 계속하여 이어진다.[97]

2) 受給權의 移轉

미지급보험급여의 수급권 승계와는 달리, 수급권 이전은 수급권자가 사망하여 수급자격을 잃은 경우, 그 사망한 수급권자의 수급권은 소멸되어 더 이상 발생되지 아니하나, 다른 수급자격자가 있는 경우 그 사망한 수급권자의 수급자격 상실 이후부터 장래에 대하여 새롭게 발생하는 수급권을 수평적으로 이전받는 경우(유족보상 연금 : 동법 제45조 제2항)를 말한다.

수급권의 이전은 사망한 수급권자의 수급권이 상실된 이후부터 장래에 대하여 발생하는 유족보상 연금에 대하여 수급자격을 취득하며, 소멸시효도 그때부터 새

---

97) 同旨; 川神裕, 前揭論文, 249頁.

롭게 시작된다.

3) 문제점

　일시금 형태의 보험급여는 수급권자의 사망 이후에 장래에 발생될 보험급여가 없기 때문에 수급권의 이전은 있을 수 없으며, 미지급보험급여의 규정만 필요하다. 그러나 연금급여는 수급권자의 사망 이전에 발생하였으나 그 사망한 수급권자에게 지급되지 못한 미지급보험급여와, 새로운 유족이 수급권을 이전받아 장래에 대하여 수급권을 취득하는 수급권 이전의 규정이 함께 필요하다.

　그럼에도 불구하고 산재보험법 제45조 제3항은 유족급여 일시금의 경우에도 수급권 이전 규정을 두고 있다. 그리고 동법 제53조 제1항은 미지급보험급여의 경우에도 '유족급여의 경우에는 그 유족급여를 받을 수 있는 다른 유족'에게 미지급보험급여를 지급하도록 규정하고 있다. 이는 미지급보험급여의 규정과 중첩되어 불필요하기 때문에 유족보상일시금의 수급권 이전 규정은 삭제되어야 할 것이다. 이를 아래의 그림 1) 같이 나타낼 수 있다.

* 그림 1) 미지급보험급여(수급권 승계)와 수급권 이전의 구별

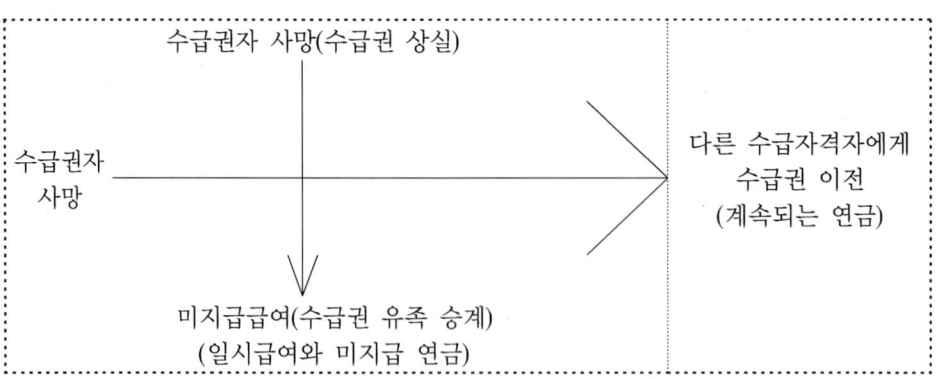

　일본 勞災保險法의 경우 유족연금의 수급권자가 수급권이 소멸한 때에는 그 순

위가 후순위자에게 이전되지만(제16조의4 제1항), 유족보상 일시금의 경우(제16조의6)에는 수급권 승계 규정이 없음은 이와 같은 이유 때문일 것이다.

3. 미지급 유족급여의 지급

1) 유족보상 연금의 경우

① 다른 유족보상 연금 수급자격자가 있는 경우

유족보상 연금 수급권자가 사망하고 다른 유족보상 연금 수급자격자가 있는 경우, 유족보상 연금 수급자격이 이전된 이후 장래에 발생하는 유족보상 연금은 당연히 이전된 수급권자에게 지급되며, 이는 전술한 바와 같이 미지급보험급여가 아니라 '수급자격 이전'에 의한 새로운 수급권자의 권리로 보아야 한다.

그러나 사망한 유족보상 연금 수급권자에게 발생했던 유족보상 연금이 사망한 유족보상연금 수급권에게 지급되지 못한 금액은 미지급보험급여이므로 미지급보험급여의 청구권자의 결정규정(동법시행령 제46조)에 따라 지급하여야 한다. 물론 이때 다른 유족보상 연금 수급자격자가 있는 경우에는 미지급 유족보상 연금의 수급권자는 유족보상 연금의 수급권을 이전받은 자와 동일인이 될 것이다.

② 유족보상 연금 수급자격자가 없는 경우

유족보상 연금 수급권자가 사망하여도 다른 유족보상 연금 수급자격자가 없으면 더 이상의 유족보상 연금은 발생하지 아니한다. 그러나 사망한 유족보상 연금 수급권자에게 발생되었던 유족보상 연금이 그 사망한 수급권자에게 지급되지 못한 금액이 있다면 이는 미지급보험급여로서 유족보상 일시금의 최선위 수급자격자에게 지급하여야 할 것이다.

2) 유족보상 연금 차액 일시금의 경우

① 취지

동법 제43조 제4항은 "유족보상연금을 받던 자가 그 수급자격을 잃은 경우 다른 수급자격자가 없고 이미 지급한 연금액을 지급 당시의 각각의 평균임금으로 나누어 산정한 일수의 합계가 1,300일에 못 미치면 그 못 미치는 일수에 수급자격 상실 당시의 평균임금을 곱하여 산정한 금액을 유족보상연금 수급자격자가 아닌 다른 유족에게 일시금으로 지급한다."고 규정하고 있다.

이 규정은 유족보상 연금을 수령하던 중 수급권자가 그 자격을 상실하여 다른 연금 수급자격자가 없는 경우 유족보상 일시금과 유족보상 연금과의 차액을 유족보상 일시금의 수급자격자에게 일시금으로 지급하는 것으로써, 유족보상 연금을 지급하는 경우에도 최소한 일시금 수준은 보장하기 위한 취지이다.[98]

② 다른 유족보상 일시금 수급자격자가 있는 경우

만일 유족보상 연금을 수령하던 중 수급권자가 그 자격을 상실하여 다른 연금 수급자격자가 있는 경우에는 유족보상 일시금의 평균임금의 일수와 이미 지급된 유족보상 연금의 평균임금 일수와의 차액을 유족보상 일시금의 수급자격자에게 지급하게 된다.

이와 같은 유족보상 연금 차액 일시금을 지급받을 수 있던 유족이 사망하여 그 유족에게 지급되지 못한 경우도 이는 미지급보험급여라 할 것이며, 수급권은 다른 유족, 즉 다른 유족보상 일시금 수급자격자에게 승계된다고 보아야 할 것이다.

③ 다른 유족보상 일시금 수급자격자가 없는 경우

만일 유족보상 연금을 수령하던 중 수급권자가 그 자격을 상실하여 다른 연금

---

98) 조보현, 앞의 책, 341쪽; 憲裁決 2005. 11. 34. 2004헌바97.

수급자격자가 없는 경우에는 어떻게 할 것인가에 대해서는 아무런 규정이 없다.

이 경우 생각할 수 있는 방안은 2가지로 생각된다.

첫째, 다른 유족이 없으므로 더 이상의 보험급여는 지급되지 않고 보험급여 관계가 종료되며, 사망한 유족보상 연금 수급권자에게 이미 지급된 보험급여의 평균임금일수가 유족보상 일시금의 평균임금일수에 미치지 못하여도 더 이상의 보험급여는 지급될 수 없다는 견해가 있을 수 있다. 그러나 이 경우에는 유족보상 일시금 수준을 보장받지 못하는 결과가 된다.

둘째, 피재근로자 사망 당시에는 유족이 있었으며, 그 유족이 유족보상 연금을 수급하다가 사망한 것이므로 이미 지급된 유족보상 연금의 평균임금의 일수가 유족보상 일시금의 평균임금 일수에 미달하면 그 차액은 미지급보험급여로 보아 미지급보험급여에 준하여 사망한 수급권자의 상속인에게 지급하자는 견해가 있을 수 있다.

그러나 여기서 유족보상 연금차액 일시금의 청구권이 발생되지도 아니하였음에도 미지급보험급여로 보기에는 무리함이 있을 수 있다.

사견으로는 두 번째의 견해가 타당하지 않을까 한다. 피재근로자 사망 당시에 유족이 없었다면 유족급여가 지급될 수 없을 것이나. 이 경우에는 피재근로자 사망당시에는 유족이 있었으며, 다만 그 수급방법이 연금 지급 원칙이라 연금으로 수급받던 중에 사망하였으며, 그 수급받은 연금의 합계가 일시금의 수준에 미달하며, 동 규정의 취지가 일시금의 수준 보장에 있기 때문에 최소한 사망한 수급권자에게도 일시금 수준은 보장되어야 한다는 것이다. 그러나 다른 유족이 없으므로 미지급보험급여의 규정을 준용하되 유족이 없는 경우로 보아 상망한 유족의 상속인에게 상속시킴이 타당할 것이다.

3) 유족보상 일시금의 경우

유족보상 일시금은 전술한 바와 같이 수급권의 이전 문제는 발생하지 않으므로, 수급권자인 유족이 사망하면 다른 유족에게 지급되는 미지급보험급여로서 동법 제53조의 규정에 따라 처리되어야 할 것이다.

4) 요약

유족급여의 경우 연금은 수급권자가 사망하고 다른 수급자격자가 있는 경우에는 미지급보험급여의 규정과 수급권의 이전 규정이 같이 적용될 수 있다. 그러나 다른 수급자격자가 없으면 수급권의 이전은 없으므로 미지급보험급여의 규정만 적용되며, 일시금의 경우에는 당연히 미지급보험급여의 규정만 적용된다. 이를 표 2)와 같이 정리할 수 있다.

표 2) 미지급 유족급여의 적용

		수급권 이전 규정 (법제45조 제2항)	미지급보험급여 규정 (법 제53조)
유족보상 일시금			○
유족보상 연금	미지급 연금		○
	장래 발생될 연금	○	
유족보상 연금 차액일시금			○

4. 외국에 거주하는 자 등의 수급자격 차별의 정당성 여부

산재보험법시행령 제32조 제2호는 근로자의 사망 당시 "유족보상 연금 수급권자가 외국에 거주하는 자인 경우"에는 유족보상 연금 수급자격을 주지 않고 유족보상 일시금의 수급자격만 준다. 그리고 동법시행령 제31조 제6항의 규정에 의한 "내국인 수급권자가 국외로 이주하거나, 외국인 수급권자가 국내를 떠나게 되는 경우[99]"를 장해보상연금 수급자격의 소멸사유로 규정하고 있다.

---

99) ILO 권고 제25호는 "노동자 재해보상 처리에서 국내외 노동자의 균등처우에 관한 권

산재보험법에서 "외국에 거주하는 자"에 대한 규정이 없으나, 재외국민 등록법 제2조는 "외국의 일정한 지역에 계속하여 90일 이상 거주 또는 체류할 의사를 가지고 당해 지역에 체류하는 대한민국 국민은 이 법에 의하여 등록을 하여야 한다"고 규정하고 있어, 이 법에 의하여 등록한 재외국민을 말하는 것으로 보인다.[100]

우리나라 헌법 제14조는 거주·이전의 자유를 규정하고 있다. 이는 해외 거주의 자유도 당연히 포함되는 것으로 보아야 할 것이다. 이와 같은 기본권의 행사로 인하여 사회보험법상의 불이익을 받아서는 안될 것이며, 국가는 이로 인한 불이익이 발생하지 않도록 입법 및 행정적 조치를 취할 의무가 있다고 할 것이다.[101]

재외국민 역시 한국법의 屬人的 支配를 받으므로 거주지가 외국이라 할지라도 한국 국적법의 적용을 받는다.[102] 그럼에도 불구하고 산재보험법은 근로자 사망 당시에는 유족보상 연금의 수급자격이 있음에도 불구하고 단지 외국에 거주한다는 이유로 유족보상 연금 수급자격을 제한하고 있다. 또한 사회보험급여에 대하여 상호주의 원칙을 적용하여 외국인에 대한 제한이나 거부는 평등의 원칙 및 재산권의 시각에 비추어 볼 때 헌법적 정당성을 인정할 수 없다는 비판이 있다.[103]

고"를 규정하고 있다(국제노동연구소편, 『ILO 조약·권고집 1919–1991』, 도서출판 돌베개, 1991, 945쪽).

100) 과거에는 이에 대한 분명한 기준 없이 '재외국민', '재외동포', '교포', '교민', '해외동포' 등 다양한 용어로 불렸는데, 우리나라 정부는 새로운 재외동포 정책 수립을 위하여 먼저 이러한 용어들을 새로이 정립하고자 하였다. 즉 재외동포 관련 용어를 현재 외국에 체류, 거주하고 있는 대한민국 국적자를 의미하는 법적인 개념으로서의 '재외국민'과 국적을 불문하고 외국에 거주하는 한민족을 통칭하는 개념으로서의 '재외동포'로 단순화하여, 전자는 우리나라의 법적 보호의 대상이 되는 한정적인 개념으로서 사용하고, 후자는 문화 및 교육 등 보다 광범위한 측면의 대상이 되는 동포를 지칭하는 일반적인 개념으로서 사용하기로 하였다(유진화, "재외국민의 호적신고 및 호적정리절차", 『사법논집(제29집)』, 법원도서관, 1998, 586–587쪽).

101) 헌법재판소, 『사회보험의 헌법적 문제에 관한 연구(헌법재판연구 제11권)』, 2000, 118–119쪽.

102) 정인섭, "재외국민의 국내법상 지위", 『전환기의 국제관계법(동석 김찬규 박사 화갑기념)』, 법문사, 1992, 48쪽.

103) 전광석, 앞의 책, 226쪽; 자세한 것은 헌법재판소, 앞의 책, 82–96쪽 참조.

일례로 요즈음 교환 학생으로 외국의 학교에 나가 공부하는 학생이 적지 않으며, 그 경우에도 부모로부터 부양관계를 부인할 수 없으므로 당연히 수급자격을 인정하여야 할 것이다.[104)]

Ⅳ. 장의비

1. 의의

산재보험은 근로자가 업무상 재해로 사망하면 유족급여와 함께 장의비를 지급한다. 장의비란 업무상 사망 근로자의 장례에 소요된 비용을 말한다.[105)] 장의비는 손실된 소득을 보전하는 소득보장급여가 아니라 장제를 실행하는 데 소요되는 실비를 변상하는 보험급여[106)]로서, 민사상 손해배상 영역의 적극적 손해의 영역에 속하며,[107)] 조의금이나 위문금 또는 위자료와도 그 성격이 다르다.[108)]

장의비는 반드시 유족에게만 지급하는 것이 아니라, 장제를 실행한 경제적 부담관계에 있는 자에게 지급한다. 동법 제48조의 장의비는 평균임금의 120일분에 상당하는 금액이나, 대통령령이 정하는 바에 따라 노동부장관이 고시하는 최고금

---

104) 그러나 헌법재판소는 1980년 해직 공무원의 보상 등에 관한 특별 조치법에서의 "이민 간 이후의 보상을 배제하는 규정"에 대하여 국가가 헌법 제2조 제2항에 규정한 재외국민을 보호할 의무를 행하지 않은 경우라 할 수 없다고 하며(憲裁決 1993. 12. 23. 89헌마189), 국민연금법 제67조의 가입자의 국적 상실이나 국외이주 등의 사유에 대하여 연금을 지급하지 않고 반환 일시금을 지급하는 규정에 대하여 과잉금지원칙에 위반한 재산권의 침해는 아니라고 하였다(憲裁決 2004. 6. 24. 2002헌바15).

105) 대부분의 국가에서 사망 근로자의 장례비용을 지급하지만, 일부 국가에서는 유족이 없을 경우에만 지급하는 경우도 있다(근로복지공단, 『각국 근로자 보상제도의 비교』, 1997, 23쪽).

106) 이상국, 『산업재해보상보험법』, (주)청암미디어, 2001, 552쪽; 전광석, 앞의 책, 362쪽.

107) 근로복지공단, 『사이버 직무교육교재 산재보험보상』, 2004, 139쪽.

108) 이상국, 앞의 책, 550쪽; 김수복, 앞의 책, 492쪽; 大判 1981. 10. 13. 80다2928.

액을 초과하는 경우에는 최고금액을, 최저금액에 미달하는 경우에는 그 최저금액을 각각 장의비로 한다.

장제라 함은 시체를 埋葬 또는 火葬뿐만 아니라 故人을 추모하기 위한 儀式도 포함한다. 따라서 故人을 추모하기 위한 慰靈祭[109], 招魂祭[110] 등과 같이 장의비의 성격에 비추어 실제로 장제를 치르거나 이에 갈음하는 장제 의식을 갖추었다면 장의비의 지급을 긍정하여야 할 것이다. 그러나 死亡의 推定 또는 認定死亡 등의 경우 아무런 장제를 행하지 아니하였다면 장의비를 지급하지 아니하여도 위법은 아니라고 본다.[111] 이는 장의비의 지급사유가 근로자의 업무상 사망이 아니라, 장의비는 장제를 행한 자에게 지급하기 때문이다.

2. 死亡의 推定

산재보험법 제36조의 사망의 추정제도는 '사고 등으로 인하여 근로자의 생사가 3월간 불명한 경우'에 당해 근로자를 사망으로 추정하여 유족급여와 장의비를 지급하여 당해 근로자에게 부양되고 있던 가족의 생활안정을 도모하기 위한 것으로써, 민법 제27조의 실종선고 제도의 특별 규정이다.[112]

민법의 실종선고 제도는 부재자의 생사가 불명한 때에는 보통실종은 5년, 특별실종은 1년의 경과 후에 이해관계인이나 검사의 청구에 의하여 법원이 실종선고를 하게 된다.

근로자의 업무상 사망이 추정되면 유족급여와 장의비가 지급되나, 보험급여를 받은 후 그 근로자의 生存이 확인된 때에는, 그 급여를 받은 자가 善意인 경우에는 받은 금액을, 惡意인 경우에는 받은 금액의 2배에 해당하는 금액을 반환하여야 한다.

---

109) 강길봉 · 허영표, 앞의 책, 95쪽; 이상국, 앞의 책, 552쪽; 1970. 10. 14. 管理 9726.
110) 강길봉 · 허영표, 앞의 책, 97쪽.
111) 이상국, 앞의 책, 552쪽.
112) 김우기, 앞의 책, 89쪽; 김수복, 앞의 책, 369쪽.

3. 수급권자

장의비는 반드시 유족에게 지급되는 것이 아니라 실제 장제를 실행한 자에게 지급한다. 장의비용은 대개의 경우 유족이 지출하고 이를 청구하는 것이 보통이겠으나, 반드시 유족에 한하지 않으며 실제로 장례를 치르고 그 비용을 지출한 사람이 장의비의 지급을 청구할 수도 있으므로113) 경우에 따라서는 제3자, 즉 親族, 友人, 使用者 등이 유족에 갈음하여 장제를 실행한 때에는 이들이 수급권자가 된다.114) 그러나 유족이 아닌 자가 장제를 실행한 경우에는 유족이 그 확인을 하여야만 장제실행자가 장의비를 지급받을 수 있을 것이다. 유족 이외의 자가 장제를 실행한 경우 그 장제 실행자의 장의비 청구권은 그가 가지는 고유한 수급권이라 할 것이며, 사망 근로자의 유족으로부터 동 수급권이 이전 기타 승계되었다고 할 수도 없을 것이다.115)

그러므로 근로자가 업무상 재해로 사망하여 유족이 없는 경우에는 유족급여는 지급되지 않아도 장의비는 지급될 수 있다.

4. 미지급보험급여 적용여부

장의비는 다른 금전급여와는 달리 실비변상적 급여이며, 또한 수급권자가 반드시 피재근로자 또는 유족이 아니므로 미지급보험급여의 적용여부가 문제된다.

산재보험법 제53조 제1항은 "보험급여의 수급권자가 사망한 경우에 그 수급권자에게 지급하여야 할 보험급여로서 아직 지급되지 아니한 보험급여가 있는 때에는 당해 수급권자의 유족의 청구에 의하여 그 보험급여를 지급한다"고 규정하고 있으며, 동법의 규정이 특별히 장의비를 제외한다는 규정이 없으므로 미지급보험

---

113) 강길봉·허영표, 앞의 책, 95쪽.
114) 김수복, 앞의 책, 493쪽; 大判 1994. 11. 18. 93다3592.
115) 1973. 6. 28. 補償 6487.

급여의 규정을 적용하자는 견해가 제시될 수 있다.

이에 반하여 미지급보험급여제도는 수급권자가 보험급여를 지급받기 전에 사망한 경우 유족의 생활을 신속하게 보장하려는 제도이나, 장의비는 손실된 소득을 보전하는 소득보장급여가 아니라 장제를 실행하는 데 소요되는 실비를 변상하여 주는 보험급여[116]로서 민사상 손해배상 영역에서도 적극적 손해의 영역에 속하고,[117] 반드시 유족에게만 지급하는 것이 아니라,[118] 장제를 실행한 경제적 부담관계에 있는 자에게 지급한다.

따라서 미지급보험급여제도가 동법의 업무상 사망 근로자의 유족이 아닌 사업주나 제3자 등에까지 확대 적용될 수는 없으며, 원래의 수급권자가 개인이 아닌 법인이나 단체의 경우에는 유족이 있을 수도 없으므로, 미지급된 장의비는 바로 상속제도에 의하여 처리되어야 한다는 주장이 제시될 수도 있다.

한편 원칙적으로 장의비는 미지급보험급여의 적용대상이 아니나, 유족의 보호를 위하여 수급권자가 유족인 경우에는 미지급보험급여의 규정을 적용하고, 사업주 등이 수급권자가 되는 경우에는 그 적용을 배제하자는 절충적인 견해가 제시될 수도 있다.

사견으로는 산재보험법은 업무상 재해로 인한 피재근로자 및 그 유족에게 신속하고 공정한 재해보상을 실시함에 그 목적이 있으므로 장의비는 소득보장급여가 아니며, 유족이 아닌 자도 청구할 수 있다는 점 등을 감안한다면 미지급보험급여의 적용을 배제함이 입법논리에 타당하다고 본다. 미지급보험급여의 취지는 상속의 특칙으로서 원래의 수급권자에게 지급되지 못한 미지급보험급여를 유족에게 지급하여 산재보험관계를 신속하게 마무리 지으려는 제도이므로 동법의 업무상 사망 근로자의 유족이 아닌 제3자의 유족에게까지 확대 적용될 수는 없을 것이다. 또한 원래의 수급권자가 개인이 아닌 법인이나 단체의 경우에는 유족이 있을 수

---

116) 이상국, 앞의 책, 552쪽; 전광석, 앞의 책, 362쪽.

117) 근로복지공단, (註 107), 139쪽.

118) 박승두, 『사회보장법』, 중앙경제사, 1997, 473쪽; 김수복, 앞의 책, 492쪽.

도 없으므로 장의비는 미지급보험급여의 적용 없이 바로 상속 제도에 의하여 처리되어야 할 것이다. 따라서 개인 기업주가 장의비를 지급받기 전에 사망한 경우에는 그 상속인이 수급권자가 될 것이며, 사업주가 법인인 경우 그 법인이 장의비의 수급권자가 된다. 법인이 해산된 경우에도 어떤 권리 관계가 남아 있어 현실적으로 정리할 필요성이 있으면 그 범위 내에서 아직 완전히 소멸된 것이 아니면 장의비는 지급하여야 할 것이다.[119] 해산된 법인의 경우 청산인만이 법인의 청산 사무를 집행하는 대표기관으로서 수급권자가 되므로[120], 청산인에게 미지급 장의비를 지급하여야 할 것이다.[121] 그리고 법인의 합병, 양도 등의 경우에도 그 보험급여를 받을 권리는 당연히 승계된다고 보아야 할 것이다.

V. 특별급여

1. 의의

산재보험법 제50조는 장해특별급여제도를, 동법 제51조는 유족특별급여제도를 규정하고 있다. 특별급여는 보험가입자의 고의 또는 과실로 발생한 업무상 재해에 대하여, 수급권자가 민법에 의한 손해배상 청구에 갈음하여 청구하기로 보험가입자 사이에 합의가 이루어진 경우에 한하여 지급한다.

이 제도의 취지는 민사상의 손해배상 문제를 신속히 해결하도록 하기 위한 것[122]으로, 엄격한 의미에서 특별급여는 산재보험급여의 한 유형도 아니며,[123] 산

---

119) 大判 2001. 7. 13. 2000두5333.

120) 大判 2000. 10. 12. 2000마287; 大判 1994. 5. 27. 94다7607.

121) 2003. 10. 24. 補償 6604-1412(근로복지공단, 『산재보험질의회시집』, 2004, 369쪽).

122) 김유성·이흥재, 『사회보장법』, 한국방송통신대학교 출판부, 1994, 184쪽.

123) 김교숙, "산재보상법리에 관한 연구", 『박사학위논문』, 부산대학교, 1988, 141-412쪽.

재보험법상의 일반적인 보험급여와는 그 성질이 다른 것이다.[124)

특별급여는 근로자의 업무상 재해에 대하여 산재보험급여를 지급하는 외에 민사상의 배상방법으로 계산한 액을 추가로 지급한 뒤에 그 전액을 보험가입자로부터 징수하여 보험가입자인 사업주는 민법 기타 법령에 의한 모든 손해배상 책임을 면하고, 근로자는 소송의 불경제로부터 벗어날 수 있도록 배려한 산재보험법의 새로운 모형이며 우리나라의 독자적인 제도이다.[125) 특별급여를 손해배상에 대한 代弗給與라 하기도 한다.[126)

특별급여를 청구하려면 보험가입자로부터 민법에 의한 손해배상금을 수령한 사실이 없어야 하며[127), 민사상의 손해배상에 갈음하는 제도로서 근본적으로는 민사관계이므로 보험가입자의 동의 없이는 지급할 수 없고,[128) 특별급여액을 산출하는 경우 雙方간의 과실상계는 고려되지 않으며, 수급권자의 친족에 대한 위자료도 역시 고려되지 않는다.[129) 그리고 피재근로자 자신만의 과실에 의한 재해인 경우에는 특별급여를 청구할 수 없으며,[130) 특별급여를 받은 때에는 동일한 사유에 대하여 보험가입자에게 민법 기타 법령의 규정에 의한 손해배상을 청구할 수 없다.

보험가입자는 특별급여가 지급되면 민사상의 손해배상 책임을 규정하고 있는

---

124) 서울행정법원, 앞의 책, 590쪽.

125) 이상국, 앞의 책, 557쪽; 조보현, 앞의 책, 350쪽.

126) 특별급여제도는 사회보장법의 일반 원칙, 즉 해당 법제가 보호하는 위험을 고의로 발생시킨 자에게는 급여가 지급되지 않는다는 원칙에 반하므로 차라리 보험자가 지급한 산재보험급여의 전액을 징수하는 방법이 체계적이라는 견해가 있다(전광석, "산재보험제도의 법직 성격과 억힐", 『신재보험 시행 40쥬년 기념 학술토론회 — 산제 보험의 과거, 현재 그리고 미래』, 근로복지공단(2004. 5. 12.), 20쪽).

127) 大判 1976. 9. 14. 75다414.

128) 1987. 11. 4. 補償 32560 - 17467; 1972. 7. 14. 補償 7605.

129) 1984. 2. 27. 補償 1458 · 7 - 5292. 그러나 특별급여제도가 노사 雙方에 공평하게 이득을 주며 수급권자의 이익을 보호하려면 수급권자가 민법 기타 법령에서 주장할 수 있는 일실이익 모두를 특별급여액 산정에 포함하여야 한다는 견해가 있다(김교숙, "산재보험법의 개정 방향", 『사회법연구(제3호)』, 한국사회법학회, 2004, 167쪽).

130) 강갈봉 · 허영표, 앞의 책, 122쪽.

모든 법령상의 의무를 면하게 된다. 특별급여 지급의 효력은 유족 전체에게 미치게 된다는 견해[131]가 있으나, 인신 손해액의 상속이 부정되지 않으므로 상속인에게도 효력이 미친다고 보아야 할 것이다.

2. 미지급보험급여의 적용 여부

이와 같은 특별급여의 경우 미지급보험급여의 적용 여부가 문제이다. 수급권자가 특별급여를 지급받기 전에 사망한 경우에도 신속하게 수급권자를 보호할 필요가 있으므로 미지급보험급여의 지급 절차를 따라야 한다는 견해가 있을 수 있다.

산재보험법의 특별급여제도는 民事代弗制度이므로 산재보험법 제35조의 보험급여의 종류에 포함되지도 아니할 뿐만 아니라 산재보험법 고유의 보험급여도 아니다. 그러므로 특별급여는 동법 제59조의 수급권의 보호 대상도 아니므로 양도나 압류도 가능할 것이다. 따라서 수급권자가 특별급여를 지급받기 전에 사망한 경우에는 미지급보험급여의 규정을 적용할 것이 아니라 바로 상속의 순위에 따라 지급되어야 할 것이다. 미지급보험급여제도는 수급권자의 사망 시 신속하게 유족을 보호하자는 취지이나, 특별급여는 피재근로자나 유족의 생존권 보장을 위한 산재보험법의 고유한 보험급여가 아닌 民事代弗制度이므로 그만큼 유족의 신속한 보호가 덜 요청되기 때문이다.

VI. 代替支給의 경우

1. 의의

산재보험법 제60조는 "보험가입자가 소속 근로자의 업무상의 재해에 대하여 이

---

131) 이상국, 앞의 책, 571쪽.

법에 의한 보험급여의 지급사유와 동일한 사유로 민법 기타 법령에 의하여 보험급여에 상당하는 금품을 수급권자에게 미리 지급한 경우로서 당해 금품이 보험급여에 대체하여 지급한 것으로 인정되는 경우 보험가입자는 대통령령이 정하는 바에 따라 당해 수급권자의 보험급여를 받을 권리를 代位한다"고 규정하고 있다.

대체지급은 보험급여의 한 종류가 아니라, 수급권자가 받을 수 있었던 보험급여 상당액을 보험가입자가 미리 수급권자에게 대체지급한 후 수급권자의 보험급여 수급권을 대위하여 보험가입자가 근로복지공단에 청구하여 지급받는 것을 말한다.

업무상 재해에 대하여 수급권자가 보험급여 수급권을 행하지 않고, 보험가입자의 안전배려의무 위반에 대한 불법행위 책임[132]을 이유로 손해배상 청구소송을 제기할 수도 있다. 그러한 확정판결에 의하여 보험가입자가 근로자에게 지급한 금액 중 산재보험급여 해당 금액은 원천적으로 산재보험에서 지급되어야 했을 성질의 것이므로, 이러한 금액을 보험가입자에게 지급하여 부당한 손실을 보전해 주는 것에 이 제도의 취지가 있다.[133] 근로자가 보험가입자로부터 먼저 재해보상을 받은 경우에는 국가는 그 금액 범위 안에서 근로자에게 보험급여의 지급의무가 없고, 보험가입자는 산재보험급여의 요건이 갖추어진 경우에 그 금액의 범위 안에서 국가에 대하여 求償할 수 있다고 보아야 하기 때문이다.[134] 산재보험급여 수급권의 대위는 보험급여의 지급사유와 동일한 사유로 보험급여에 상당하는 금품을 수급권자에게 미리 지급한 보험가입자에게만 인정된다.[135] 그러나 보험가입자(사업주)가 아닌 사업주의 보험자(국내근로자 재해보장 책임보험계약 보험자)에

---

132) 판례는 안전배려의무 위반에 대하여 손해배상의 근거를 불법행위에 두고 있다(大判 1989. 8. 8. 88다카33190).

133) 1986. 10. 27. 補償 32540 – 17430(박동섭, "근로자의 업무상 재해에 따른 손해의 전보와 사용자의 구상권 — 大判 1989. 11. 14. 88다카28204 판결을 중심으로 —", 『인권과 정의(제179호)』, 대한변호사협회, 1991. 7, 85쪽에서 재인용).

134) 大判 1994. 5. 24. 93다38826.

135) 서울地判, 2002. 11. 26, 2002가합36087.

게는 수급권 대위가 인정되지 않으며,[136] 공사도중 사고를 당한 공사 수급인의 피용인에 대하여 손해배상을 한 도급인에게 공사 수급인이 그 배상액을 변상한 것도 체당지급으로 간주되지 않는다.[137]

2. 미지급보험급여의 적용 여부

대체지급의 경우에도 보험가입자가 보험급여를 받기 전에 사망한 경우 미지급보험급여의 규정을 적용하여 신속하고 간편하게 보험가입자의 유족에게 대체급여를 지급하자는 견해가 있을 수 있다. 이는 산재보험법상의 보험급여는 당연히 미지급보험급여의 적용대상이 되므로 대체급여라 하여 달리 볼 것은 아니라는 것이다.

반면에 대체급여는 고유한 의미의 산재보험급여도 아니며, 수급권자도 피재근로자나 그 유족이 아닌 보험가입자이며, 보험가입자가 개인인 경우에는 유족이 있을 수 있지만 법인인 경우에는 유족도 없다. 따라서 대체지급의 경우에는 상속에 의하여 처리되어야 할 것이므로 미지급보험급여의 규정을 적용하여 보호할 필요가 없다는 견해가 제시될 수 있다.

행정해석은 대체급여에 대하여는 동법 제55조 제2항의 규정에 의한 수급권의 양도 및 압류 금지 규정을 배제하고 있으며,[138] 근로복지공단은 보험가입자에게 대체지급할 장의비 청구권에 대하여 체납된 보험료 징수권에 의하여 압류나 상계할 수 있다고 한다.[139]

따라서 대체급여는 산재보험법상의 보험급여도 아닐 뿐만 아니라 대체급여의 수급권자는 피재근로자나 그 유족도 아니므로 미지급보험급여의 적용이 배제된다고 보아야 할 것이다.

---

136) 大判 2002. 10. 11. 2002다39944; 황운희, "보험급여를 받을 수 있는 자의 재해보상 선택권", 『노동법률(2005년 9월호)』, (주)중앙경제사, 2005, 102쪽.

137) 大判 1989. 11. 14. 88다카28204.

138) 1984. 8. 31. 徵收 1458.3－18356.

139) 2001. 12. 27. 債權65048－430.

Ⅶ. 중소기업 사업주의 보험급여

1. 의의

원칙적으로 사업주는 보험가입자이므로 산재보험급여의 수급권자가 될 수 없다. 그러나 사실상 근로에 종사하여 근로자와 동일한 재해 위험에 노출되어 있는 중소기업 사업주가 희망하는 경우 산재보험에 임의 가입할 수 있도록 함으로써, 영세사업주에게 재해보상을 하여 생존권을 보호하기 위한 규정이 중소기업 사업주에 대한 특례 제도이다.[140)]

일본은 1965년부터 특별 가입 제도를 시행하고 있으며,[141)] 현재 특별 가입 대상은 중소사업주, 자영업자, 특정 작업 종사자 및 해외 파견자 등이다.[142)] 우리나라 산재보험법은 1999. 12. 31. 개정법 제105조의4(2007. 5. 17. 개정법률 제90조)에서 사용자를 보험급여의 지급대상인 근로자로 보는 특례 규정을 두었다. 이는 산재보험이 근로자뿐만 아니라 사업주에게도 보험급여를 행할 수 있도록 산재보험의 보호 대상을 확대하는 획기적인 시도라 할 것이다.[143)] 중소기업 사업주에 대한 특례 제도의 도입 당시에는 '보험가입자로서 상시 50인 미만의 근로자를 사용하는 사업주'가 그 적용 대상이었으나, 2004. 10. 29. 동법 시행령 개정 시에 '자동차를 사용하여 행하는 여객 또는 화물 운송 사업을 근로자를 사용하지 아니하고 행하는 자'가 추가되었다.

---

140) 이상국, 앞의 책, 188쪽.

141) 윤조덕 외 8인, 『비정규직 근로자 산재보험 적용실태와 특수형태 근로 종사자에 대한 적용확대』, 438쪽; Ichiro Tekuramori, "Overview of the Worker's Compensation Insurance Program for Special Workers in Japan", 『특수형태 직업종사자 산재보험 적용방안 국제세미나(2003. 5. 7.)』, 한국노동연구원, p.168－173 참조.

142) 조보현, 앞의 책, 116쪽, 주 33).

143) 조보현, 앞의 책, 115－116쪽; 근로복지공단, 『일본 노동자 재해보상 법령』, 2000, 26－30쪽).

특별 가입자의 업무 또는 작업 내용은 근로자의 경우와 달리 근로계약에 근거하여 타인의 지휘명령에 의해 타율적으로 정해지는 것이 아니라, 사업주 자신의 판단에 의해 소위 주위적으로 정해지는 경우가 많기 때문에 그 업무 또는 작업의 범위를 확정하는 것이 통상 곤란하다.144) 중소기업 사업주의 업무상 재해의 인정 범위는 동법 제90조 제2항 및 동법시행규칙 제90조의5의 규정에 의하여 제한145) 이 있으며,146) 보험료의 산정 대상이 되는 임금 및 보험급여의 산정기준이 되는 평균임금은 노동부장관이 정하여 고시하는 금액으로 한다. 보험급여의 종류와 지급방법은 근로자의 경우와 동일하나147), 보험료가 체납된 기간 중에 발생한 업무상 재해에 대하여는 보험급여를 지급하지 아니한다(동법시행령 제113조의4).148)149)

---

144) 윤조덕 외 8인, 앞의 책, 478쪽.

145) 동법시행규칙 제90조의5에 의하면, 동법시행규칙 제32조 제3호 단서(업무상 스트레스로 인하여 정신과 치료를 받은 자 및 업무상 재해로 요양 중인 자의 정신장해로 인하여 정상적인 인식능력이나 행위 선택능력 또는 정신적 억제력이 현저히 저하된 상태에서 자살행위로 인하여 사상하였다는 의학적 소견이 있는 경우), 동 제35조(작업시간 외 사고), 동 제36조 제1항 제3호(사업주의 구체적인 지시위반 행위) 및 동 제2항(사업주의 지시를 받아 출·퇴근 중에 업무를 수행하고 있을 때 발생한 사고), 동 제3항(외근 근로자가 최초로 직무수행 장소에 도착하여 직무를 시작한 때부터 최후로 직무를 완수한 후 퇴근하기 전까지의 사이에 발생한 사고로 인하여 사상한 경우)의 적용을 제외한다.

146) 일본도 노동성 노동기준국장이 정하는 기준에 따라 행한다(노재보험법 시행규칙 제46 조의26). 그러나 독일은 특수 형태의 근로 종사자의 취업관계가 인정되는 한 보상급여에 있어서는 일반 근로자와 차이가 없다(윤조덕 외 8인, 앞의 책, 369쪽).

147) 근로복지공단, 『고용·산재보험실무편람』, 2005, 31쪽: 근로복지공단, 『고용·산재보험실무편람』, 2001, 72쪽.

148) 2001. 5. 2. 産災 6402-387.

149) 憲裁決 2001. 8. 30. 2000헌마668은, "국민건강보험공단은 보험료를 대통령령이 정하는 기간이상 체납한 지역 가입자에 대하여 보험료를 완납할 때까지 보험급여를 실시하지 아니할 수 있다는 국민건강보험법 제48조 제3항이 헌법소원에 있어서 기본권 침해의 직접성 요건을 충족하지는 않는다"고 한다.

2. 미지급보험급여의 적용 여부

중소기업 사업주는 원칙적으로 근로자가 아니나, 중소기업 사업주에 대한 특례 제도는 단지 중소기업 사업주가 산재보험에 가입하면 그 사업주가 업무상 재해를 당하면 근로자로 보아 동법상의 보험급여를 지급한다는 것에 불과하며, 일반 근로 자와는 달리 업무상 재해의 범위와 보험급여의 지급의 제한 규정을 두고 있음을 볼 때 미지급보험급여의 규정까지 적용할 것은 아니라는 견해가 제시될 수 있다.

그러나 "중소기업 사업주도 근로복지공단의 승인을 얻어 자기 또는 유족을 보 험급여를 받을 수 있는 자로 하여 보험에 가입할 수 있으며, 이 경우 동법 제5조 제3호의 규정에도 불구하고 당해 사업주는 이 법을 적용함에 있어서 근로자로 본 다."고 규정하고 있다. 여기서 "당해 사업주는 이 법을 적용함에 있어서 근로자로 본다."는 규정은 看做 조항이다. 看做는 반대의 증거 제출을 허용하지 않고서 법 률이 정하는 효력을 당연히 생기게 하는 것이다.150) 따라서 산재보험법을 적용함 에 있어 중소기업 사업주는 자기 또는 유족을 보험급여를 받을 수 있는 자로 하 여 보험에 가입한 것이므로 미지급보험급여가 발생되면 당연히 미지급보험급여제 도의 적용대상이 된다는 견해가 있을 수 있다.

사견으로는 중소기업 사업주에게도 미지급보험급여제도가 적용되어야 한다고 본다. 사실상 근로에 종사하여 근로자와 동일한 재해 위험에 노출되어 있는 중소 기업 사업주도 산재보험에 가입시킴은 영세 사업주에게도 재해보상을 실시하여 생존권을 보호하기 위한 것이며, 동 규정이 看做 조항이기 때문이다. 그리고 동법 제59조 제2항의 양도나 압류도 금지되어야 할 것이다.

---

150) 김준호, 『민법강의』, 법문사, 1997, 26쪽.

제4절 소 결

Ⅰ. 요약

미지급보험급여란 수급권자에게 발생하였던 보험급여를 그 수급권자가 사망하여 그 수급권자에게 지급하지 못한 보험급여를 말한다. 미지급보험급여는 복잡한 상속제도에 앞서 유족에게 신속하게 지급하여 보상관계를 종료함에 그 취지가 있다. 미지급보험급여의 요건은 수급권자의 사망, 보상관계의 미종료, 그리고 유족이 있어야 한다. 여기서 수급권자의 사망은 반드시 업무상 사망일 필요는 없다. 미지급보험급여를 지급받을 유족의 결정 시점은 근로자의 업무상 재해 당시가 아니라 수급권자의 사망 당시를 기준으로 판단하여야 할 것이다.

미지급보험급여 청구권의 법적 성격은 유족이 사망한 원래의 수급권자의 수급권을 승계 취득한 것, 즉 원래의 수급권이 수직적으로 유족에게 승계된 것으로 보아야 할 것이다.

미지급보험급여 수급권의 취득 시기는 유족이 미지급보험급여를 청구하여 근로복지공단이 유족 여부를 확인한 때 확정적으로 취득된다고 볼 것이 아니라, 원래의 수급권자가 사망하면 자동적으로 발생하는 것으로 보아야 할 것이다. 산재보험급여는 근로자가 산재보험의 적용요건에 해당하는 사업장에서 업무상 재해를 당하면 당연히 수급권이 발생하는 것이므로, 미지급보험급여 청구권도 수급권자가 사망하면 당연히 유족에게 발생하는 것으로 보아야 할 것이다.

미지급보험급여의 적용 대상 급여는 금전급여에 국한되어 원칙적으로 현물급여는 제외된다고 보아야 할 것이다. 따라서 소득보장 급여인 휴업급여나 상병보상연금, 장해급여, 간병급여, 유족급여 등은 물론, 요양급여의 경우도 부득이하게 발생된 금전급여에 대하여는 미지급보험급여의 적용대상이 된다고 볼 것이다. 소득보장 급여가 아닌 실비변상적 급여인 장의비는 수급권자가 반드시 유족도 아니므로 미지급보험급여의 대상에서 제외된다고 볼 것이다.

　특별급여와 대체급여는 산재보험법의 고유한 보험급여가 아니므로 미지급보험급여의 적용 대상이 아니라 할 것이다. 그러나 중소기업 사업주의 재해에 대한 보험급여는 그 적용이 看做 조항이므로 미지급보험급여의 적용대상이 된다고 보아야 할 것이다.

Ⅱ. 문제점

　현행 미지급보험급여제도는 상속인보다는 유족을 우선적으로 보호함에 그 취지가 있으나, 신속하고 공정한 운영을 저해하는 문제점을 다음과 같이 지적할 수 있다.

　첫째, 수급권자의 실종의 경우에는 산재보험법은 아무런 규정이 없다. 산재보험급여의 시효가 3년인 단기 시효인데다 미지급보험급여는 그 소멸시효가 새로 시작되거나 중단되는 것도 아니므로, 수급권자가 사망의 추정사유에 해당되는 때에도 미지급보험급여제도를 준용하는 방안이 모색되어야 할 것이다.

　둘째, 유족보상 연금의 수급자격자 이전 규정(동법 제45조 제2항)은 원래의 수급권자 사망 이후 장래에 발생되는 보험급여에 대한 새로운 수급권으로 보아야 할 것이다. 유족보상 연금의 경우에는 수급권 이전 규정의 필요성이 존재한다. 그러나 유족보상 일시금의 경우에는 수급권 이전규정(동법 제46조 제3항)은 법리에도 이긋날 뿐만 아니라 미지급보험급여외 규정과 중첩되고 있다.

　셋째, 미지급보험급여와 직접 관련 있는 것은 아니지만, 근로자 사망 당시에는 유족보상 연금의 수급자격이 있음에도 불구하고 단지 외국에 거주한다는 이유로 유족보상 연금 수급자격을 제한함은 그 근거가 불명확하고 정당성도 없다 할 것이다. 이는 우리나라 헌법 제14조의 거주 이전의 자유에 근거한 기본권의 행사로 인한 차별로서, 교환 학생 등으로 외국에 거주하는 자들의 보호를 위하여 개선되어야 할 사항이다.

제4장

미지급보험급여
수급자격자로서의 유족

제1절 미지급보험급여 수급자격자로서의 유족의 범위

I. 유족의 의의

1. 유족의 개념

산재보험법시행령 제46조는 미지급보험급여의 청구권자 결정은 동법 제46조의 규정에 의한 유족보상 일시금의 수급자격자인 유족의 결정순위(수급권 이전 규정 제외)에 따르도록 규정하고 있다.

산재보험법 제5조 제3호는 "유족이라 함은 사망한 자의 배우자(사실상 혼인관계에 있는 자를 포함한다)·자녀·부모·손·조부모·형제자매"를 말한다. 산재보험법상의 유족은 민법 제777조의 친족 중에서도 배우자와 2촌 이내의 혈족에 해당하는 자들이다. 산재보험법의 유족의 정의는 법률 해석상 근로기준법상 유족의 범위와 동일하다.[1]

그러나 이와 같은 유족은 수급권자가 될 수 있는 수급자격이 있음에 불과하고, 유족 중에서 최선순위 유족만 수급권자가 되므로, 모든 유족이 보험급여를 받을 수 있는 것은 아니다.

---

1) 1968. 6. 10, 法務部 1080.(중앙경제사,『노동법통람: 산업재해보상보험법 Ⅱ』, 1996, 43 - 2(7) - 1쪽).

2. 다른 법령상의 유족의 범위

1) 노동법상의 유족의 범위

근로기준법 제8장은 근로자의 업무상 재해에 대한 보상을 규정하고 있으며, 유족의 범위는 동법시행령 제48조에서 '근로자 사망 당시 배우자(사실상 혼인관계에 있던 자를 포함한다)·자녀·부모·손·조부모·형제자매'로 규정하여 산재보험법과 그 범위가 같다.

선원의 직무상 재해에 대한 보상은 선원법 제10장에서 규정하고 있으며, 동법시행령 제29조는 유족보상을 받을 수 있는 유족의 범위를 '배우자(사실상 혼인관계에 있던 자를 포함한다)·자녀·부모·손 및 조부모·형제자매·배우자의 부모·형제자매의 자녀 및 부모의 형제자매'까지 인정하고 있다. 선원법도 1962. 1. 10. 제정 당시에는 유족의 범위가 산재보험법과 같았으나, 1998. 9. 17. 동법시행령 개정 때 유족의 범위를 확대하여 산재보험법에서 인정하지 않는 배우자의 부모·형제자매의 자녀 및 부모의 형제자매를 유족으로 인정하고 있다.[2]

2) 사회보험법상의 유족의 범위

국민연금법 제73조 제1항은 유족연금을 지급받을 수 있는 유족의 범위를 '가입자 또는 가입자 사망 당시 그에 의하여 생계를 유지하던 자로서 배우자·자녀·부모·손자녀·조부모'로 규정하고 있으며, 妻 이외의 유족에게는 나이에 제한을 두며[3], 나이 제한에 해당하지 아니하는 경우에는 장애등급 2급 이상인 자에 한하여 인정하고 있다. 이와 같은 유족의 범위 제한은 유족연금의 지급을 가급적 제한하여 연금재정의 절감을 도모하려는 의도가 있다고 볼 수 있다.[4]

---

2) 황운희, "산재보험 유족급여의 수급권자 결정에 관한 연구", 『석사학위논문』, 숭실대학교 노사관계대학원, 2002. 12, 28쪽.

3) 남편과 부모, 조부모의 경우 60세 이상, 자녀와 손자녀의 경우 18세 미만이다.

공무원연금법은 제3조 제1항 제2호에서 유족의 범위를 '배우자[5] · 자녀[6] · 부모[7] · 손자녀[8] · 조부모[9]'로 규정하고 있다. 사립학교교직원연금법은 제2조 제1항 제2호에서 유족의 범위를 공무원연금법 제3조 제1항 제2호의 유족의 범위와 같이 규정하고 있다. 군인연금법 제3조 제1항 제4호도 유족의 범위를 '배우자[10] · 자녀[11] · 부모[12] · 손자녀[13] · 조부모[14]'로 규정하고 있다.

3) ILO의 기준

1925. 6. 10. 채택된 ILO 권고 제22호『노동자 보상의 최저규모에 관한 권고』는 유족의 범위에 대하여, "상해의 결과 사망에 이르게 될 경우, 보상의 목적으로 되는 피부양자로 인정될 수 있는 권리를 자진 자는 적어도 다음의 명기하고 있는 자들이 포함되어야 한다"고 규정하고 있다.[15]

(1) 사망자의 남편이나 아내

---

4) 오근식,『유족연금 급여제도 개선에 관한 연구』, 국민연금연구센타, 2003, 34쪽.
5) 재직 당시에 혼인관계에 있던 자에 한하며, 사실상 혼인관계에 있던 자를 포함한다.
6) 퇴직일 이후에 출생 또는 입양한 자녀를 제외하되, 퇴직 당시의 태아는 재직 중 출생한 자녀로 본다.
7) 퇴직일 이후에 입양된 경우의 부모를 제외한다.
8) 퇴직일 이후에 출생 또는 입양한 손자녀를 제외하되, 퇴직 당시의 태아는 재직 중 출생한 손자녀로 본다.
9) 퇴직일 이후에 입양된 경우의 조부모를 제외한다.
10) 사실상 혼인관계에 있던 자를 포함하며, 퇴직 후 61세 이후에 혼인한 배우자를 제외한다.
11) 퇴직 후 61세 이후에 출생 또는 입양한 자녀를 제외하되, 퇴직 후 60세 당시의 태아는 복무 중 출생한 자녀로 본다.
12) 퇴직일 이후에 입양된 경우의 부모를 제외한다.
13) 퇴직 후 61세 이후에 출생 또는 입양한 손자녀를 제외하되, 퇴직 후 60세 당시의 태아는 복무 중 출생한 손자녀로 본다.
14) 퇴직일 이후에 입양된 경우의 조부모를 제외한다.
15) 국제노동연구소 편,『ILO 조약 · 권고집 1919 - 1991』, 도서출판 돌베개, 1991, 940 - 941쪽.

⑵ 사망자의 자식 중 18세 미만인 자. 또는 18세 이상이라 하더라도 신체적 · 정신적 결함이라는 타당한 이유로 인하여 노동 소득 능력을 갖지 못한 자.

⑶ 사망자의 직계존속(부모 또는 조부모). 다만 생계 수단이 없거나 사망자의 부양을 받아왔던 자 또는 사망자가 생계유지의 의무를 지고 있던 자.

⑷ 사망자의 손자와 형제자매 중 18세 미만인 자. 다만 18세 이상이라 하더라도 신체적 · 정신적 결함이라는 타당한 이유로 인하여 노동 소득 능력을 상실한 경우. 그리고 고아인 자 또는 그 부모가 생존하더라도 부모가 그들을 부양할 능력이 없는 경우인 자.

4) 외국의 입법례

제 외국의 경우 유족급여는 전형적으로 未亡人(때로는 남편)과 자녀에게 지급된다. 그러나 만일 사망한 근로자가 未婚인 경우 종종 부양하고 있던 부모, 형제자매 그리고 다른 친족에게 지급된다.[16)]

독일의 경우 1997. 1. 1. 개정 · 공포되어 시행되는 산재보험법은, 未亡人(남자 또는 여자)(제65조) · 子女(제67조) · 直系尊屬 · 繼父母 · 養父母(제69조)를 유족연금을 지급받을 수 있는 자로 규정하고 있다.[17)] 영국의 경우 사망급여는 미망인과 부양자녀뿐만 아니라 사망한 근로자의 자녀를 돌보고 있는 부모에게 지급될 수 있으며,[18)] 오스트리아의 경우 배우자와 자녀, 사망자가 부양하던 부모와 조부모 및 형제자매이고,[19)] 미국의 워싱턴(Washington)州의 경우 배우자와 자녀 및 부양 부모에게 수급자격이 있다.[20)] 프랑스의 경우 유족급여는 연금형태로 지급되며 수

---

16) 근로복지공단, 『각국 근로자보상제도의 비교』, 1997, 78 - 79쪽.

17) 근로복지공단, 『독일 산재보험법』, 1997, 68 - 74쪽, 122쪽; 이현주 외 5인, 『주요국의 산재보험급여체계 비교연구』, 한국노동연구원, 2003, 63쪽 및 311쪽; 전광석, 『독일사회보장법론』, 법문사, 1994, 194 - 196쪽.

18) 근로복지공단, (註 16), 131쪽.

19) 근로복지공단, (註 16), 159쪽.

20) 이현주 외 5인, 앞의 책, 311 - 312쪽.

급 대상은 미망인·직계비속·직계존속 등이다.[21] 말레이시아는 미망인과 자녀에게 사망급여가 지급되며, 미망인이나 부양자녀가 없으면 기타 자격이 있는 유족은 부양하는 부모, 형제자매 그리고 父系의 祖父母가 된다.[22] 싱가포르에는 피재근로자의 소득에 실제적으로 의존하고 있는가 여부와 관계없이 사망한 근로자의 배우자·부모·조부모·장인·장모·자녀(庶子, 養子포함)·형제자매(異腹兄弟姉妹 포함)가 유족이 된다.[23] 일본의 경우 勞災保險法 제16조의2 및 동법 제16조의7의 규정에 의하면 유족을 배우자·자녀·부모·손·조부모·형제자매로 규정하고 있다.[24]

5) 유족과 상속인의 범위 불일치

우리나라 산재보험법의 유족의 범위는 외국의 경우나 다른 사회보험법과 비교하여도 그 범위가 좁은 것은 아니다.

그러나 우리의 가족 구성 형태가 전통적 가부장제에서 핵가족화 되면서 다양화되고, 가족의 소득체계도 절대적인 가부장 중심제에서 가족구성원들에게까지 다원화되고 있다.

또한 업무상 재해로 인한 손해배상 청구권, 즉 생명침해 및 신체상해로 인한 손해배상 청구권의 상속을 인정하는 것이 판례[25]이며, 이는 학설도 지지하고 있

---

21) 심창학,『프랑스 산재보험제도연구』, 한국노동연구원, 2003, 63쪽.

22) 근로복지공단, (註 16), 156쪽.

23) 박찬임,『산재보험제도의 국제비교』, 한국노동연구원, 2001, 112쪽.

24) 근로복지공단,『日本 勞働者災害補償保險法令』, 2000, 15－17쪽. 이현주 외 5인, 앞의 책, 203쪽; 근로복지공단,『勞災保險法解釋總覽』, 2004, 731쪽 및 776쪽; 厚生勞働省 勞働基準局 勞災補償部 勞災管理課,『勞災保險制度の詳解』, 株式會社勞務行政, 2004, 233頁; 井上浩,『勞災補償法入門 勞災保護法を中心とする(改訂 8 版)』, 經營書院, 2004, 259頁; 勞働省勞働基準局 勞災管理課,『(三訂新版) 勞働者災害補償保險法』, 勞務行政研究所, 1992, 422頁; 厚生勞働省 勞働基準局 勞災補償部 勞災管理課,『明說勞災保險法』, 株式會社勞務行政, 2003, 205頁.

25) 大判 1969. 4. 15. 69다268.

다.26) 민법의 상속인의 범위는 산재보험법이 유족에 포함하지 않는 직계존·비속으로서의 증조부모와 증손자녀 및 4촌 이내의 방계혈족을 포함하고 있다. 근로자의 업무상 사망재해의 경우 근로자의 유족이 없으면 유족보상은 지급될 수가 없으나,27) 상속인들의 손해배상 청구권을 막을 수는 없을 것이다. 이 경우 사용자는 유족이 아닌 상속인에게 손해배상을 하여도, 보험급여 수급권자가 없기 때문에 동법 제60조의 규정에 의한 수급권의 대위도 주장할 수 없어, 보험료를 납부하고도 재해보상의 혜택을 누리지 못하여 이중부담을 안게 된다. 왜냐하면 보험급여를 지급하면, 보험급여를 받은 자가 어느 순위에 있는 자이건 간에 사망한 자가 장차 받을 수 있는 逸失利益에서 이미 받은 유족보상액을 공제하고 나머지를 재산상속인들이 민법의 규정한 바에 따라 상속하지만,28) '보험급여를 받은', 즉 수급권자라 함은 동법상의 모든 수급자격자인 유족이 아니라 최선순위 수급권자를 의미하는 것일 뿐, 피재근로자의 상속인인 유족들이 모두 포함되는 것으로 확장해석29)30)할

---

26) 김준호,『민법강의』, 법문사, 1997, 107쪽; 김형배,『민법학강의』, 신조사, 2003, 1284쪽; 김주수, "위자료 청구권의 상속성",『손해배상법의 제 문제(성헌 황적인 박사 화갑기념)』, 성헌 황적인 박사 화갑기념 논문집 편찬위원회, 1990, 181쪽; 곽윤직,『(신정판)채권각론』, 박영사, 1998, 843쪽; 박병호,『가족법』, 한국방송통신대학교 출판부, 1995, 340쪽; 김상용, "인격권의 침해와 손해배상 ─ 생명·신체의 침해를 중심으로 ─",『손해배상법의 제 문제(성헌 황적인 박사 화갑기념)』, 성헌 황적인 박사 화갑기념 논문집 편찬위원회, 1990, 172쪽; 근로복지공단,『사이버 직무교육교재 산재보험보상』, 2004, 326쪽; 조일환, "생명침해의 구제에 관한 연구",『동의법정(제2집)』, 동의대학교 지역사회개발연구소, 1986. 2, 19쪽 이하 참고.

27) 大判 1992. 5. 12. 92누923.

28) 大判 1969. 2. 4. 68다2178.

29) 그러나 "보험급여를 받은 자"를 민법 기타 법령에 의한 손해배상책임이 제한되는 자로 확장 해석함이 타당하다는 견해도 있다(장윤기, "제삼자 행위 재해시 구 산업재해보상보험법에 의하여 유족급여를 한 국가가 대위할 손해배상 청구권의 범위(大判 1987. 9. 21. 86다카2948)",『재판과 판례(제9집)』, 대구판례연구회, 2000, 311 - 312쪽).

30) 반면에, "'급여를 받은 자'를 '피재근로자'로 풀이하고 그렇게 해석하더라도 보험급여가 원래 피재근로자를 위하여 지급되는 것임을 생각해보면 반드시 위 문언과 동떨어진 해석이라 할 수는 없을 것"이란 견해도 있다(윤재식, "산업재해보상보험법 제15조 1항에서 말하는 '급여를 받은 자' ─ 大判 1987. 7. 21. 86다카2948 ─".『민사판례연구(제14집)』,

근거가 없으며,[31] 유족을 제외한 상속인에게는 보험급여 수급권도 존재하지 않기 때문이다. 따라서 이를 해결하기 위해서는 유족의 범위와 상속인의 범위를 일치시킬 필요가 있다.

II. 수급자격자로서의 배우자

1. 配偶者

1) 의의

사회보험 수급권은 오로지 자신의 노력에 의하여 발생하거나 또는 친족관계에 의하여 발생하기도 한다. 이때 개인의 기여는 피보험자와 가족관계를 유지하면서 가정생활을 통하여 자신이 한 기여에 그 근거를 두고 있는 것이다.[32] 배우자에게 유족급여를 지급하는 주된 목적은 피보험자의 사망으로 상실한 생계비의 보상에 있지만,[33] 다른 한편으로는 피보험자의 사망으로 인하여 배우자가 입게 된 비물

민사판례연구회, 1992, 308쪽).

31) 大判 1998. 4. 10. 98두557; 1992. 5. 12. 92누923; 1987. 7. 21. 86다카2948; 2002. 4. 12. 2000다45419; 1997. 6. 27. 95다18772; 2000. 3. 10. 98다37491; 서명수, "산업재해보상보험법에 의한 유족급여를 한 국가의 제3자에 대한 구상권의 범위", 『대법원판례해설(제28호)』, 법원도서관, 1997, 393쪽; 강창웅, "제삼자의 행위에 의한 재해에 있어서의 보상책임자의 구상권(대위권)", 『재판자료(제39집)』, 법원도서관, 1986, 665쪽; 윤경, "제3자의 행위로 인한 재해로 유족급여를 지급한 공단의 대위권의 범위", 『JURIST 제382호』, 청림인터렉티브(주), 2002, 57쪽.

32) 헌법재판소, 『사회보험의 헌법적 문제에 관한 연구(헌법재판연구 제11권)』, 2000, 186 – 187쪽.

33) Hauck / Freischmidt, *Die Neuordnung der Hinterbliebenen –versorgung in der gesetzlichen Unfallvericherung*, SGB 1985, 1(이상광, "사회법에 있어서 배우자 유족급여의 문제점 ― 독일·우리나라의 사회법을 중심으로 ―", 『아세아 여성법학(제4호)』, 아세아 여성법학연구

질적 손해를 보상하여 주는 이중적 기능을 가지고 있다.[34]

산재보험의 유족급여는 배우자인 근로자가 사망하였기 때문에 지급되는 것으로 유족급여의 권원(Titel)인 근로자 사망의 법정원인이 직접 자기에게 발생한 자의 권원으로부터 파생된다 하더라도, 유족급여 수급권자는 수익자 또는 수혜자에 불과한 것이 아니라, 유족이라는 독자적인 법적지위(예컨대 배우자)에 근거하여 유족급여를 지급받는 것이므로, 유족급여 수급권은 유족이 가지는 독자적인 권리이다.[35]

Bismarck 사회입법 중 산재보험법(1884. 7. 6.)은 이미 여성 배우자에게 유족급여 지급을 규정하고 있었으며,[36] 독일의 산재보험법상의 배우자 유족급여는 사회법전 제7권(SGB VII)에 규정되었다.[37]

근로자가 업무상 재해로 사망하면 근로자의 배우자는 유족급여를 받을 수 있는 첫 번째 유족이 될 수 있으며, 이는 미지급보험급여에도 같이 적용된다. 유족급여를 수급할 수 있는 배우자의 범위는 이혼이나 동거율이 급격히 증가한 유럽 국가 중 일부 국가에서는 이혼한 배우자나 동거자의 경우도 배우자로 인정하여 유족급여의 수급자격을 주고 있음을 볼 수 있으나,[38] 우리나라 산재보험법은 배우자(사실혼관계에 있는 자를 포함한다) 한 명만을 인정하고 있다. 그러나 각국의 입법례를 보면, 현재의 배우자만을 인정하고 있는 나라로는, 그리스, 독일, 스페인, 아일랜드, 아이슬란드, 이탈리아, 룩셈부르크, 핀란드, 영국, 한국, 일본, 대만, 싱가포르 등이며, 현재의 배우자와 이혼한 배우자를 같이 보호하는 나라로는 벨기에, 오스트리아, 포르투갈 등이며, 현재의 배우자는 물론 동거자와 이혼한 배우자를 보호하는 나라로는 노르웨이, 스웨덴, 덴마크(동거자 2년 이상) 등이 있다.[39]

소, 2001, 285쪽에서 재인용).

34) Schroeder‑Printzen, *Zur Reform der gesetzlichen Unfallversicherung*, SozSich(D), 1959, S. 19(이상광, (註 33), 287쪽에서 재인용).

35) 이상광, (註 33), 288쪽.

36) 이상광, (註 33), 284쪽.

37) 이상광, (註 33), 285쪽.

38) 박찬임, 앞의 책, 61쪽.

2) 혼인기간 지속의 문제

산재보험 유족급여 수급권자로서 배우자의 경우, 일정한 혼인기간의 유지가 필요한지 문제이다.

국민연금의 경우 프랑스, 스웨덴, 미국 등의 경우에는 일정 기간을 요구하기도 하다.[40]

① 혼인기간 필요설

혼인기간 필요설은 배우자 유족급여의 남용을 방지하기 위하여서는 일정 기간의 혼인관계 존재를 배우자 유족급여 지급요건으로 규정하는 것이 입법론적으로 바람직하다[41]는 것이다.

프랑스의 경우 최소한 2년 이상 결혼 생활을 영위하였거나, 2년이 못되어도 자녀가 한명 이상이 있는 경우는 일단 수급자격이 인정된다.[42] 그리고 벨기에, 덴마크, 프랑스, 룩셈부르크, 노르웨이, 포르투갈, 핀란드 등의 여러 EU 국가들은 피보험자 사망 시 적어도 일정 기간 혼인관계가 있을 것을 요구하는 경우도 있다.[43]

ILO 조약 제128호 『폐질·노령 및 유족급여에 관한 조약』 제21조 제4호도 "자녀를 두지 아니하고 未亡人이 유족급여 수급권을 부여받기 위하여, 최소한의 혼인관계 지속기간을 충족시키도록 요구되어질 수도 있다"[44]고 규정하고 있다.

② 혼인기간 불요설

유족으로서의 배우자는 혼인관계가 존재하면 충분하며, 혼인관계의 일정한 기

---

39) 박찬임, 앞의 책, 61쪽, 표 Ⅳ－22.
40) 오근식, 앞의 책, 37쪽 및 131쪽, 부표1 참조.
41) 이상광, (註 33), 298쪽 및 310쪽.
42) 심창학, 앞의 책, 63쪽.
43) 이상광, (註 33) 298쪽.
44) 국제노동연구소 편, 앞의 책, 892쪽.

간을 요구하지는 않는다는 것이 이 견해이다.

우리나라 산재보험법은 일정기간의 혼인기간을 요구하지 않으므로, 결혼한 지 13일 되는 배우자도 유족으로 인정된 사례[45]가 있다.

③ 사견

우리나라는 법률혼주의를 채택하고 있어 특별히 일정기간의 혼인기간을 요구할 필요는 없어 보인다. 혼인 여부는 가족관계등록부로 쉽게 구분되며, 또한 혼인기간 이 짧다고 하여 배우자 생활보호의 필요성이 없다거나 적다고 볼 수도 없을 것이 다. 그러나 사실혼의 경우 그 입증이 쉽지 않으므로 고려의 가치가 있다고 본다.

국민연금의 경우 결혼식을 마치고 며칠이 지나서 사망한 경우에는 부부공동생 활의 실체가 존재한다고 보아 사실혼을 인정할 수 있지만, 결혼식 후 몇 시간 이 후에 사망한 경우에는 사실혼관계를 부인한 사례가 있다.[46]

3) 수급자격의 남녀 차별문제

① 관련 규정

배우자로서의 유족은 피재근로자가 남자인 경우에 妻, 여자 근로자가 업무상 재해를 당한 경우에는 男便이 유족이 된다. 유족보상 일시금의 경우 동법 제46조 의 규정에 의하면 수급자격에 있어서 배우자의 남녀 차별이 없다. 그러나 유족보 상 연금 수급자격의 경우 동법 제44조의 규정에 의하면, 妻는 나이 제한이 없지 만, 男便은 나이가 60세 이상이거나 또는 신체장해가 있는 경우로 제한하고 있다.

② 외국의 경우

외국의 경험을 보면, 독일에서도 사회보험의 유족연금에 관한 피보험자의 사망

---

45) 1986. 3. 12. 補償 32540 – 4272.

46) 1993. 7. 28. 審査 800 · 0 – 297.(인경석, 『국민연금법 해설』, 국민연금관리공단, 2001, 53쪽).

시, 男便인 배우자의 유족연금 청구 요건으로 남은 배우자가 妻인 경우에 요구하지 않던 '사망 피보험자가 생존시 家計를 半이상 담당했어야 한다'는 조건이 붙었다. 이 규정은 이른바 '제1차 배우자 연금 판결'에서 합헌판결이 내려졌으나,[47] 1975년 '제2차 배우자 연금 판결'에서는 당시 시점에서는 아직 합헌이지만 가족구조 및 여성 취업 상황이 또 다시 변화할 10년 후에는 전통적인 남녀의 역할 분담이 더 이상 유지될 수 없을 것이라고 하면서 입법자에게 1984년까지 남녀평등에 합치하는 방향으로의 법률 개정 의무가 부과되어,[48] 1985년 입법자는 夫婦 구별 없이 유족연금 청구요건을 통일하였다.[49]

오스트리아에서는 유족인 배우자 간의 남녀에 따른 차별을 헌법법원이 1981년 위헌으로 판시한 이래 급여요건을 性別에 관계없이 동일하게 취급하였으며,[50] 배우자 유족급여의 지급조건에 있어 남녀 간의 차별은 대부분의 EU국가에서도 폐지되었다.[51]

미국에서도 남자 노동자가 사망한 경우에 妻에게는 자동적으로 산재보상연금을 지급하나, 여자 노동자가 사망했을 경우에는 男便이 아내의 부양을 받고 있다는 사실을 입증해야만 지급할 수 있도록 규정한 미주리(Missouri)州의 산재보상법은 위헌 판결(1980년의 Wengler v. Druggists Mutual Insurance Co.)[52]을 받았다.[53]

③ 비판

우리나라 산재보험법의 유족보상 연금의 수급자격에 있어 남편에 대한 차별은

---

47) BVerfGE 17, 1.

48) BVerfGE 39, 169.

49) 이상광, (註33), 295 – 296쪽.

50) 이상광, 『(개정판) 사회법』, 박영사, 2002, 84쪽.

51) 자세한 것은, 이상광, (註 33), 295 – 296쪽.

52) 446 U. S. 142(1980).

53) 김현철, "미국 연방대법원의 평등보호에 관한 판례와 위헌 심사기준", 『헌법논총(제11집)』, 헌법재판소, 2000, 366 – 367쪽.

무엇보다도 남성은 생계부양자이고 여성은 양육자인 전통적인 분업 유형에 기인한다.54) 여성은 전업주부이며 노동시장에 있어서도 실제로 여성 취업자 보다 남성 취업자가 훨씬 더 높은 비율과 보수로 취업해 온 사실에도 근거를 두고,55) 상대적으로 남편보다는 생활 능력이 취약한 妻를 더 보호하려는 의지로 보인다.56)

그러나 남녀 평등의 문제 영역은 남성에게도 적용되며,57) 여성의 신체적 구조와 생리상의 차이에 따른 합리적 차별은 정당성이 인정되지만,58) 남녀 간의 사회적 역할분담에 기인하는 성별에 의한 차별은 정당화 될 수 없을 것이다.59) 성별에 의한 차별은 공·사법의 영역에서도 허용되지 아니한다.60) 유족급여 연금 수급자격의 남녀 차별 규정은 헌법적 사회 정책적으로 정당성과 타당성이 결여되었으며,61) 헌법 제11조의 평등의 원칙에 반하는 것으로서 사회보험법이 자의적으로 차별을 하고 있다.62)

현대 사회의 노동시장은 젊은 주부의 취업이 증가하고 있으며, 반면에 가사를 전담하는 남편도 점차 늘어나는 현실을 감안한다면 남편에게도 나이, 신체장해 등의 제한을 없애야 할 것이다.

---

54) 장지연 외 3인,『일·가족 양립 체계의 선진국 동향과 정책과제』, 한국노동연구원, 2005, 1쪽.

55) 이상광, (註 33), 295쪽.

56) 황운희, (註 2), 57쪽.

57) 황도수, "헌법재판의 심사기준으로서의 평등",『박사학위논문』, 서울대학교 대학원, 1996, 145쪽.

58) 황도수, 앞의 논문, 145쪽.

59) 한수웅, "평등권의 구조와 심사기준",『헌법논총(제9집)』, 헌법재판소, 1998, 94쪽.

60) 권영성,『헌법학원론』, 법문사, 1992, 313쪽.

61) 전광석,『한국사회보장법론』, 2002, 법문사, 362쪽; 한경식, "현행 산재보험급여제도의 개선방안",『우암논총(제19집)』, 청주대학교 대학원, 1998, 8쪽.

62) 전광석, (註 61), 14쪽; 이상광, 앞의 책, 85쪽; 오근식, 앞의 책, 37쪽; 김성숙,『유족연금 개선방안』, 국민연금연구원, 2004, 18쪽.

4) 배우자의 재혼과 수급자격

산재보험법 제45조 제2호는 사망 근로자의 배우자인 유족의 '再婚'을 유족보상연금의 수급자격 상실사유로 규정하고 있다. 국민연금법 제65조 제1항 제2호, 공무원연금법 제59조 제1항 제2호, 사립학교교직원연금법 제42조 제1항, 군인연금법 제29조 제1항 제2호 등에서도 '배우자의 재혼'을 유족급여 수급자격의 상실사유로 규정하고 있다.

이와 같이 배우자의 재혼에 대하여 수급자격을 제한하거나 상실하게 하는 입법의 정당성 문제가 거론된다.

① 수급권 존속설

배우자가 재혼할 때 수급권을 상실함은 헌법의 혼인 및 가족의 보호에 대한 요청과 모순되므로[63] 배우자가 재혼하여도 계속하여 보험급여 수급권을 인정하자는 것이 이 견해이다.

배우자의 재혼으로 수급권을 상실시키는 것은 배우자인 유족의 재혼을 억제하고, 사실상 혼인관계를 조장하여 소위 '年金同居人'과 '婚姻外의 子'를 양산하는 결과를 초래함은 외국의 경험이 잘 보여주고 있다는 것이다.[64]

② 수급권 상실설

수급권 상실설은 유족인 배우자가 재혼하면 그는 재혼의 타방 배우자에 대하여 부양 청구권을 취득하기 때문에 요보호 상태에 있지 않게 된다는 추정을 받기 때문에 기존의 보험급여 수급권은 상실되어야 한다는 것이다.

배우자 유족급여에 관한 이와 같은 조항은 배우자 유족급여가 생계비의 보상관념에 그 기초를 두고 있음을 반영한 것[65]이므로, 배우자의 유족급여연금 수급권

---

63) 전광석, (註 61), 294쪽.
64) 이상광, (註 33), 298쪽.

은 재혼하면 상실된다는 것이다.

이는 사망 근로자와의 친족관계가 끝난 경우에도 수급권 상실사유로 규정(동법 제45조 제1항 제3호)하고 있음과도 형평에 맞는다는 주장이 될 수 있다.

③ 입법례

재혼 배우자의 유족보상 연금의 수급권 제한은 독일,[66] 프랑스[67], 일본[68], 미국[69], 영국[70] 등도 규정하고 있다.

ILO 勸告 제43호(1933년)『廢疾 · 老齡 · 未亡人 · 遺子女 保險의 일반 원칙에 관한 권고』 20.(a)는 "연금 수급자 혹은 피보험자가 자격기간 완료 후 사망 시 미망인을 남긴다면 미망인에게 재혼하지 아니하는 동안 연금을 받을 권리를 부여하여야 한다"고 규정했었고,[71] ILO 勸告 제67호(1944년)『소득보장에 관한 권고』指針 제16조 (18)도, "미망인은 재혼하기까지 보상을 지급한다"고 규정하고 있으며,[72] ILO 條約 제121호(1964년)『업무상 재해급여에 관한 조약』제22조 제1호 (g)는, "생존하고 있는 배우자가 타인을 배우자로 하여 동거하고 있는 경우"[73]를 급여지

---

65) 이상광, (註 33), 285쪽.

66) 배우자 유족급여는 유족인 배우자가 재혼하면 그 지급이 중지된다(§§46 SGB VI); 이승렬 외 3인,『특수형태 근로종사자에 대한 산재보험 적용확대 연구Ⅱ』, 한국노동연구원, 2005, 144쪽.

67) 사회보장법 제434조 제8항(심창학, 앞의 책, 64쪽).

68) 노재보험법 제16조의4 제1항 제2호.

69) 박찬임 외 3인,『주요국의 통근 재해보상제도 연구』, 한국노동연구원 2004, 181쪽; 근로복지공단, (註 16), 47쪽.

70) 未亡人은 재혼하지 않으면 일생 동안 연금을 지급받을 자격이 부여된다. 재혼하는 경우에는 연금의 일년 분에 해당하는 금액이 일시금으로 지급된다(신홍, "산업재해보상보험제도에 관한 법제도적 비교 연구",『노동법의 제 문제(가산 김치선 박사 화갑기념 논문집)』, 박영사, 1983, 209쪽).

71) 국제노동연구소 편, 앞의 책, 907쪽.

72) 국제노동연구소 편, 앞의 책, 767쪽.

73) 국제노동연구소 편, 앞의 책, 932쪽.

급의 정지 사유로 규정하고 있다.

배우자의 재혼으로 수급권이 상실됨은, 곧 배우자의 재혼을 억제하는 경향이 있어 독일 사회법은 재혼 권장을 위하여 다음과 같은 두 가지 조치를 취하고 있다. 즉 재혼시의 유족연금 일시금제도(독일 사회법전 제6권 제107조)[74]가 그 하나이고, 새로운 배우자의 사망 또는 재혼의 무효, 취소, 이혼 시 과거의 유족급여를 부활시키는 제도(Wiederaufleben der früheren Rente nach Auflösung der erneuten Ehe)(독일 사회법전 제6권 제46조 3항)가 그 다른 하나이다.[75]

④ 사견

유족인 배우자가 재혼하면 그는 재혼의 타방 배우자와 새로운 부양의무가 발생하므로(민법 제826조) 사망한 배우자와의 친족관계가 종료되어 수급권은 상실된다고 보아야 할 것이다. 이는 다른 유족의 경우도 사망 근로자와의 친족관계가 종료(동법 제45조 제1항 제4호)되는 경우에는 수급권 상실사유로 규정하고 있으므로 형평성에 비추어 보아도 무리가 없다. 또한 재혼 배우자의 수급권이 계속하여 존속한다면 남은 다른 유족의 생활보호에 대한 방안이 없음도 고려하여야 할 것이다.[76]

---

74) 연금보험법상의 이 제도는 산재보상보험법에서도 규정하고 있다(독일 사회법전 제7권 제80조 1항). 연금보험법과 산재보상보험법상, 재혼 시의 유족연금 일시금은 월 연금액의 24배이다(이상광, (註 33), 298쪽).

75) 물론 이 경우 부활하는 전전번 혼인에서 발생한 유족급여에서 무효, 취소, 이혼, 사망 등으로 소멸한 전번 혼인관계에서 발생한 유족급여 기타 부양비 등을 감액하는 방법으로 유족급여를 조정하며(Anrechnung제도), 재혼 시 일시금(Abfindung)을 수령한 경우에는 중복지급을 피하기 위하여, 분할하여 반환하게 하고 있다(이상광, (註 33), 299쪽).

76) 이에 대한 자세한 논의는, 오근식, 앞의 책, 106 – 111쪽 참조.

2. 사실혼관계에 있는 자

1) 의의

우리 민법 제812조는 혼인은 가족관계의 등록 등에 관한 법률에 정한 바에 의하여 신고함으로써 그 효력이 생긴다고 규정하여 법률혼주의를 채택하고 있다. 그러나 산재보험법은 그와 같은 신고가 없는 事實婚關係에 있는 자를 배우자로 인정하여 법률혼과 차별 없이 유족급여를 받을 수 있는 유족으로 인정하여 보호하고 있다.

事實婚이란 양 당사자 간에 혼인의 의사가 있고 사회적으로 정당시되는 실질적 혼인생활을 공공연하게 영위하고 있으면서도 그 형식적 요건인 혼인신고를 하지 않았기 때문에 법률혼으로 인정될 수 없는 부부관계를 말한다.[77] 혼인은 혼인성립에 장애가 될 사유가 없는 남녀 간에 혼인에 대한 합의가 있고, 또한 가족관계의 등록 등에 관한 법률에 의한 신고가 있어야 한다.[78] 그러므로 남녀 간에 혼인성립의 장애가 될 사유가 없고 혼인의 합의를 이루어 부부로서 공동생활을 하고 있어도 혼인신고가 되어있지 않은 때에는 법률상의 혼인으로 볼 수 없고, 사실혼관계로 남게 된다.[79]

---

77) 임정평, "사실혼 개념에 대한 재검토", 『민사법학의 제 문제(김용한교수 화갑기념)』, 박영사, 1990, 363쪽; 최한수, "사실혼관계에 대한 전반적 고찰", 『사법논집(제16집)』, 법원행정처, 1985, 272쪽; 이재강, "사실혼 배우자의 법적 지위", 『재판실무연구』 1998, 광주지방법원, 1999, 92쪽.

78) 이와 같이 혼인의 성립절차에 당사자 간의 합의와 신고를 필요로 하는 법률 구성은 우리나라와 일본밖에 없으며, 구미 제국 등에서는 擧式權者에 의하여 당사자 간의 실질적 혼인의사의 합치가 확인되고 거식에 의하여 혼인이 성립되므로 우리나라도 이와 같이 개선하는 것이 바람직하다는 견해도 있다(조미경, "가족법상의 법률행위의 특수성", 『법률행위론의 사적 전개와 과제(이호정 교수 화갑기념 논문집)』, 박영사, 2002, 352-353쪽 및 376쪽; 조미경, "혼인의사와 신고", 『가족법연구(제10호)』, 한국가족법학회, 1996, 60쪽 및 84쪽).

79) 고창현, "사실혼 해소의 법리", 『법학논총(제3권)』, 조선대학교 법학연구소, 1997, 23쪽.

사실혼은 장래 부부가 되자는 합의만 있고 부부공동생활의 실체를 가지지 않는 約婚과는 구별된다. 本妻가 있는 남자가 특정한 여자에게 생활비를 지급하면서 계속적으로 성적관계를 맺는 '妾關係'와도 다르고, 또한 사실혼은 공공연한 영속적 부부생활관계로서 비영속적인 결합이나 부부 공동생활의 실체가 없이 비밀히 정을 통할 뿐만 아니라 부부 공동생활체가 결여된 '私通關係'와도 다르다[80]. 사실혼은 사회적으로 정당시되는 一男一女의 결합관계이다.[81]

우리나라는 본래 사실혼주의를 취하였으나, 1923. 7. 1. 법률혼주의로 전환한 이래 사실혼 문제가 발생되었으며, 현행 민법 제812조도 법률혼주의를 취하기 때문에 우리의 習俗은 결혼식을 올린 후에 혼인신고를 하기에 사실혼 문제의 발생은 필연적이다.[82]

세계적인 입법추세로 보아도 유럽이나 영미국가에서 사실혼을 보호하고 있는 것이 현재의 실정이며, 사실혼 보호제도는 세계 각국 가족법 공통 관심사라고 볼 수 있다.[83]

일본의 勞災保險法 제16조의2도 사실혼 배우자를 유족으로 규정하고 있으며, 특히 1917년의 工場法 改正에서도 內緣의 妻를 遺族扶助의 수급권자에 포함시켰다.[84]

우리나라 산재보험법도 1970. 12. 31. 제1차 개정 때(법률 제2271호) 유족의 정의 규정을 명문화하면서 동법 제3조 제3항을 신설하여 사실혼관계에 있는 자를 배우자에 포함시켰고,[85] 사실혼관계에 있는 자는 배우자와 같은 수급순위로 다른 유족에 앞서 유족급여 수급권자로 인정하고 있다.[86] 일반적으로 산재보험의 수급

---

80) 김주수, 『친족·상속법』, 법문사, 1995, 229쪽.

81) 김혜숙, "사실혼에 관한 비교법적 연구"『박사학위논문』, 이화여자대학교 대학원, 1989. 5, 51쪽.

82) 양수산, 『친족상속법 ― 가족법 ― 』, 일신사, 1994, 306쪽; 고창현, 앞의 논문, 23쪽.

83) 한봉희, "사실혼 배우자의 법적지위", 『고시계(제387호)』, 국가고시학회, 1989, 94쪽.

84) 김교숙, "산재보상 법리에 관한 연구", 『박사학위논문』, 부산대학교 대학원 1988, 37쪽.

85) 노동부, 『산재보험 40년사』, 2004, 76쪽.

86) 춘천地判 2003. 11. 6. 2003구합1125.

권자로서 사실혼관계에 있는 배우자는 妻가 될 것이나 여자 근로자가 사망한 경우에는 사실혼관계의 男便도 배우자로서의 유족이 되어 수급권자가 된다.[87]

2) 다른 법령상의 규정

민법 제1000조의 상속 규정은 사실혼을 인정하지 않으나, 동법 제1057조의2는 특별 연고자에 대한 分與制度를 두고 있어, 사실혼관계에 있는 배우자나 사실상 養子가 特別緣故者에 대한 분여대상이 될 것이다.[88]

그리고 주택임대차보호법 제9조 제1항은 "주택임차인이 상속권자 없이 사망한 경우 그 주택에서 가정 공동생활을 하던 사실상의 혼인관계에 있는 자는 임차인의 권리와 의무를 승계한다"고 규정하고 있으며, 이 규정은 현행법에서 혈족주의의 예외를 규정한 것으로서,[89] 부부재산법상의 청산의 성질을 가지고 있다.[90]

근로기준법시행령 제44조 제1항 제1호, 선원법시행령 제29조 제1호, 공무원연금법 제3조 제1항 제2호 가목, 군인연금법 제3조 제1항 제4호 가목, 사립학교교직원연금법 제2조 제1항 제2호 가목, 국민연금법 제3조 제2항 등에서도 사실상 혼인관계에 있는 자를 배우자에 포함시키고 있다. 그러나 국민건강보험법은 사실상의 혼인관계에 있는 자에 대한 언급이 없다.

이와 같이 사회보험에서 특징적인 것은 배우자에 대하여, 법률혼만이 아니고 사실혼관계도 보호하고 있다.[91] 이는 사회보험법 분야에서는 법률적인 관계가 아

---

87) 大判 1998. 4. 10. 98두557(이 사건은 사실혼의 남편이 유족급여를 청구한 사건이었다).

88) 박병호, 앞의 책, 417쪽; 양수산, 앞의 책, 556쪽; 김숙자, "부양과 상속에 관한 비교법적 연구", 『사회과학논총(제11집)』, 명지대학교 사회과학연구소, 1996, 54쪽.

89) 최금숙, "현행 민법상 상속인 규정에 대한 재검토", 『가족법연구(제18권 제1호)』, 한국가족법학회, 2004, 89쪽.

90) 권순한, "상속법의 미래와 과제", 『가족법연구(제14호)』, 한국가족법학회, 2000, 381쪽.

91) 그러나 사실혼관계에 있는 자가 유족급여를 수령하게 보호하는 것은 민법 제3조의 반사회적 질서에 반하는 것으로 해석하여야 하며, 따라서 유족급여 수급권자의 범위는 민법을 준용하여 통일성을 기할 필요가 있다는 주장도 있다.(한경식, 앞의 논문, 53쪽).

니라 사실적이고 실질적인 사회관계를 중시하는 사회정책적인 표현이며,[92] 사회적으로 정당시되고 공공연히 부부생활을 영위하고 있지만 단지 혼인신고만을 하지 않았다고 하여 그 보호를 거부하는 것은 너무 가혹하고 정의와 형평의 관념에 맞지 않는다는 것이다.[93]

3) 重婚的 事實婚

重婚的 事實婚이란 '법률상의 혼인관계에 있는 배우자의 일방이 제3자와 사실상의 혼인관계에 들어간 경우의 당해 사실혼관계'를 말하며,[94] 그 관계가 사실혼이라고 할 수 있기 위해서는 실질적으로는 법률상의 부부관계와 하등 다를 바가 없는 정도의 것임을 요하고, 법률상의 혼인관계는 그 실질을 잃고 사실상의 이혼상태에 있을 것을 요한다.[95]

근로자의 사망 당시 그에 의하여 부양되고 있던 사실혼관계에 있던 배우자와 그 근로자와 別居하고 있던 법률상의 배우자가 있는 경우 누구를 산재보험법 제5조 제3호의 '유족'으로 보아 보험급여를 지급하여야 할지 문제이다. 이는 우리 민법 제810조가 重婚을 금지하고 있기 때문이다.

대법원은 사실상 배우자 외에 법률상 배우자가 따로 있는 경우에는 "법률상 부부가 별거상태에서 그 다른 한쪽이 제3자와 혼인의 의사로 실질적인 부부생활을 하고 있더라도 특별한 사정이 없는 한 사실혼으로 인정하여 법률혼에 준하는 보호를 할 수는 없다"[96]고 한다. 그러나 "법률상 배우자 사이에 이혼 의사가 합치되

---

92) 김광수, "사회보험 수급권과 재산권 보장", 『행정법연구(2000 하반기 제6호)』, 행정법이론실무연구회, 2000, 201쪽; 헌법재판소, 『사회보험법의 헌법적 문제에 관한 연구 (헌법재판연구 제11권)』, 2000, 187쪽.

93) 이재강, 앞의 논문, 110쪽.

94) 김려희 · 이정향, "사실혼에 관한 일고찰", 『법정연구(제3권)』, 효성여자대학교 법정연구소, 1997, 62쪽.

95) 최행식, "사실혼관계의 성립 여부와 그 해소에 따른 보호", 『판례월보(제325호)』, 판례월보사, 1997, 23쪽.

어 법률혼은 형식적으로만 존재하고 사실상 혼인관계가 해소되어 법률상 離婚이 있었던 것과 마찬가지로 볼 수 있는 등의 특별한 사정이 있는 경우에는 사실상 배우자는 공무원연금법의 유족으로 보호받을 수 있다"고 한다.[97] 사실상 이혼한 법률상의 妻와 부양받던 여자가 있는 경우 夫의 사망으로 인하여 지급되는 산재보험법상의 유족보상 일시금의 수급권자는 사망 당시 부양되고 있던 사실상 혼인관계에 있던 여자라는 판례[98]가 있으며, 이와 같은 '특별한 사정'은 실제적으로 법률상 혼인관계에 있는 쌍방의 이혼의사가 합치되었으나 서류상의 정리만을 게을리 한 것으로 보이는 경우[99]는 해당될 수 있을 것이다.

행정해석도 "비록 前妻와 이혼소송을 제기하였다고 하더라도 확정판결 이전까지는 同居女를 사실혼관계에 있는 자라고 할 수 없다"[100]고 하며, "호적상의 妻가 별거",[101] "무단가출",[102] 또는 "행방불명"[103]된 경우도 사실혼을 인정하지 않았다. 그러나 피재근로자의 호적상에 기재된 유족(사실상 이북거주자)에 대하여 법원으로부터 실종선고의 확정을 받고 동 선고 이후 二重婚의 문제가 발생하지 않았다면 越南 以後 사실혼관계에 있는 자를 동 급여 수급권자로 인정함이 타당할 것이라 하여 사실혼관계를 인정했다.[104]

일본의 경우 東京地判 1993. 5. 3.(判例タイムズ 859号, 129頁)은 혼인관계가 파탄하고 있는 경우는 호적상의 妻는 동법상의 '배우자'라고는 인정되지 않는다고 하여 사실혼 妻의 연금 수급권을 인정하였고,[105] 일본의 사회보험청의 通達에 의

---

96) 大判 2001. 4. 13. 2000다52943; 공무원연금법의 경우 大判 1993. 7. 27. 93누1497.

97) 大判 1993. 7. 27. 93누1497.

98) 大判 1977. 12. 27. 75다1098.

99) 서울행정법원, 『행정재판실무편람 : 자료집』, 2001, 354쪽.

100) 1996. 6. 21. 補償 6602 - 361.

101) 1969. 4. 18. 補償 4227.

102) 1976. 9. 9. 補償 1455. 6 - 16192; 1990. 8. 31. 災補 01254 - 12212; 1990. 12. 13. 災補 01254 - 17169; 1990. 12. 6. 災補 01354 - 16846.

103) 1976. 1. 13. 補償 1455. 6 - 497.

104) 1969. 2. 18. 補償 1787.

하면 이혼의사가 없더라도 10년 정도 별거를 계속하고 있으면 부부 공동생활이 실체를 잃는 것으로 인정하였다.[106]

국가유공자 등 예우 및 지원에 관한 법률 제5조 제1항 제1호는 배우자에 사실혼 배우자를 포함하되, "다만, 배우자 및 사실상의 배우자가 국가유공자와 혼인 또는 사실혼 후 당해 국가유공자외의 자와 사실혼 중에 있거나 있었던 경우를 제외한다"고 규정하여, 배우자 및 사실상의 배우자가 국가유공자와 혼인 또는 사실혼 이후의 중혼관계를 인정하지 아니하고 있다.

Ⅲ. 수급자격자로서의 혈족

1. 혈족으로서의 유족

血族이란 혈연관계 있는 자 상호간을 말하며 친족 개념에 있어서 중심이 된다. 혈족은 혈연 연락관계의 유무에 따라 自然血族과 法定血族으로 나눈다. 자연혈족이란 사실상 혈연의 연락이 있는 자로서 父系血族과 母系血族으로 구분된다. 법정혈족은 혈연관계가 없는 자 상호간에 법률상 혈족으로 인정되는 관계로서 入養의 경우가 해당된다.

혈족으로서 유족에 해당되는 자는 직계비속으로서의 자녀와 손, 직계존속으로서의 부모와 조부모, 그리고 방계혈족으로서의 형제자매가 있다. 이 중에서 배우자를 제외하고는 유족급여의 수급순위는 방계혈족보다는 직계혈족이 우선하며, 직계혈족 중에서도 近親이 우선하고, 近親중에서도 직계비속이 우선한다. 따라서

---

105) 法律時報 1995. 4. 15. 4月臨時增刊 『判例回顧と展望(通卷 第826号)』, 57頁(최행식, "사실혼보호의 한계 —중혼적 사실혼을 중심으로—", 『법학의 현대적 제 문제(덕암 김병대 교수 화갑기념 논문집)』, 대흥기획, 1999, 535-536쪽에서 재인용).

106) 최행식, "중혼적 사실혼의 법적 보호", 『가족법연구(제11호) : 칠송 김주수 선생 고희기념』, 한국가족법학회, 1997, 83쪽, 주1).

유족급여 또는 미지급보험급여를 받을 수 있는 유족의 수급자격 순위는 배우자를
제외하고는 자녀, 부모, 손, 조부모, 형제자매의 순서로 결정된다.

2. 母系血族의 포함여부

산재보험법상의 유족으로서의 혈족에 모계혈족의 포함 여부가 문제된다. 국민
건강보험법 제5조 제2항 제2호 및 동 제3호는 직계존속·직계비속에 배우자의 직
계존속 및 직계비속을 피부양자로 규정하고 있다.

국가배상법 제3조 제5항의 위자료 배상청구권자로서도 직계존속과 직계비속을
규정하고 있다.

공무원연금법 제30조 및 사립학교교직원연금법 제38조의 규정은 유족에 해당하
는 자가 없는 경우에 일정금액을 유족이 아닌 직계비속에게 지급하는 특례제도가
있다.

위의 경우 이외에는 직계존속·직계비속의 용어를 사용하지 않고 구체적으로
친족 명칭, 즉 子·父母·孫·祖父母와 같이 표현하고 있는 경우가 대부분이다.

1991년의 민법 개정 이전의 판례는 동일한 호적에 있는 피해자의 외조부에게
위자료 청구권을 인정하였고,[107] 미성년자의 후견인 순위(제932조)에 관하여 민법
의 각 규정에 있어서 직계혈족이란 특히 父系라는 제한이 없는 한 父系와 母系의
직계혈족을 다 포함하는 것[108]으로 보았다. 그러나 "민법 제1000조 제1항 제3호의
이른바 피상속인의 형제자매에 異父同母 姊妹關係에 있는 자는 재산상속에 있어
서 상속인이 될 수 있는 자매가 아니다"[109]라고 하였고, "재산상속에 관한 순위에
관한 규정에서 피상속인의 형제자매란 피상속인의 父系 傍系血族만을 의미한
다"[110]고 했었다.

---

107) 大判 1967. 12. 26. 67다2460.
108) 大判 1982. 1. 19. 81스25~29.
109) 大判 1975. 1. 14. 74다1503.

그러나 1991년의 민법 개정 이후의 판례는 "민법 제1000조 제1항 제3호 소정의 '피상속인의 형제자매'라 함은, 父系 및 母系의 형제자매를 모두 포함하는 것으로 해석하는 것이 상당하다"[111]고 한다. 그리고 '산재보험법 유족급여일시금 수급권자인 유족'의 범위에 포함되는 '형제자매'의 개념에는 민법상 혈족개념에 해당하는 형제자매에 해당하는 이상 부계의 형제자매뿐만 아니라 모계의 형제자매도 포함된다"[112]고 하였다.

1993년도의 행정해석은 "外祖母에게 유족급여를 지급할 수 없다[113]"고 하였다가, 1998년에 "異父同母 兄弟姉妹뿐만 아니라 外孫・外祖父母와 같은 모계혈족에 대해서도 유족의 범위에 포함시켜야 할 것"[114]이라고 변경하였다.

따라서 1991. 1. 13. 민법 개정 이후에는 모계의 혈족도 혈족에 포함됨에 더 이상의 논란은 없는 것으로 보이며, 산재보험법의 유족에도 당연히 모계혈족이 포함되는 것으로 본다.

3. 혈족으로서의 유족의 범위

1) 子女

① 의의

자녀는 사망 근로자의 배우자 다음 순으로 유족급여의 수급권자가 되며, 이는 미지급보험급여의 경우에도 동일하다. 산재보험법의 유족보상 일시금의 경우 자녀의 나이 제한은 없으며,[115] 미지급보험급여의 수급자격은 유족보상 일시금의 수급자격

---

110) 大判 1982. 1. 19. 81스25~29.

111) 大判 1997. 11. 28. 96다5421.

112) 大判 1997. 3. 25. 96다38933.

113) 1993. 6. 25. 災補 68607-616.

114) 1998. 3. 17. 補償 6602-198.

115) 日本 勞災保險法도 유족급부 일시금의 경우 자녀의 나이 제한은 없다(제16조의 7).

자에 따르므로, 이 역시 자녀의 나이에 제한은 없다. 자녀는 부모의 離婚 여부에 관계없이 수급권이 인정된다.116) 부모와 자녀관계의 확인은 가족관계등록부로 가능할 것이나, 외국인의 경우 외국인등록증명서로도 認知될 수 있을 것이다.117)

산재보험법에서는 유족으로 養子에 대하여 규정하지 않았으며, 근로기준법과 선원법도 이에 대한 규정이 없다. 그러나 산재보험법 제46조 제2항은 유족보상일시금의 수급권자의 수급순위에 있어서 實父母 및 實祖父母보다는 養父母 또는 養祖父母를 선순위로 규정하고 있음을 볼 때, 養子를 유족에서 제외할 수는 없을 것이다. 이는 養孫의 경우에도 마찬가지로 보아야 한다.

행정해석도 업무상 재해를 당한 이후에 三寸에게 入養된 경우에도 동 입양이 적법한 경우에는 유족급여 수급권자로 인정함이 타당하다고 한다.118) 1990. 1. 13. 개정 민법은 異姓養子로 戶主相續이 아닌 戶主承繼가 가능하게 되었고119), 2007. 5. 17. 개정 민법 제878조 제1항에 의하면 입양은 가족관계의 등록 등에 관한 법률에 정한 바에 의하여 신고함으로써 그 효력이 생기므로, 異姓養子라 하여 제외할 수는 없을 것이다. 그러나 사실상 입양의 경우에는 상속인으로 인정하지 않고 있음을 볼 때,120) 유족급여나 미지급보험급여의 경우에도 동일하게 적용된다고 보아야 할 것이다.

그리고 婚姻 外의 出生子121)의 경우도 認知請求에 의하여 親生關係가 확인되면

---

116) 1984. 3. 21. 災補 1458 · 7 – 7588.

117) 1947. 4. 9. 基收 제42호.

118) 2000. 11. 6. 補償 6601 – 1738.

119) 정범석, "양자 제도에 관한 소고",『법조(통권 제417호)』, 법조협회, 1991, 17쪽.

120) 大判 1984. 11. 27. 84다458; 최금숙, 앞의 논문, 109쪽.

121) "혼인 외의 출생자녀 문제는 인류사와 더불어 생성 · 발전하였으며, 소위 婚外子의 지위는 시대적, 사회적, 역사적 배경에 의해 다양하게 변천되었다. 원래 中世敎會法 語意學上 Illegitimus라는 표현이 발전되면서 오늘날 Illegitimacy로 사용되고 있다"고 한다(F. Wieacker, *Romische Rechtsgeschichte*, München 1988, SS. 19~36ff(임정평, "혼외자 지위의 비교법적 고찰",『가족법학논총(박병호 교수 환갑기념 I)』, 박영사, 1991, 341쪽에서 재인용).

수급권자가 될 수 있으며, 그 수급순위에 있어서 혼인 중의 자녀와 차별을 받지 않는 것으로 보아야 할 것이다.[122) 다만 사망한 피재근로자로부터 부양 여부에 따른 수급순위의 차별은 감수하여야 할 것이다.

행정해석도 遺子女가 호적에 등재되어 있지 않았다 하더라도 認知確認 및 출생 신고를 필한 후, 그 자녀에게 수급권을 인정하고 있었으며,[123) 叔父의 子로 등재되었으나 사실상 피재자의 자녀인 경우 친생자 확인 후에 유족급여를 청구할 수 있었다고 한다.[124) 사실혼관계의 자녀가 사망 근로자의 형의 호적에 등재된 경우에는 법원의 친생자 확인 절차를 거쳐 수급권자가 되었으며,[125) 수급권자가 無籍者로서 호적등본을 제출할 수 없을 때는 無戶籍證明을 첨부하여 보험급여 수급절차를 거쳤다.[126) 일본의 행정해석도 認知에 의한 부자관계가 아닌 자의 수급자격을 부인하고 있다.[127)

② 胎兒

가. 의의

산재보험법 제44조 제2항은 근로자 사망 당시 胎兒이던 자녀가 출생한 경우에는 출생한 때부터 장래에 향하여 그 근로자에 의하여 부양되고 있던 자인 것으로 보아 유족보상 연금 수급자격을 인정하고 있다. 그러나 유족보상 일시금의 경우에는 태아와 관련하여 아무런 규정이 없어 태아의 수급자격 인정 여부가 문제되며, 이는 일본 勞災保險法도 마찬가지이다.[128)

우리나라 민법 제3조는 "사람은 생존한 동안 권리와 의무의 주체가 된다"고 규

---

122) 이상광, 앞의 책, 89쪽.

123) 1971. 2. 7. 管理 1679.

124) 1990. 12. 6. 災補 01354 - 16846.

125) 1990. 12. 6. 災補 01254 - 16846.

126) 1976. 7. 20. 補償 1455.6 - 12530.

127) 1967. 4. 6. 基收 第42号.

128) 노재보험법 제16조의2 및 동 제16조의7 참조.

정하고 있다. 이에 의하면 모든 사람은 출생이라는 사실에 의하여 권리능력을 취득하며, 그 반대 해석의 결과 출생 전의 태아에게는 권리능력이 없고, 사람의 권리능력은 사망으로 인하여 소멸한다는 것을 알 수 있다.129)

태아는 受胎된 때부터 출생할 때까지의 사람으로130) 임신 후 분만 시까지의 생명체로서 어머니의 뱃속에 있는 태아는 원칙적으로 권리능력을 갖지 않는다.131)132) 그러므로 아직 인간으로서 출생 이전의 상태에 있는 하나의 생명체로서의 태아는 그 반대해석으로 母體의 일부에 불과하여 법적 인격자라 할 수 없다. 어느 시기를 출생으로 볼 것이냐는 태아가 사람이 되어서 권리능력을 취득하는 시기를 결정하는 데 있어서, 혹은 死産인지, 또는 살아서 출생한 후에 사망한 것인지 등을 결정하는 데 있어 매우 중요한 일이다.

형법에서는 동법 제251조의 영아살해죄 등을 근거로 규칙적인 진통을 수반하면

---

129) 이화숙, "태아의 법률상의 지위", 『채권법에 있어서 자유와 책임(김형배 교수 화갑기념 논문집)』, 박영사, 1994, 95쪽.

130) 김상용, "태아의 법률상의 지위", 『고시연구(제18권 제3호)』, 고시연구사, 1991, 124쪽.

131) 그러나, 생명의 헌법적 개념을 따를 때 아직 생리학적 생존으로서의 생명이 아닌 태아도 독립한 생존능력이 있다고 인정되는 한 생명권의 주체로서 생명권을 향유할 수 있다고 한다(강경근, 『헌법』, 법문사, 2002, 367쪽).

132) 한편 미국의 경우 1973년의 Roe v. Wade 판결<410 U.S. 113 (1973)>에서 연방대법원은 태아가 수정 헌법 제14조의 의미에서의 사람이며, 헌법상의 보호를 받는다는 태아권리 옹호론자들의 주장을 받아들이지 않았다. 동 법원은 생명이 언제 시작되는가에 대해서는 다양한 주장이 있을 수 있으며, 법원이 이를 평가할 것은 아니라고 보았다. 그러면서 태아는 수정헌법 제14조의 의미에서의 사람이라고는 볼 수 없으며, 다만 母의 자궁 외부에서 의미 있는 삶을 살아갈 생존능력을 가진 태아에 대해서는 주가 이를 보호할 필요불가피한 이익을 가진다고 결정하였다<Roe v. Wade, 410 U. S. at 157, 159 참조>. 1992년 Casey 판결<Planned Parenthood of Southeastern Pennsylvania v. Casey, 505 U. S. 833 (1992).> 에서 연방대법원은 여성이 태아가 생존능력을 갖기 전에는 낙태를 선택할 수 있는 권리를 가진다는 것을 재확인하였으나, 동시에 주는 임신의 전 기간동안 태아의 생명을 보호할 수 있다고 결정을 내렸다. 이렇게 볼 때 미 연방대법원은 태아 혹은 잠재적 생명에 대한 헌법상의 보호를 인정하고는 있으나, 출생한 인간과 동일한 정도의 보호를 제공하지는 않고 있다(최희경, "미국에서의 임산부의 행위에 대한 규제의 위헌성에 관한 소고", 『법학논총(제7권 제1호)』, 이화여자대학교 법학연구소, 2002, 6쪽).

서 태아의 분만이 개시된 때, 즉 분만을 개시하는 진통이 있을 때를 사람의 始期로 보는 진통설(분만개시설)이 통설133)이자 판례134)이다. 그러나 민법에서는 분만이 완성되어 태아가 母體로부터 완전히 분리되었을 때를 출생으로 보는 전부 노출설이 통설135)이자 판례136)이다.137)

　출생의 완료로서 권리능력을 인정하는 것은 그 증명이 용이하다는 점에 있지, 태아의 출생완료시까지 보호할 가치가 없어서가 아니다.138) 태아에게도 일정한 경우에는 권리능력을 인정하여 그 이익을 보호할 필요와 가치가 있다.139)

　우리나라 민법은 태아에게 불리한 경우가 생기는 것에 대비하여 일정한 경우에 태아의 이익을 보호하기 위해 태아를 이미 출생한 것으로 간주하여 권리능력을 예외적으로 인정하고 있다. 상속인과 피상속인은 이 세상에 동시에 존재하여야 한다는 이른바 同時存在原則에 입각하여 보면 태아는 상속인이 될 수 없지만, 민법은 태아를 출생한 것으로 擬制하여 동시존재원칙 및 출생에 따른 권리능력 취득의 원칙과 조화를 꾀하고 있다.140) 즉 불법행위에 의한 손해배상 청구권(제762조), 재산상속(제1000조 제3항), 遺贈(제1064조), 認知(제858조) 등의 사항에는 그 문제의 사건이 있으면 태아임에도 불구하고 자연인과 마찬가지로 권리능력이 있는 것으로 다룬다.141)

---

133) 이재상, 『형법각론(신정판)』, 박영사, 1996, 13～15쪽.

134) 大判 1981. 10. 12. 81도2621.

135) 권용우, 『민법총칙』, 법문사, 1996, 150쪽; 엄영진, "태아의 민법상의 지위", 『사법행정(제6권 제5호)』, 한국사법행정학회, 1965, 22쪽.

136) 大判 1976. 9. 14. 76다1365.

137) 김영규, "분만 중 태아가 사망한 경우의 손해배상액 산정", 『판례월보(제318호)』, 판례월보사, 1997, 14 - 15쪽.

138) 곽윤직, 『민법총칙』, 박영사, 1990, 139쪽.

139) 김상용, (註 130), 124쪽.

140) 김숙자, (註 88), 제55쪽.

141) 곽윤직, (註 138), 139쪽; 김형배, 앞의 책, 36쪽.

나. 다른 사회보험법상의 규정

공무원연금법 제3조 제1항 제2호 나목 및 동 라목, 사립학교교직원연금법 제2조 제1항 제2호 나목 및 동 라목, 군인연금법 제3조 제1항 제4호 나목 및 동 라목, 선원법시행령 제30조 제3항 등은 "사망 당시 태아를 이미 출생한 것으로 본다"고 규정하고 있다.

반면에 국민연금법 제3조 제3항은 "이 법에 의한 급여를 받을 권리를 취득할 당시의 가입자 또는 가입자이었던 자의 태아가 출생한 경우에는 이를 가입자 또는 가입자이었던 자에 의하여 생계를 유지하고 있던 자녀로 본다"고 규정하고 있다. 그럼에도 불구하고 동법 제48조 제1항 제2호의 加給年金額을 태아가 출생한 날이 속하는 달의 다음 달부터 지급한다는 견해[142]가 있으나, 이는 受胎된 때부터 소급하여 지급함이 입법취지에 타당할 것이다.

다. 태아의 법적 지위에 관한 학설

태아가 예외적 제한적으로 일정한 경우 이미 출생한 것으로 본다는 의미, 즉 태아의 권리능력의 취득시기에 관하여는 정지조건설과 해제조건설이 대립되고 있다.

㉮ 정지조건설

정지조건설은 태아가 출생하기 전에는 권리능력이 없고 살아서 출생하는 것을 정지조건으로 하여 권리능력의 효과가 불법행위시 또는 상속개시시 등 사건이 발생한 때에 소급해서 생긴다고 보는 것이다.[143] 이 설에 의하면 태아인 동안에는 권리능력이 없으므로 그를 보호할 법성대리인이 있을 수 없고 태아의 조건부 권리를 보존·관리할 수 없다. 그러므로 태아가 死産된 경우에는 원래부터 상속권이 없는 경우와 같고, 母體와 함께 사망한 경우에는 처음부터 손해배상 청구권이 없게 된다. 정지조건설은 타인에게 예측하지 못한 손해를 줄 염려가 없으며 법률관

---

142) 인경석, 앞의 책, 54－55쪽.
143) 이영준, 『민법총칙』, 1987, 790쪽; 김주수, 『민법총칙(제3판)』, 1989, 107－108쪽(김준호, 앞의 책, 52쪽에서 재인용).

계가 간명하다는 장점이 있다. 그러나 태아인 동안에는 권리능력이 인정되지 않으므로, 어떤 사정[144]으로 인해 이미 상속이 개시된 때에는 태아가 살아서 출생한 때 상속회복청구(제999조) 또는 분할 후의 被認知者 등의 청구권에 관한 규정인 민법 제1014조를 유추 적용하여 상속분에 상당한 가액의 지급을 청구할 수밖에 없다. 이 경우 만일 상속재산이 확보되어 있지 않으면 태아의 이익이 보호될 수 없는 경우가 있게 된다.[145] 이 설은 판례[146]의 입장이며 학설로서는 소수설이다.

ⓝ 해제조건설

해제조건설은 태아인 동안에도 출생한 것으로 보아 각 경우에 문제된 사실이 발생한 때로부터 제한적인 권리능력이 있으며 법정대리인도 존재할 수 있으나, 태아가 死産된 때에는 문제된 사실이 발생한 때로 소급하여 권리취득의 효과가 소멸하는 것으로 보는 견해로서 다수의 학자[147]가 지지하고 있다. 이 설에 의하면 태아로 있는 동안에도 법정대리인을 통하여 손해배상과 遺産 分割을 청구할 수 있으므로 태아의 이익이 보호되는 반면, 태아가 死産한 경우에는 이미 법정대리인이 행한 행위가 소급하여 무효가 되므로 타인에게 예측하지 못한 손해를 줄 염려가 있다.[148]

ⓓ 평가

태아의 법률적 지위에 관한 정지조건설과 해제조건설은 각각 장·단점을 갖고 있다. 일반적으로 출산율은 사산율에 비하여 압도적으로 높기 때문에 해제조건설

---

144) 태아의 출생을 기다릴 수 없을 정도로 급박한 경제적 사정으로 인해 상속재산을 처분하지 않으면 안 되는 경우에는 심판에 의해 상속재산을 분할할 수 있다(제1013조 제2항에 의한 제269조 준용의 결과).

145) 이화숙, 앞의 논문, 105－106쪽.

146) 大判 1976. 9. 14, 76다1365.

147) 이 설을 지지하는 학자는 곽윤직, (註 138), 142쪽; 김용한, 『민법총칙』, 1987, 97－98쪽; 장경학, 『민법총칙』, 1990, 181쪽; 김증한, 『민법총칙』, 1984, 74쪽 등이다.(이화숙, 앞의 논문, 106쪽, 주 40)에서 재인용).

148) 이화숙, 앞의 논문, 106쪽.

을 취함으로써 상대방이나 제3자에게 손해를 주는 경우란 아주 적다고 할 수 있다. 또한 태아가 살아서 출생한다는 것은 거의 확실하고, 현행법에서는 살아서 출생하기만 하면 당연히 권리를 취득할 수 있는 것이므로 상대방 또는 제3자보다는 태아 자신의 이익을 보호되어야 함으로 해제조건설이 타당하며, 입법론적으로는 가정법원의 감독하에 태아를 위한 상속재산 관리인제도를 두는 것이 태아의 보호에 보다 충실할 것이다.149)

독일 민법은 필요한 경우에는 태아의 장래의 권리를 보호하기 위하여 관리인(Pfleger)을 선임할 수 있도록 하고 있다(§§ 1912, 1913, 1960. BGB).150)

라. 태아의 법적 지위에 관한 외국의 입법례

㉮ 독일

독일 민법 제1조는 "사람의 권리능력은 출생의 완료로서 시작한다"고 규정하고 있다. Lange는 이 규정의 의미에 대해 모체로부터의 분리와 생명의 徵候, 즉 일순간이라도 살아 있어야 함을 요구하는 것이라 한다.151) 그러므로 태아는 권리능력이 없는 것이 원칙이라 할 수 있다. 그러나 상속권에 관하여 독일 민법 제1923조 제2항은 태아는 상속개시(피상속인의 사망 시)전에 이미 출생한 것으로 본다. 그렇다고 해서 태아인 중에 상속인, 즉 피상속인의 포괄적 승계자가 된다는 의미는 아니다.152) 예컨대 태아가 출생하기 전에 아버지가 사망한 후 태아가 살아서 출생하였다면 태아는 상속개시 시에 소급하여 상속권이 있는 것으로 되어, 제1조에 의해 출생과 동시에 상속인이 된다.153) 태아는 불법행위에 있어서노 보호된나. 우

---

149) 곽윤직, (註 138), 142쪽.

150) 곽윤직, (註 138), 142쪽.

151) Lange · Kohler, *BGB · Allgemeiner Teil,* 17. Aufl., S. 149(이화숙, 앞의 논문, 96쪽에서 재인용).

152) Larenz, A*llgemeiner Teil des deutschen Bűrgerlichen Rechts,* 7. Aufl., 1989, §5 II(이화숙, 앞의 논문, 96－97쪽에서 재인용).

153) 이화숙, 앞의 논문, 96－97쪽 참조.

선 부양의무자의 사망의 결과 부양청구를 상실하게 된 태아는 이미 출생한 것으로 본다(독일 민법 제844조 제2항). 예컨대 아버지가 태아의 출생 전에 교통사고로 사망한 경우에 태아는 출생과 동시에 가해자에 대하여 손해배상을 청구할 수 있다.154)155)

㉯ 영국

영국은 부모가 각각 유언서를 작성할 당시 미성년자에 대해서는 한 명 이상의 後見人을 임명하는데,156) 이때 이미 출생한 자녀뿐만 아니라 임명자(아버지인 경우에 문제될 것이다)의 사망 당시 태아인 경우에도 후견인을 임명하는 것이 보통이다. 대부분의 경우에 유언서에서 '나의 어린 자녀들의' 후견인이라는 표현과 함께 한 명 이상의 후견인을 임명하는 결과, 당연히 태아도 유언상 피후견인의 범주에 포함되게 된다. 부모가 각각 후견인을 임명하고 부모가 사망한 경우에는 그들 후견인들은 공동으로 피후견인의 보호자가 된다.157) 父가 유언 없이 사망한 경우에 상속재산관리법(Administration of Estate Act 1925) 제55조 제2항에 의해 태아는 이미 출생한 것으로 취급되며, 遺贈에 있어서도 태아는 이미 출생한 것으로 본다.158)

㉰ 미국

미국의 상속법에 있어서도 태아는 이미 출생한 것으로 본다.159) 대부분의 州에서

---

154) 이화숙, 앞의 논문, 98쪽 참조.

155) 산재보험법 제12조는 임신 중 姙産母의 산재보험 적용 사례 발생으로 인한 태아의 건강 손상도 산재보험 적용 사례이며, 이 한도 내에서는 태아는 피보험자와 동등하다고 규정하고 있다.

156) 미성년자후견법(Guardianship of Minors Act 1971) 제4조, 제3조.

157) Parry and Clark, *The Law of Succession*, ged., 1983, p. 7(이화숙, 앞의 논문, 99쪽에서 재인용).

158) 서희원, 『영미법 강의』, 박영사, 2002, 174쪽, 주2).

159) 예컨대, Illinois Probate Act of 1975, 5/2 - 3, 5/4 - 10 등 대부분의 州法에서 같은 취지의 원칙을 규정하고 있다.

만일 부모가 유언으로 子 또는 태아에 대한 언급이 없는 경우에는 고의로 언급하지
않음이 명백한 경우를 제외하면 법정 상속분을 청구할 수 있다.160) 일리노이
(Illinois)州法은 유언서 작성 후 태어난 자녀를 위한 언급이 유언서에 없거나 또는
유언자가 고의로 子의 상속을 배제하는 유언서를 작성한 경우가 아니라면, 子는 유
언자가 유언없이 사망한 경우와 같은 비율로 상속권을 갖는다고 규정하고 있다.161)
생명침해로 인한 손해배상 청구에 있어 태아는 이미 출생한 것으로 본다. 따라서
父가 불법행위로 인하여 사망한 경우에 태아는 손해배상 청구권이 있다.162)

    ㉣ 프랑스

  프랑스 민법상 상속인은 상속개시 당시 반드시 생존해 있을 것을 요구한다(C.
C. 제725조 제1항). 그러나 태아는 프랑스 민법 제725조 제2항 제1호에 의해 이미
출생한 것으로 보며, 제906조 제2항에 의해 遺贈에 있어서도 태아는 이미 출생한
것으로 본다. 상속 및 유증에 있어 태아의 권리능력이 인정되나 상속개시 당시에
胞胎되지 아니한 자는 상속권이 없다.163) 프랑스 민법 제1382조는 타인에게 손해
를 주는 모든 인간의 행위는 그 과실로 인하여 손해를 생기게 한 경우에는 그 손
해를 배상할 의무가 있음을 규정하고 있다. 이에 따라 피해자 본인이 상해를 입
은 후 사망한 경우에는 피해자 본인의 손해배상 청구권이 발생하고, 그 상속도
인정되므로 프랑스 민법 제725조 제2항에 의해 태아는 아버지의 생명침해로 인한
손해배상 청구권을 상속한다.164)

160) Frank G. Opton, "Decedent's Estates", *Wills and Trusts in the U. S. A.*, 1987, pp.58‑59
(이화숙, 앞의 논문, 102‑103쪽에서 재인용).
161) Sheldon F. Kurtz, *Family Estate Planning Problems*, Cases and other Materials, 1982, p.
183(이화숙, 앞의 논문, 103쪽에서 재인용).
162) Dan B. Dobbs, Torts and Compensation, 1985, pp. 385‑386(이화숙, 앞의 논문, 103‑104
쪽에서 재인용).
163) Ferid Sonnenberger, Das Französische Zivilrecht, S. 473(이화숙, 앞의 논문, 104‑105쪽에
서 재인용).
164) 이화숙, 앞의 논문, 104‑105쪽.

마. 태아의 보험급여 수급자격 여부

　㉮ 학설

우리나라 산재보험법은 유족보상 연금의 경우에도 동법 제45조 제2항은 제한적으로 근로자 사망 당시 태아이던 자녀가 출생한 경우 장래에 대하여 수급자격을 인정하고 있다. 태아인 상태에서는 수급자격을 인정하지 않고 태아가 출생한 경우 장래에 대하여 유족보상 연금 수급자격을 준다는 것이다.

유족보상 일시금의 경우는 태아에 대하여 명시적으로 수급자격을 인정하지 않고 있어 수급권을 인정할 수 없다[165)는 것이다.

　㉯ 비판

다른 사회보험법은 태아의 법적 지위를 인정하여 "이미 출생한 것으로 본다"고 규정하고 있다. 그러나 산재보험법의 엄격한 해석상 태아는 유족보상 연금의 경우에는 출생한 이후부터 수급자격이 있으며, 유족보상 일시금의 경우에는 근로자 사망 당시를 기준으로 판단하므로 태아의 수급자격을 부인할 수밖에 없을 것이다. 이와 같은 법리의 적용은 다음과 같은 문제가 있다.

첫째, 胎兒가 생물학적 독립성이나 행위능력이 없다고 하여 존엄권의 향유자가 될 수 없다고 할 수는 없다. 존엄권의 향유능력이 이 권리를 사실적으로 행사할 자율적 능력을 꼭 전제로 하지는 않기 때문이다.[166) 따라서 태아가 헌법상으로는 원칙적으로 생명권의 주체가 되어[167) 인간의 존엄과 가치가 인정됨은 인간의 생명은 受胎의 순간부터 시작되며 그 이후에는 본질의 불변이기 때문이다.[168) 그럼

---

165) 김수복, 『산업재해보상보험법』, 중앙경제사, 1991, 519 쪽; 이상국, 『산업재해보상보험법』, (주)청암미디어, 2001, 754쪽.

166) 계희열, "헌법상 인간의 존엄과 가치", 『법학논집(제32집)』, 고려대학교 법학연구소, 1996, 324쪽.

167) 계희열, "기본권의 주체", 『고시연구(통권 제260호)』, 고시연구사, 1995, 50쪽; 김병곤, "인간의 존엄의 기본권 해석 원리로서의 기능 ― 독일 연방헌법재판소의 판례를 중심으로 ―", 『동아법학(제15호)』, 동아대학교 법학연구소, 1993, 174쪽.

168) 권영성, 앞의 책, 297쪽.

에도 불구하고 산재보험법이 태아에 대한 보호를 하지 않는 것은 헌법상의 기본권인 생존권 침해의 문제가 될 수 있다.

둘째, 민법도 태아의 보호성이 존재하는 한 그 보호의 필요성을 인정하여, 태아에게 상속은 물론 손해배상 청구권을 인정하고 있다(제762조). 산재보험법의 법적 성질에 손해배상적 성격을 부인하기도 어려운 것인데 오히려 특별법인 산재보험법은 태아의 손해배상적 청구권을 부정하여 생존권 보장을 이념으로 하는 사회보험법의 입법 목적이 무색해진다.

셋째, 산재보험법이 태아의 수급자격을 인정하지 않아도, 태아가 출생하면 근로자의 업무상 사망에 대한 손해배상 청구권과 그 상속은 부정될 수 없으며, 이 경우 태아만이 유일한 유족이 되는 때에는 유족급여는 지급되지 않아도 사용자는 손해배상 책임은 면할 수 없어 사용자에게 이중부담을 주게 된다.

넷째, 유족보상 연금의 경우 태아는 출생 이후부터 수급권을 인정하나, 유족보상 일시금의 경우에는 근로자 사망 당시를 기준으로 수급순위를 정하기 때문에 태아에게 수급권을 인정하지 않는 것이 된다. 근로자의 업무상 사망이라는 동일한 사유에 의한 보험급여를 지급하면서 지급방법이 연금이냐 일시금이냐에 따라 태아의 수급자격이 달라지는 것은 부당하다. 물론 피재근로자의 자녀인 태아의 경우 피재근로자의 배우자가 선순위 수급자격자이며, 다른 경우에도 수급권이 태아 이외의 다른 유족이 수급권자가 될 수 있으므로 그 보호의 필요성이 덜하다고 할 수 있을지 모른다. 그러나 근로자 사망 당시 태아만이 유일한 유족이 되는 경우 예컨대, 근로자 사망 당시 遺服孫(胎兒)만이 있는 경우 며느리는 수급권이 없으므로, 이 경우 태아의 수급자격을 인정하지 아니하면 유족급여는 지급될 수 없어 피부양 이익을 상실하게 되는 불합리한 결과를 초래하게 된다.169)

---

169) 이 경우 사용자의 경영사정 악화로 태아에게 근로자의 업무상 재해에 대한 손해배상의 능력도 없는 경우 이에 대한 보호의 필요성은 더욱 절실할 것이다.

2) 父母

① 의의

부모는 사망 근로자의 배우자, 자녀 다음 순으로 유족급여 수급권자가 되며, 미지급보험급여의 경우도 동일하다. 산재보험법에서 부모는 자연혈족 관계로 사망으로 종료할 뿐, 법정혈족관계의 성립으로 아무런 영향을 받지 않는다. 親生母와의 친족관계는 父와의 혼인신고 여부와 관계없이 인정되고,[170] 부모 간에 이혼이 확정되고 母가 행방불명된 경우에도 민법상의 실종선고가 없는 한 父와 동일한 母의 유족급여의 청구권을 부정할 수는 없으며[171], 母의 移民,[172], 가족관계등록부상의 등재와 관계없이 수급권을 인정하여야 한다.[173]

산재보험법은 유족을 결정함에 있어 養父母를 부모에 포함하고 있다. 공무원연금법 제3조 제1항 제2호 다목, 사립학교교직원연금법 제2조 제1항 제2호 다목, 군인연금법 제3조 제1항 제4호 다목 등은 "퇴직일 이후에 입양한 부모"를 유족에서 제외하고 있어, 퇴직일 이전에 입양된 부모만 유족으로 인정하고 있다. 국민연금법 제75조 제1항 제3호는 罷養을 유족연금 수급권의 소멸 사유로 규정하고 있어 양부모를 당연히 부모에 포함하고 있는 것으로 보인다.

양부모라도 사실상 생계를 같이 하였으나, 入籍되지 않은 養母는 수급권자로 인정되지 않으나,[174] 근로자의 업무상 재해 이후 사망 전에 삼촌에게 입양된 경우는 양부모로 인정된다.[175]

---

170) 1975. 11. 24. 法務 811 – 16988; 1995. 10. 4. 補償 6602 – 306; 정귀호, "민법상 혈족의 정의와 친족의 범위", 『사법논집(제13집)』, 법원행정처, 1983, 245쪽.

171) 1988. 3. 17. 災補 32540 – 4068.

172) 1981. 2. 13. 法務 811 – 4598.

173) 大判 1989. 7. 1. 88누10565; 1975. 11. 24. 法務 811 – 16988; 김교창, "산업재해보상보험법상의 母", 『인권과 정의(제162호)』, 대한변호사협회, 1990, 121쪽; 헌법재판소, 앞의 책, 328쪽.

174) 1983. 4. 28. 補償 1458 · 7 – 10880.

175) 2000. 11. 6. 補償 6601 – 1738.

② 繼母子 및 嫡母庶子의 문제

가. 의의

繼母子關係란 子의 父가 子의 母 아닌 다른 여자와 혼인함으로써 그 여자(繼母)와 前妻의 출생자 사이에 그들의 의사와 관계없이 당연히 발생하는 법정 모자관계를 말하였다.

嫡母庶子關係란 父의 認知를 받은 婚姻 外의 출생자와 父의 妻 사이에 그들의 의사에 의하지 아니하고 당연히 발생하는 법정 모자관계로서, 일종의 계모자 관계로 볼 수 있겠지만 그것보다 훨씬 父權父系 중심적인 색채가 농후하였다.[176)]

1990. 1. 13. 개정 이전 민법 제773조와 제774조는 계모자 관계와 적모서자 관계를 법정혈족으로서의 모자관계를 인정하였다. 그러나 이 제도는 1990. 1. 13. 민법의 개정에 의하여 폐지되어, 계모자에 대한 親權은 개정 민법 시행일인 1991. 1. 1. 이후부터 소멸되었고,[177)] 현행법은 이들을 姻戚 1촌의 관계로 보고 있으며, 2005. 3. 31. 개정법에서는 생계를 같이 하는 경우에는 家族에 포함된다.[178)]

계모자, 적모서자 사이가 인척관계로 전환됨에 따라 구 법상 이들에게 인정되었던 신분행위에 대한 同意權과 親權, 相續權 등은 인정되지 않는다. 그러므로 繼子나 庶子는 繼母, 嫡母의 遺産에 대한 상속권이 없으며, 계모, 적모의 유산은 자기의 親子나 親族에게 상속된다.[179)]

다른 사회보험법의 경우 특별히 계모자관계를 명시한 것은 유일하게 국민건강보험법이다. 동법시행규칙 제2조 제1항 [별표 1]의 피부양자 자격의 인정기준에

---

176) 이경희, "개정 민법상 친족의 법위에 관한 일고찰", 『한국 민사법학의 현대적 전개(연람 배경숙교수 화갑기념문집)』, 박영사, 1991, 77쪽.

177) 大判 1991. 10. 11. 91다24083.

178) 그러나 가족의 범위에 포함되는 경우에도 이에 상응하는 법적 효과가 부여되지 않아 가족 공동체라는 상징적 의미가 부여되는 데에 불과하다는 비판이 있다(이은영, "호주제폐지 및 기타 가족법 개정사항에 관한 연구(Ⅰ)", 『고시계(2005. 5)』, 고시계사, 2005, 13쪽).

179) 김성숙, 앞의 논문, 115-116쪽.

의하면, 직장 가입자와 동거하는 "繼父와 繼母의 경우 繼父 · 繼母의 직계비속이 없거나, 繼父 · 繼母의 직계비속이 있어도(결혼한 딸 제외) 보수 또는 소득이 없는 경우"에 피부양자로 인정하고 있다.

나. 계모자 및 적모서자 간의 수급자격 여부

산재보험법에서는 유족급여의 수급권자로서 단순히 '부모 · 자녀'라고만 규정하고 있어 민법 개정 이후의 계모자와 적모서자 간에 유족급여 수급권을 인정할 것인가가 문제이다.

㉮ 판례 및 행정해석

1990. 1. 13. 민법 개정 이전의 판례는 계모의 살해를 존속살인죄를 적용하였고,[180] 상속인의 지위도 인정하였으며,[181] 행정해석도 계모자 간의 경우 "피재근로자의 生母 및 父가 사망한 경우 繼母가 피재자와 생계를 같이 하였을 때에는 형제자매에 우선하여 수급권을 인정"[182]하였다. 嫡母庶子의 경우도 "호적상의 모(嫡母)가 改嫁한 경우 수급권도 상실한다."[183]고 하여 改嫁 전까지는 수급권을 인정하였다. 또한 '호적상의 모(嫡母)가 행방불명이 명확히 증명되면, 生母에게 유족급여 수급권을 인정함이 타당하다'[184]고 하여 生母보다 호적상의 母를 우대하였다.

그러나 1990. 1. 13. 민법 개정 이후의 행정해석은 繼母를 수급권자로 볼 수 없다고 하였으며,[185] 국민연금법도 繼母에게 수급자격을 부인하고 있다.[186] 그러나 자동차종합보험약관의 가족운전자 한정운전 약관의 피보험자의 부모에는 繼母도

---

180) 서울高判 1975. 5. 27. 75노334.
181) 大判 1993. 9. 28. 93다6553.
182) 1971. 4. 21. 管理 4261.
183) 1986. 1. 18. 補償 32540 - 754.
184) 1970. 3. 9. 補償 2329.
185) 1996. 1. 19. 補償 6602 - 35(근로복지공단, 『산재보험질의회시집(재해보상편)』, 1999, 255 - 256쪽).
186) 서울高判 1998. 11. 27. 97구52518(인경석, 앞의 책, 292쪽).

포함되는 것으로 풀이하는 것은 타당하다는 판례[187]가 있다.

ⓝ 외국의 경우

중국 상속법(1985년)은 부양관계 있는 繼父母와 繼子女는 상속인에 포함하고 있으며,[188] 독일도 1997. 1. 1. 개정·공포되어 시행된 산재보험법 제69조는 사망자의 繼父母가 유족연금을 지급받을 수 있음을 규정하고 있다.[189]

ⓓ 사견

繼父母子와 嫡母庶子 간의 경우에 상속권을 인정하지 않는 것은 너무 혈연주의에 치중한 것으로 현실적인 가정생활의 변화를 도외시한 것이라는 비판이 있으나,[190] 현행법상 유족은 배우자와 2촌 이내의 혈족으로 한정되어 있으며, 계부모자 간 및 적모서자 간에도 수급자격을 인정한다면, 다른 1촌의 姻戚 간, 예컨대 시부모와 며느리 간, 사위와 처부모 간 등도 계부모자 간과 적모서자 간과 하등의 차이가 없으므로 유족급여 수급권을 인정하여야 하지 않을 수 없으므로, 血族이 아닌 姻戚에게까지 수급권을 인정하기는 어려울 것이다.[191]

3) 孫

근로자 사망 당시 그에 의하여 부양되던 孫도 18세 미만이거나, 또는 장해등급 3급 이상의 孫은 나이에 제한 없이 유족급여 연금 수급자격이 있다. 유족보상 일시금의 경우에도 선순위 수급권자가 없으면 수급권자가 될 수 있으며, 미지급보험급여의 수급자격도 있다.

---

187) 大判 1997. 2. 28. 96다53857.

188) 최금숙, 앞의 논문, 85쪽, 주13) 및 93쪽, 주17); 김숙자, "중국의 상속법에 관한 소고", 『인권과 정의(제 245호)』, 대한변호사회, 1997, 66쪽.

189) 근로복지공단, 『독일 산재보험법』, 1997, 68-74쪽; 이현주 외 5인, 앞의 책, 311쪽.

190) 최금숙, 앞의 논문, 107-108쪽.

191) 황운희, "산재보험급여 수급권자의 결정에 관한 소고", 『한국 산업사회의 현황과 과제(한국공인노무사회 창립10주년 기념논문집)』, 한국공인노무사회, 1996, 205쪽.

수급권자에 養孫이 포함되느냐는 養子의 경우와 동일하게 해석하여야 할 것이며, 異姓養孫이라 하여 수급권을 부인할 수도 없을 것이다. 그리고 孫의 경우 親孫이나 外孫의 구분 없이 수급권을 인정하고 있다.

4) 祖父母

조부모는 배우자·자녀·부모·손 다음 순으로 유족급여 수급권자가 될 수 있는 유족이다. 조부모에는 외조부모도 포함된다.

유족보상 일시금의 경우 수급권의 순위를 결정함에 있어 근로자 사망 당시 그에 의하여 양조부모와 실조부모가 같이 부양되고 있던 경우에는, 양부모의 부모를 선순위로 하고, 실부모의 부모를 후순위로, 부모의 양부모를 선순위로 하며 실부모를 후순위로 한다.[192] 이는 미지급보험급여의 경우에도 동일하다.(동법 시행령 제46조)

공무원연금법 제3조 제1항 제2호 마목, 사립학교교직원연금법 제2조 제1항 제2호 마목, 군인연금법 제3조 제1항 제4호 마목 등은 '퇴직일 이후에 입양한 양조부모'를 유족에서 제외하고 있으나, 퇴직일 이전에 입양된 양조부모는 유족으로 인정하고 있다. 국민연금법 제75조 제1항 제3호는 파양을 유족연금 수급권의 소멸 사유로 규정하고 있어 양조부모도 양부모와 같이 부모에 포함하고 있는 것으로 보인다.

5) 兄弟姉妹

형제자매는 마지막 순위의 유족으로서 유족급여 수급권자가 될 수 있으며, 이는 미지급보험급여의 경우에도 동일하다. 유족보상 연금의 경우 피재근로자로부터의 부양관계를 요구하며, 나이의 제한 또는 신체장해 등을 요구하나, 유족보상 일시금의 수급자격에 있어서는 부양 여부에 따라 수급순위의 차등은 있어도, 나이나 신체장해를 요구하지는 않는다.

다른 선순위 수급권자 없는 경우 출가한 누이가 수급권자가 된다.[193] 입양한 자

---

192) 산재보험법 제46조 제2항, 근로기준법시행령 제44조 제2항, 선원법시행령 제30조 제1항.

와의 형제자매는 물론 他家에 입양한 형제자매도 本家의 형제자매와의 관계는 지속된다.[194] 형제자매의 경우 父系의 형제자매뿐만 아니라 母系의 형제자매도 포함되며, 다른 선순위 수급권자가 없는 경우 입양된 형제자매와 출가한 형제자매는 다 같이 피재자로부터 부양받지 않았다면 같은 순위의 수급권자가 된다.[195] 男妹가 孤兒로서 부모를 알 수 없는 자가 법원의 허가를 얻어 一家를 창립한 경우도 호적에 기재된 사항은 일응 진실에 부합하는 것이라는 추정을 받는다 할 것이나, 그 기재에 반하는 증거가 있거나, 그 기재가 진실이 아니라고 볼만한 특별한 사정이 있는 때에는 그 추정을 번복할 수 있으므로[196] 유족으로서의 형제자매에 해당한다.[197] 그러나 義兄弟는 법원으로부터 상속재산 관리인으로 선임되었어도 유족이 될 수는 없다.[198]

Ⅳ. 유족이 없는 경우

1. 유족급여의 경우

사망 근로자의 배우자 · 자녀 · 부모 · 손 · 조부모 · 형제자매를 제외하고는 유족급여의 수급권자가 될 수 없으며, 이와 같은 유족이 없으면 유족급여는 지급되지 아니한다. 이는 입법자가 보험급여 수급권의 사회적인 의미를 고려하여 그 내용

---

193) 1971. 7. 27. 管理 7835; 1981. 5. 4. 補償 1458 · 7 - 13839.

194) 同旨; 1948. 2. 13. 基災收 第20号.

195) 1988. 2. 10. 災補 32546 - 2072.

196) 大判 1994. 6. 10. 94다1883; 1987. 2. 24. 86므119.

197) 대구高判 1998. 6. 11. 98누176. 그러나 산업재해보상보험심사위원회 裁決은 이를 인정하지 않았다.(산업재해보상보험심사위원회, 1998. 4 .24. 裁決 98 - 425호<산업재해보상보험심사위원회, 『98 산재보험재심사재결사례집』, 1999, 424 - 427쪽>).

198) 산업재해보상보험심사위원회, 1999. 4. 29, 裁決 99 - 450호.(산업재해보상보험심사위원회, 『99산재보험재심사재결사례집』, 2000, 469 - 473쪽).

을 형성한 것으로 입법재량의 범위 아래에 둔 것이라 할 것이다.[199]

유족이 아닌 이화여대 총장[200]이나, 조카[201], 인척관계도 없는 자 및 단순한 동거녀[202] 등이 사망한 근로자로부터 유언으로 유족급여 수급권을 지정받았어도 수급권자가 될 수 없다. 叔父가 사실상 피재근로자를 양육하였다 할지라도 호적상 법적 養父로 되어 있지 않는 한 유족급여의 수급권자가 될 수 없으며,[203] 義兄弟,[204] 四寸[205]이 법원의 심판을 받아 손해배상금 청구 및 산재보험금 수령 관리인으로 선정되었어도 수급권자로 인정될 수는 없다.

공무원연금법 제30조, 사립학교교직원연금법 제38조 등은 급여를 지급할 사망자의 유족이 없는 경우에 사망 근로자를 위한 분묘 등의 기념사업을 위해 사용하는 특례 규정이 있다. 산재보험법도 이와 같은 특례 규정의 도입을 검토할 필요성이 있을 것이다. 공무원과 사립학교교직원의 경우 본인 부담의 기여금이 있고 산재보험은 근로자 본인의 부담금 없이 사업주들이 전액 납부한 재원이기는 하나, 근로자가 업무상 재해로 사망하였으나 유족이 없다하여 유족급여가 전혀 지급되지 않고 유족급여에 상당하는 금액이 산재보험 재정에 적립되면 보험가입자인 전체 사업주의 부담은 경감될 수 있겠지만, 이는 유족없는 외로운 근로자의 사망으로 사업주의 부담경감을 초래하였다는 비난을 면할 수 없을 것이다.

2. 미지급보험급여의 경우

산재보험법 제53조의 규정에 의한 미지급보험급여를 받을 유족이 없으면, 그

---

199) 헌법재판소, 앞의 책, 329쪽.
200) 1974. 10. 21. 補償 14429.
201) 大判 1992. 5. 12. 92누923. 산업재해보상보험심사위원회, 1991. 4. 22, 裁決 91 – 116호.
202) 1993. 6. 9. 災補 68607 – 565.
203) 1968. 8. 10. 補償 7653.
204) 산업재해보상보험심사위원회, 1999. 4. 29, 裁決 99 – 450호.
205) 1983. 12. 2. 보상 1458. 7 – 29784.

사망한 수급권자에게 지급되지 못한 미지급보험급여는 유족이 아닌 상속인, 즉 직계비속으로서의 증손자녀, 직계존속으로서의 증조부모, 방계의 혈족으로서의 3촌, 그리고 4촌인 상속인들에게 지급되어야 할 것이다. 그리고 이들 상속인도 없는 경우에는 보험관리 주체에 귀속되어야 할 것이다.

V. 수급자격의 결격

1. 의의

국민연금법 제84조는 "가입자 또는 가입자이었던 자를 고의로 사망하게 한 유족, 유족연금의 수급권자로 될 수 있는 자를 고의로 사망하게 한 유족, 유족연금의 수급권자가 다른 수급권자를 고의로 사망하게 한 수급권자에게는 유족연금을 지급하지 아니 한다"고 규정하고 있다.

그리고 공무원연금법 제62조 제2항, 군인연금법 제34조 제2항 및 사립학교교직원연금법 제42조 등도 그와 같은 규정을 두고 있다.

민법 제1004조도 상속인이 될 자가 상속인의 결격사유에 해당하는 경우 상속인 자격을 박탈하고 있다. 그러나 산재보험법은 이와 같은 규정이 없다.

2. 외국의 입법례

일본의 勞災保險法 제16조의9도 근로자를 고의로 사망하게 하거나, 근로자의 사망 전에 당해 근로자의 사망으로 유족보상 연금을 받을 수 있는 선순위 또는 동순위의 유족이 되어야할 자를 고의로 사망하게 한 자는 유족급여 수급자격을 박탈하고 있다. 이는 근로자나 다른 유족을 고의로 사망하게 하는 경우 유족보상 급부의 수급자격으로부터 배제하고자 하는 것이며, 이 규정의 취지에 따라 미지급 보험급부의 청구권자가 되는 것도 불가능하다.[206) 그리고 독일 산재보험법 제 101조 (1)은 "피보험자의 사망을 고의로 야기한 사람은 보험급여 청구권이 없다" 고 규정하고 있다.

3. 판례

우리나라는 산재보험급여 수급자격의 결격제도가 없어 이와 관련한 직접적인 판례는 없으나, 근로자로부터 부양을 받던 선순위 수급권자가 후순위 수급권자의 고의적인 행위에 의하여 현실적으로 부양을 받지 못하게 된 경우에는 비록 후순 위 수급권자가 근로자의 사망 당시 그로부터 현실적으로 부양을 받고 있었다고 하더라도 유족급여의 수급권자는 여전히 원래 부양을 받고 있던 선순위 수급권자 라고 본[207) 사례가 있다.

4. 사견

보험급여 수급권과 관련하여 유족들 간의 다툼이 있을 수 있으며, 그 다툼은 최악의 경우 반인륜적인 모습으로 발전할 수도 있다. 산재보험법은 업무상 재해 의 사후 보상제도에 그 초점이 맞추어져 있으나, 유족들 간에 반인륜적인 행동이 있는 경우 그 수급자격을 박탈하는 제도를 두어 그러한 다툼을 사전에 예방할 필 요성이 있다.

---

206) 勞働省勞働基準局 勞災管理課, 『(三訂新版) 勞働者災害補償保險法』, 勞務行政研究所, 1992, 428頁.
207) 大判 2001. 2. 23. 2000두8646.

제2절 민법의 상속인과의 비교

Ⅰ. 민법의 상속제도

相續(Succession)이라 함은 일정한 친족적 신분관계를 가지는 자의 일방이 사망하였을 때 다른 일방이 그 사망한 자의 재산상의 지위 또는 권리·의무를 승계하는 것이다.

민법에서의 상속은 과거에는 재산상속, 제사상속, 호주상속이 인정되었으며,[208] 이러한 신분상속 제도는 사회의 변천에 따라 폐지되어 오늘날은 재산 상속만이 존재하고 있으나,[209] 제사상속이거나 신분상속의 경우에도 재산상속은 언제나 그것에 수반된 것이었다.[210]

우리나라도 제사상속은 1933. 3. 3. 조선고등법원의 판결에 의하여 법제도에서 관습상의 제도로 변화되었고, 1990년 민법 개정으로 호주상속은 없어지고 친족법상의

---

208) 이러한 신분상속은 고대에 있어서는 동서를 막론하고 존재하였던 제도로서, 그리스와 로마의 고대 법률에서는 제사를 동반하지 않고 재산을 얻는 다는 것이 불가능하였고, 인도에서도 상속인은 누구나 묘에 공물을 바칠 의무가 있었다고 한다.(김주수, "우리나라 상속제도의 특질", 『사법행정(제14권 제12호)』, 한국사법행정학회, 1973년, 49쪽).

209) 상속의 역사적 변천에 관하여 제1기 제사상속, 제2기 신분상속, 제3기 재산상속의 3단계로 나누어 상속법의 목적은, 제1기(고대)에 있어서는 원시사회의 기준인 조상제사를 주재하는 자의 순서를 정하는 것이고, 제2기(중세)에 있어서는 봉건사회의 기준인 가족제도의 윤리를 위하여 前家長의 신분을 계승하는 것이 안목이며, 제3기(근세)에 있어서는 종래 家長 이외에는 인정되지 않았던 재산소유가 모든 사람에게 인정되는 결과로서 유산을 계승하는 것만이 상속의 목적이 되었다고 말하고 있다.(N. Hozumi, *Ancestor-Worship and Japanese Law*, 4th ed., 1938, p. 163: 김주수, (註 208), 49쪽에서 재인용).

210) 제1기에서는 司祭者인 상속인이 死者의 재산을 제사의 자료로서 계승하고, 제2기에 있어서는 재산은 家産이고 家長인 신분에 종속하므로 家長인 신분을 상속한 자가 가산인 재산을 합하여 계승한 것으로서 재산상속을 동반하지 않는 상속은 존재하지 않았다.[Fustel de Conlanges, *La Cite Antique*, 1864, p. 131(김주수, (註 208), 49-50쪽에서 재인용)].

호주승계로 이전되었다가,[211] 2005년 민법의 개정으로 호주제가 폐지되었다.[212]

현행 민법의 상속에 관한 규정은 재산상속에만 적용된다. 우리나라 민법에 의하면 상속은 피상속인의 사망으로 개시되며(민법 제997조), 상속인은 상속이 개시된 때로부터 피상속인의 일신에 전속한 것을 제외하고는 피상속인의 재산에 관한 포괄적 권리·의무를 승계하도록 규정하고 있다(민법 제1005조).

II. 상속인의 범위

민법은 상속이 개시될 때 상속자격을 가진 자가 여러 명 있을 경우에는 공동 상속인 사이의 공평을 기하고 분쟁을 방지하기 위하여 상속의 순위를 법률로 정하여 둘 필요가 있다.[213] 민법 제767조는 배우자, 혈족 및 인척을 친족으로 하며, 상속순위에 관하여 피상속인의 직계비속을 제1순위로, 직계존속을 제2순위로, 형제·자매를 제3순위로, 4촌 이내의 방계혈족을 제4순위로 규정하고 있으며,(제1000조 제1항),[214] 피상속인의 직계비속이나 형제자매가 피상속인 보다 먼저 사망한 경우, 그 직계비속과 배우자가 被代襲者에 갈음하여 상속하는 代襲相續에 대해서도 규정하고 있다(민법 제1001조, 동 제1003조 제2항).

배우자는 직계비속과 동순위로 공동 상속인이 되고, 직계비속이 없는 경우는 피상속인의 직계존속과 동순위로 공동 상속인이 되며, 상속분은 다른 공동 상속

---

211) 최금숙, 앞의 논문, 75쪽.

212) 시행은 2008. 1. 1.부터이다.

213) 허상수, "공동상속", 『재판자료(제78집); 상속법의 제 문제』, 법원도서관, 1998, 252쪽.

214) 외국의 입법례에서 1907년의 스위스 민법은 상속인을, 직계비속, 직계존속 및 배우자에 한정시키고, 1926년 소련의 상속법은 원칙적으로 死者의 직계비속(子, 孫, 曾孫) 및 배우자에 한정시키고, 1925년의 영국 유산관리법은 상속인을 직계비속, 배우자, 직계존속, 형제자매, 백숙부모로 정하였으므로, 우리나라의 경우 상속인의 범위가 너무 넓다는 지적이 있다(천종숙, "상속에 관한 법", 『효원 민법학론집(효원 천종숙 교수 정년기념 논문집)』, 대한문화사, 1995, 221쪽).

인의 상속분의 5할을 가산한다. 그러나 피상속인의 직계비속, 직계존속도 없는 경우에는 배우자가 단독으로 상속한다(제1003조 제1항).

1. 配偶者

각국의 상속법은 피상속인의 혈족뿐만 아니라, 그 배우자에게도 상속권을 인정하고 있는 것이 보통이며, 그 발전 단계는 일반적으로 생존 배우자의 부양을 보장하기 위한 扶養主義에서 시작하여, 혈족 상속인에게 상속될 상속재산을 생존 배우자에게 우선 이용하도록 하는 用益主義를 거쳐서, 상속재산을 생존 배우자에게도 분할하는 分割主義로 발전하여 왔으며, 배우자에게 고유의 상속권을 인정하여 상속재산의 분할을 인정하고 있는 것이 현대적 경향이다.[215] 오늘날 세계 각국의 상속법 동향은 법정 상속인이 될 수 있는 혈족의 범위는 제한하고 반면에 생존 배우자의 상속법상의 지위는 강화하고 있는 추세로,[216] 배우자는 언제나 상속인이 된다.[217] 배우자의 상속분은 다른 혈족 상속인에 비하여 크게 증가하고 있다. 최근 외국 입법례들에 의하면, 이들은 배우자 일방의 사망 시에 부부재산제의 청산을 통하여 생존 배우자를 보호할 뿐만 아니라,[218] 상속법리를 통하여 배우자 상속분을 고정적으로 확보하고 있다.[219]

피상속인의 배우자는 제1순위로 피상속인의 직계비속, 제2순위로 피상속인의

---

215) 조미경, "스위스법상의 배우자 상속분", 『가족법연구(제15권 제1호)』, 한국가족법학회, 2001, 283쪽.

216) 김숙자, (註 88), 54쪽; 이은정, "법정 상속인에 대한 재검토", 『가족법연구(제18권 제2호)』, 한국가족법학회, 2004, 26쪽.

217) 독일 민법 제1931조, 프랑스 민법 제757조 내지 제757조의3, 스위스 민법 제462조, 일본 민법 제890조: 이은정, 앞의 논문, 231쪽.

218) 박종용, "배우자 상속권의 강화에 관한 연구", 『가족법연구(제16권 제2호)』, 한국가족법학회, 2002, 229쪽.

219) 프랑스 민법 제757조 내지 민법 제757조의3, 독일 민법 제1931조, 제1371조, 스위스 민법 제462조, 일본 민법 제900조 등: 이은정, 앞의 논문, 232쪽.

직계존속의 상속인이 있는 경우에는 그 상속인과 동순위로 공동 상속인이 되고, 그러한 상속인이 없는 때에는 단독 상속인이 된다(민법 제1003조). 그러나 사실혼 배우자에 대해서 우리 민법은 상속인으로 인정하지 않으므로,[220] 다만 寄與分制度 (민법 제1008조의2)나 特別緣故者에 대한 分與制度(민법 제1057조의2)의 적용을 받을 수는 있을 것이다.[221]

2. 血族

1) 直系卑屬

제1순위의 혈족 상속인은 직계비속이다. 직계비속이 여러 명 있는 경우에는 寸數가 같으면 직계비속들은 동순위로 상속인이 되고, 촌수가 다르면 가까운 촌수의 직계비속이 먼저 상속인이 된다. 따라서 손보다는 자녀가 상속순위가 앞서며, 증손보다는 손이 앞선다. 직계비속은 男女, 親子와 養子, 婚姻與否, 나이의 多寡, 婚姻外의 子, 戶籍의 同一與否, 國籍의 同一與否를 묻지 아니한다.

상속순위에 관하여 胎兒는 이미 출생한 것으로 보며(민법 제1000조 제3항), 孫은 親孫과 外孫의 구분이 없다.[222] 직계비속의 경우에는 대습상속도 가능하다.

2) 直系尊屬

직계존속은 상속의 순위가 직계비속보다 후순위 상속인이 된다. 대부분의 입법례를 보면, 부모는 자녀보다 후순위 상속인이다. 다만 사회주의 국가인 북한[223]과

---

220) 사실혼 배우자에게 상속권을 법으로 인정하고 있는 나라는 오스트레일리아와 이스라엘이 대표적이다(권순한, 앞의 논문, 374쪽 이하 참조): 이은정, 앞의 논문, 241쪽.

221) 그러나 사실혼 배우자의 상속권을 인정하자는 견해도 있다(최금숙, 앞의 논문, 87쪽; 권순한, 앞의 논문, 378쪽.

222) 박병호, 앞의 책, 328쪽; 이은정, 앞의 논문, 233쪽.

223) 제1순위가 배우자와 자녀, 부모, 제2순위가 손과 조부모, 형제자매, 제3순위가 가까운

중국224)이 부모를 자녀와 함께 1순위로 규정하고 있을 따름이다. 전통적인 상속인 결정 원리에서도 부모는 자녀보다 후순위에 있었다. 상속법의 기본 관념이 차세대 승계에 있으므로 부모가 자녀에 앞설 수는 없는 것이다.225)

직계존속은 법정 상속순위에 있어 제2순위에 해당하며, 부모, 조부모, 증조부모 등을 들 수 있으며,226) 직계존속이 여러 명 있는 경우에는 촌수가 같으면 동순위 상속인이 되고, 촌수가 다르면 가까운 촌수의 직계존속이 먼저 상속인이 된다. 이혼한 부모도 상속권이 있으며, 養親도 養子에 대하여 상속권이 있고, 외조부모, 외증조부모도 상속권이 있다.227) 직계존속의 경우에는 대습상속이 인정되지 않는다.

3) 형제자매

제3순위의 상속인은 피상속인의 형제자매이다. 여기에는 男女, 結婚, 親·養子 등에 따른 차별이 없다. 형제자매가 여러 명인 경우에는 공동 상속인이 되며, 태아는 이미 출생한 것으로 본다.

1990. 1. 13. 개정 민법 이전의 경우에는 母系血族의 포함여부가 논란이 되었으나, 현행 민법 제777조 제1호는 친족의 범위를 혈족에 있어서는 父系 또는 母系의 구분없이 각각 8촌 이내로 개정하였다. 상속인의 순위와 관련하여 異姓同腹의 兄弟姉妹도 포함된다고 해석하고 있다.228)229)

친척이다(가족법 제46조).

224) 제1순위가 배우자, 자녀, 부모, 제2순위가 형제자매, 조부모, 외조부모이다(상속법 제10조).

225) 이은정, 앞의 논문, 236쪽.

226) 그러나 다른 특별법(국민연금법 제63조, 공무원연금법 제3조 등)에서 유족의 범위를 대부분 조부모까지만 인정하고 있으므로 직계존속에는 조부모까지만 한정하자는 견해가 있다(이은정, 앞의 논문, 235쪽).

227) 박병호, 앞의 책, 329쪽; 이은정, 앞의 논문, 235쪽.

228) 大判 1997. 11. 28. 96다5421.

229) 그런데 부모 일방이 다른 형제자매는 부모가 모두 동일한 형제자매와 비교할 때 그 혈연관계의 친밀성이 덜하기 때문이다. 따라서 양자 간에는 상속분에 차등을 둘 필요

4) 4촌 이내의 방계혈족

현행 민법상 제4순위의 상속인은 4촌 이내의 방계혈족이며, 형제자매의 직계비속은 형제자매를 대습상속 하므로 여기에서 제외된다.[230] 방계혈족도 男女, 結婚, 父系 또는 母系에 따른 차별이 없다. 방계혈족이 여러 명(예컨대 3촌과 4촌)인 경우에는 最近親이 우선하며, 같은 순위의 상속인이 여러 명인 경우에는 공동 상속인이 되고, 태아는 이미 출생한 것으로 본다.

제4순위 상속인이 되는 방계혈족은 직계존속의 형제자매 및 그 형제자매의 직계비속으로서 4촌 이내의 자가 되며, 이를 구체적으로 보면 3촌으로는 부계혈족인 父의 형제자매, 모계혈족인 母의 형제자매이고, 4촌으로는 부계혈족인 백숙부의 자녀, 고모의 자녀, 조부의 형제자매, 조모의 형제자매, 모계혈족인 외숙의 자녀, 이모의 자녀, 외조부의 형제자매, 외조모의 형제자매이다.[231]

일본, 중국, 대만 등은 상속인의 범위 중 방계혈족은 형제자매까지로 한정하고 있으며, 독일, 스위스, 오스트리아 등 친계주의를 취하고 있는 민법에서는 조부모, 외조부모와 그 직계비속까지만 친계상속을 인정하고 있어, 우리나라의 상속인 범위가 너무 넓다는 비판이 있다.[232]

가 있다는 비판이 있다. 일본은 全血과 半血의 형제자매 간의 상속분에 차등을 두며, 상속순위를 달리하는 입법례[영국은 全血의 형제자매 및 그 직계비속은 생존배우자와 함께 상속받을 수 있고, 半血의 형제자매는 무유언의 피상속인의 배우자가 없는 경우 전혈의 형제자매 다음으로 상속받을 수 있다고 한다(조미경, "영국 무유언 상속법 상의 배우자 상속분", 『가족법연구(제13호)』, 한국가족법학회, 1999, 422–424쪽)]도 있으므로 현행법상 부모가 같은 형제자매와 부모 일방이 다른 형제자매는 상속분이 동일함은 오히려 형평에 반하는 것일 수도 있다는 비판이 있다(이은정, 앞의 논문, 238쪽).

230) 이은정, 앞의 논문, 239쪽.
231) 이은정, 앞의 논문, 239쪽.
232) 이은정, 앞의 논문, 240쪽 이하 참조.

3. 상속인이 없는 경우(특별 연고자 및 국가)

위와 같은 피상속인의 상속인이 없는 경우에는, 피상속인과 생계를 같이 하고 있던 자, 피상속인의 요양·간호를 한 자, 기타 피상속인과 특별한 연고가 있던 자의 청구에 의하여 가정 법원은 상속재산의 전부 또는 일부를 분여할 수 있다 (민법 제1057조의2). 이렇게 분여하고 남은 재산이 있거나 특별 연고자의 분여청구가 없으면 그 재산은 국가에 귀속된다(민법 제1058조).

4. 상속인의 결격

우리나라 민법 제1004조는 상속인이 될 자가 상속인의 결격사유[233]에 해당하는 경우 상속인 자격을 박탈하고 있다. 상속결격이라 함은 민법이 규정하는 상속순위자가 일정한 부도덕행위나 상속에 관한 유언의 방해행위를 했을 경우에 그 상속자격을 박탈하는 제도이다. 상속질서의 침해는 생명침해와 같은 반인륜적이고 비도덕 행위인 경우도 있고, 상속에 관한 유언방해 행위와 같은 재산취득 질서의 교란 행위도 있어, 민법은 이러한 행위를 한 자가 원칙적으로 상속자격자라 하더라도 상속결격자로 보아 상속권을 박탈한다.[234] 우리 민법은 상속결격에 대하여 재판상의 절차를 필요로 하지 않으며, 스위스 민법이나 프랑스 민법도 우리 민법의 경우와 동일하다.[235] 판례는 낙태 행위를 상속의 결격 사유로 보며, 여기에는 민법 제

---

[233] 1. 고의로 직계존속, 피상속인, 그 배우자 또는 상속의 선순위나 동순위에 있는 자를 살해하거나 살해하려 한 자.
   2. 고의로 직계존속, 피상속인과 그 배우자에게 상해를 가하여 사망에 이르게 한 자.
   3. 사기 또는 강박으로 피상속인의 상속에 관한 유언 또는 유언의 철회를 방해한 자.
   4. 사기 또는 강박으로 피상속인의 상속에 관한 유언을 하게 한 자.
   5. 피상속인의 상속에 관한 유언서를 위조·변조·파기 또는 은닉한 자.

[234] 박병호, "상속결격의 제 문제", 『현대 민법의 과제와 전망(남송 한봉희 교수 화갑기념)』, 밀알, 1994, 573-574쪽.

[235] 양수산, 앞의 책, 589쪽.

992조의 '고의'에 상속에 유리하다는 인식이 필요하지 아니하다고 한다.[236]

이 제도는 "게르만法의 '피로 물든 손은 유산을 받을 수 없다(Die blutige Hand nimmt kein Erbe)'라는 法諺으로 상징되는 윤리관념 또는 윤리감정에서 비롯된 것으로써, 많은 나라에서 상속결격 제도의 존재 이유로 자리 잡고 있다."[237]

Ⅲ. 代襲相續

代襲相續이란 제1순위 상속인인 직계비속 또는 제3순위 상속인인 형제자매가 상속개시 전에 사망하거나 또는 결격사유로 인하여 상속권을 상실한 경우에 그 자의 직계비속이 사망 또는 결격된 자의 순위에 갈음하여 상속인이 되며(민법 제1001조), 상속개시 전에 사망 또는 결격된 자의 배우자도 그 직계비속과 함께 공동 상속인이 되고, 그 직계비속이 없는 때에는 단독 상속인이 되는 제도이다(민법 제1003조 제2항).

대습상속은 직계비속 사이에서는 촌수가 가까운 직계비속이 우선한다는 원칙에서 예외를 인정하는 것이다. 이와 같은 내용의 대습상속 제도는 오래 전 로마법에서 인정되었으며 궁극적으로는 평등의 원칙에 그 근거를 두고 있다. 즉 자기의 직계존속이 아무런 사고가 없이 생존하고 있었더라면 재산의 繼受를 기대해 볼 수 있는 직계비속이나 배우자를 보호하며,[238] 血族 사이에 나이에 따른 사망 순서

---

236) 大判 1992. 5. 22. 92다2127; 서울민사地判 1993. 6. 9. 92가합32826 · 49909.

237) 이성룡, "1. 호주상속의 선순위 또는 재산상속의 선순위나 동순위에 있는 낙태한 경우 구 민법(1990. 1. 13 법률 제4199호로 개정되기 전의 것) 제992조 제1호 및 제1004조 제1호 소정의 상속결격 사유에 해당하는지 여부 2. 상속결격자에 관한 위 구 민법 제992조 제1호, 제1004조 제1호 소정의 '고의'에 '상속에 유리하다는 인식'도 필요한지 여부", 『대법원판례해설(제17호)』, 법원도서관, 1992, 461쪽.

238) 김준원, "배우자의 대습상속에 관한 개선 방안의 법적 고찰", 『민사법의 실천적 과제(한도 정환담 교수 화갑기념)』, 법문사, 2000, 511쪽.

가 우연한 사정에 의하여 깨어지더라도 원래에 있었을 자연적인 사망의 순서에 따라 상속이 일어나도록 하려는 데에 그 취지가 있다.[239]

오늘날 대부분의 국가에서 채택하고 있는 대습상속 제도는 상속개시 전에 추정 상속인이 상속권을 상실한 경우에 그 직계비속과 배우자의 생존권 보장에 도움이 되도록 하고, 잠재적 지분의 청산을 통해 공평을 기하려는 것이므로 충분한 이유가 된다고 볼 수 있다.[240]

대습상속의 요건은, 첫째, 상속인이 상속개시 전에 사망하거나 결격자가 되어야 한다(민법 제1001조, 민법 제1003조). 상속인이 사망·실종선고·결격사유의 발생 등을 원인으로 하여 상속권을 상실한 경우가 아니면 안 된다.

둘째, 대습상속인은 피대습자의 직계비속이나 배우자이어야 한다.

셋째, 동순위의 공동 상속인이 전부 상속개시 전에 사망하거나 결격자가 된 경우에는 그 상속인의 직계비속에 대해서 대습상속이 인정된다.

넷째, 再代襲相續 가능성 피상속인의 子에게 대습원인이 발생하면 孫이 대습상속을 하게 되고, 그 孫에 대해서도 대습원인이 발생하면 曾孫이 대습상속 하게 되며, 曾孫 이하의 직계비속에 대해서도 마찬가지다. 이것을 再代襲相續이라고 한다.[241]

1990년 민법 개정 이전에는 피대습자의 妻에게만 대습상속이 인정되어 왔으나, 현행법은 兩性平等의 원칙에 따라 妻가 아닌 夫에게도 대습상속을 인정하고 있다.[242]

Ⅳ. 상속분

상속인이 혼자일 경우에는 그 상속인이 피상속인의 재산상의 모든 상속권한을

---

239) 남효순, "프랑스 상속법에서의 혈족상속 ― 계통상속 및 대습상속 ―", 『서울대학교법학 (통권 제105호)』, 서울대학교 법학연구소, 1997, 171쪽.
240) 김용한, 『(보정판) 친족상속법』, 박영사, 2003, 307쪽; 김준원, 앞의 논문, 512쪽.
241) 김준원, 앞의 논문, 512‒515쪽 참조.
242) 大判 1999. 7. 9. 98다 64318; 이은정, 앞의 논문, 247쪽.

차지한다. 그러나 공동 상속인이 있는 경우에는 그 상속분의 비율이 문제된다. 일반적으로 '상속분'이라 함은 동순위의 공동 상속인이 상속재산에 대하여 가지는 각자의 배당률(지분)을 말한다. 즉 각 공동 상속인이 취득할 수 있는 상속재산의 총액에 대한 산술적 비율이다.

각 공동 상속인의 상속분은 우선 피상속인의 유언에 의해서 결정되며, 유언이 없을 때에는 법률에 의하여 결정된다. 피상속인은 유언에 의하여 공동 상속인의 상속분을 지정할 수 있으며, 이는 법정 상속분에 우선한다(민법 제1009조). 그러나 유언에 의한 지정상속은 遺留分243)을 침해할 수 없으며, 유류분의 침해를 받은 상속인은 그 반환을 청구할 수 있다(민법 제1115조).

피상속인이 유언으로 상속분을 지정하지 않은 경우에는 각 상속인의 상속분은 민법이 정하는 비율에 의하여 결정된다. 동순위 상속인이 여러 명인 경우에는 그 상속분은 均分한다. 그러나 피상속인의 배우자의 상속분은 피상속인의 직계비속과 상속할 때에는 직계비속의 상속분에 5할을 가산하고, 피상속인의 직계존속과 상속할 때에는 직계존속의 상속분에 5할을 가산한다(민법 제1009조 제2항). 그리고 부부간에는 均分한다(민법 제1009조 제1항).

한편 2005년 개정 민법 제1008조의2는 공동 상속인 중에 상당한 기간 동거·간호 그 밖의 방법으로 피상속인을 특별히 부양하거나 피상속인의 재산의 유지 또는 증가에 특별히 기여한 자가 있을 때에는 상속개시 당시의 피상속인의 재산가액에서 공동 상속인의 협의로 정한 그 자의 기여분을 공제한 것을 상속재산으로 보고 제1009조 및 제1010조에 의하여 산정한 상속분에 기여분을 가산한 액으로써

---

243) 유류분 제도는 이미 로마법에서부터 유언 자유의 원칙에 대한 제한으로 시작된 것으로 알려져 있다. 즉 피상속인이 유언으로서 상속재산을 遺贈하는 경우에 그 재산의 일부를 일정한 법정 추정 상속인에게 남겨야 하고, 이를 위반하여 그 한도를 초과한 遺贈을 하거나 또는 그 법정 상속인을 배제한 遺贈은 법률상의 효력이 발생하지 아니하게 하여 그 법정 상속인의 최저한의 상속을 확보하여 주는 제도이다. (이호열, "유류분 제도에 대한 고찰", 『사법연구자료(제15집)』, 법원행정처, 1988, 11쪽). 유류분은 피상속인의 배우자와 직계비속은 법정상속분의 1/2, 피상속인의 직계존속과 형제자매는 법정상속분의 1/3이다(민법 제112조).

그 자의 상속분으로 하도록 규정하고 있다. 이 규정은 부양에 기한 상속분의 증가는 종래의 기여분 규정을 보완하는 방식으로 도입되었다.[244] 그러므로 이러한 특별한 기여가 있는 공동 상속인은 상속 개시 당시의 피상속인의 재산가액에서 공동 상속인의 협의로 정한 그 자의 기여분과, 그 잔여 상속재산에서 다시 자신의 상속분을 상속받게 된다.

그리고 대습상속인의 상속분은 피대습상속인의 상속분에 의한다(민법 제1010조 제1항). 그리고 피대습상속인의 직계비속이 여러 명 있으면 그 상속분은 피대습상속인의 상속분의 한도에서 동법 제1009조의 상속분에 의하여 결정된다(민법 제1010조 제2항 후단). 배우자가 대습하는 경우에도 같다.

V. 민법의 상속과의 비교

1. 유족과 상속인의 범위

1) 유족과 상속인의 범위

산재보험법 제5조 제3호는 "유족이라 함은 사망한 자의 배우자(사실상 혼인관계에 있는 자를 포함한다)·자녀·부모·손·조부모·형제자매를 말한다"라고 규정하고 있다. 산재보험법상의 유족은 민법 제777조의 친족 중에서도 배우자와 2촌 이내의 혈족에 해당하는 자들이다.

그러나 민법의 재산상속인은 배우자를 비롯하여, 제1순위로 피상속인의 직계비속, 제2순위로 피상속인의 직계존속, 제3순위로 피상속인의 형제자매, 제4순위로 피상속인의 4촌 이내의 방계혈족으로 규정하고 있다.

---

244) 이은영, "호주폐지 및 기타 가족법 개정 사항에 관한 연구(Ⅱ)", 『고시계(2005. 6)』, 고시계사, 2005, 129쪽.

산재보험법에서 유족에 해당하지 않는 상속인으로는 직계비속으로서의 曾孫, 직계존속으로서의 曾祖父母, 4촌 이내의 방계혈족을 포함하고 있어, 산재보험법의 유족의 범위보다는 민법의 상속인 범위가 훨씬 넓다.

2) 사실혼 배우자

산재보험법은 다른 사회보험법[245]과 같이 사실혼 배우자를 유족으로 규정하고 있다. 사회보험법에서의 사실혼 보호는 세계적인 입법추세로 유럽이나 영미국가, 일본에서도 사실혼을 보호하고 있으며, 사실혼 보호제도는 세계 각국 가족법 공통 관심사라고 볼 수 있다.[246]

그러나 민법의 상속인은 법률혼 배우자만을 인정하고 있으며, 사실혼 배우자는 기여분제도(민법 제1008조의2)나 특별연고자에 대한 분여제도(민법 제1057조의2)의 적용을 받을 수 있을 뿐이다.

3) 태아

산재보험법은 태아에 대한 보호가 미흡하다. 산재보험법 제44조 제2항은 근로자 사망 당시 태아였던 자녀가 출생한 경우에는 출생한 때부터 장래에 향하여 그 근로자에 의하여 부양되고 있던 자인 것으로 보아 유족보상 연금 수급자격을 인정하고 있다. 그러나 유족보상 일시금의 경우에는 태아와 관련하여 아무런 규정이 없다.

반면에 민법은 태아를 이미 출생한 것으로 보아 상속인으로 인정하고 있다(민법 제1000조 제3항).

---

245) 근로기준법시행령 제44조 제1항 제1호, 선원법시행령 제29조 제1호, 공무원연금법 제3조 제1항 제2호 가목, 군인연금법 제3조 제1항 제4호 가목, 사립학교교직원연금법 제2조 제1항 제2호 가목, 국민연금법 제3조 제2항 등에서도 '사실상 혼인관계에 있는 자'를 배우자에 포함시키고 있다.

246) 한봉희, 앞의 논문, 94쪽.

2. 대습자격 여부

산재보험법 제5조 제3호는 유족을 사망한 자의 배우자(사실혼 포함), 자녀, 부모, 손, 조부모, 형제자매로 규정하고, 동법 제44조(유족보상 연금수급자격자의 범위) 및 동 제46조(수급자인 유족의 순위)에서는 '근로자 사망 당시'를 기준으로 규정하고 있다. 따라서 유족은 근로자 사망 당시 생존자만을 의미한다고 보이며, 근로자 사망 전에 이미 사망한 자는 유족에 해당되지도 않는 것으로 본다.

그러나 민법의 상속은 상속인이 될 직계비속 또는 형제자매가 상속 개시 전에 사망하거나 결격자가 된 경우에 그 직계비속이 있는 때에는 그 직계비속이 사망하거나 결격된 자의 순위에 갈음하여 상속인이 되는 대습상속을 인정하고 있다(민법 제1001조).

산재보험법에서는 사망한 근로자의 배우자를 제외하고는 어떠한 경우에도 姻戚이 유족이 될 수 없으나, 민법의 경우에는 대습상속 제도에 의하여 피상속인의 배우자 아닌 姻戚(예; 며느리 등)도 상속인이 될 수 있다(민법 제1003조 제2항).

3. 수급권자 또는 상속인 사망

산재보험법 제53조는 보험급여가 지급되기 전에 수급권자가 사망한 경우에는 미지급보험급여제도를 두어 동순위 유족이 있으면 그 유족에게, 같은 순위 유족이 없으면 다음 순위 유족에게 미지급보험급여의 수급권이 승계된다.

그러나 민법의 상속은 상속 개시 전에 상속인이 될 자가 사망한 경우에는 대습상속인이 그 자와 동일한 상속순위자가 된다. 그리고 만일 상속 개시 이후에 상속인이 사망한 경우에는 그 사망한 상속인에 의한 새로운 상속이 개시된다고 보아야 할 것이다.

4. 부양관계 중시 여부

산재보험법은 유족이 사망한 근로자로부터의 부양 여부는 유족보상 연금의 수급자격의 유무를 결정할 뿐만 아니라, 유족보상 일시금의 경우에는 수급권자 결정의 우선 기준이 된다. 같은 순위의 유족이라도 근로자 사망 당시 그에 의하여 부양되던 유족은 근로자 사망 당시 그에 의하여 부양되지 않던 유족보다 유족보상 일시금과 유족보상 연금 차액일시금 및 미지급보험급여의 수급순위가 앞선다.

민법의 상속은 상속인이 피상속인으로부터의 부양 여부는 상속분과 상속순위에 있어 아무런 영향이 없으나, 상속인이 피상속인을 부양한 경우에는 기여분 제도가 있다. 2005년 개정 민법 제1008조의2는 공동 상속인 중에 상당한 기간 동거 · 간호 그 밖의 방법으로 피상속인을 특별히 부양하거나 피상속인의 재산의 유지 또는 증가에 특별히 기여한 자가 있을 때에는 상속 개시 당시의 피상속인의 재산가액에서 공동 상속인의 협의로 정한 그 자의 기여분을 공제한 것을 상속재산으로 보고 제1009조 및 제1010조에 의하여 산정한 상속분에 기여분을 가산한 액으로써 그 자의 상속분으로 하도록 규정하고 있다.

5. 수급순위

산재보험법 유족의 수급순위는 원칙적(부양여부를 제외하고)으로 배우자(사실혼 배우자 포함) · 자녀 · 부모 · 손 · 조부모 · 형제자매의 순서이다. 물론 같은 순위자가 여러 명인 경우에는 동순위자가 된다. 배우자는 부양관계가 인정된다면 언제나 단독 1순위자가 된다.

상속에 있어서는 제1순위로 피상속인의 직계비속, 제2순위로 피상속인의 직계존속, 제3순위로 피상속인의 형제자매, 제4순위로 피상속인의 4촌 이내의 방계혈족을 규정하고 있다. 피상속인의 배우자는 직계비속 또는 직계존속과 동순위자가 되며, 직계비속 또는 직계존속의 상속인이 없는 경우에 한하여 단독 1순위자 또는 2순위자가 된다.

6. 配偶者의 支給分

산재보험법의 배우자는 사망한 근로자와의 부양관계가 인정되는 한 언제나 단독 1순위자가 되므로 유족급여(유족보상 연금의 경우에도 다른 수급자격자가 있어도 수급권자는 배우자가 된다) 또는 미지급보험급여 전부를 지급받게 된다.

민법의 상속인으로서의 배우자는 공동 상속인이 있는 경우에는 그 공동 상속인의 상속분의 5할을 가산하고, 공동 상속인이 없는 경우에만 단독 상속인이 되어 모든 상속재산을 상속받게 된다.

7. 유언의 인정 여부

산재보험법 제46조 제4항은 사망한 근로자의 유언으로 동법에서 규정한 유족의 수급순위를 변경할 수 있다. 사망한 근로자로부터 유언으로 지정받은 유족은 법정 수급순위가 후순위자라도 수급권자로 결정된다.

민법의 상속에서 피상속인은 유언에 의하여 공동 상속인의 상속분을 지정할 수 있으며, 이는 법정 상속분에 우선한다(민법 제1009조). 유언에 의한 지정 상속은 유류분을 침해할 수 없으며, 유류분의 침해를 받은 상속인은 그 반환을 청구할 수 있다(민법 제1115조).

그러나 산재보험법의 경우에는 근로자의 유언으로 수급자격을 침해당한 유족에 대하여는 아무런 보호 조치가 없다.

8. 特別 緣故者에 대한 分與

민법의 상속은 피상속인의 상속인이 없는 경우에는, 특별 연고자에 대한 분여

제도를 두고 있으나(민법 제1057조의2), 산재보험법은 유족이 없으면 유족급여가 지급되지 않는다.

9. 수급자격의 결격

민법 제1004조는 상속인이 될 자에 있는 자의 일정한 부도덕행위나 상속에 관한 유언의 방해행위를 했을 경우에 그 상속자격을 박탈하나, 산재보험법은 그와 같은 규정이 없다.

10. 보험급여 또는 상속의 포기 여부

민법 제1041조는 상속인이 상속을 포기할 때에는 상속 개시가 있음을 안 날로부터 3월 이내에 가정법원에 포기의 신고를 할 수 있음을 규정하고 있으며, 상속의 포기는 상속이 개시된 때부터 소급하여 그 효력이 발생한다. 그러나 산재보험법은 보험급여의 포기에 대해서는 규정한 바가 없으며, 심사결정례[247]는 보험급여 수급권은 포기할 수 없다고 한다.

---

247) 근로복지공단 2003 審査決定 제381호(근로복지공단, 『2004 산재보험심사결정사례집』, 2004, 557-560쪽).

제3절 요약 및 문제점

Ⅰ. 요약

1. 미지급보험급여의 수급자격자로서의 유족

미지급보험급여의 수급권자인 유족의 범위와 순위는 유족보상 일시금의 수급자격자의 규정을 준용하고 있다. 유족이라 함은 배우자·자녀·부모·손·조부모·형제자매이다. 미지급보험급여를 지급받을 수 있는 유족으로 배우자는 최선순위 수급자격자이다. 배우자의 경우 일정한 혼인기간을 요구하는 나라도 있으나, 우리나라 산재보험법은 일정기간의 혼인기간을 요구하지는 않으며, 재혼하면 사망 근로자와의 친족관계 및 부양관계가 소멸되므로 수급자격이 상실된다. 그리고 사회보험의 정책적 차원에서 사실혼관계를 인정하고 있으나, 중혼적 사실혼은 원칙적으로 인정하지 않고 있다.

2. 산재보험법의 유족과 민법의 상속인의 비교

산재보험법의 유족과 민법의 상속인제도는 그 취지와 보호 목적이 서로 다르므로 양 제도의 차이점은 다음과 같은 표3)으로 정리할 수 있을 것이나.

표 3) 유족과 상속인의 비교

	산재보험법의 유족	민법의 상속인	비고
범위	배우자·자녀·부모·손·조부모·형제자매	배우자, 직계비속, 직계존속, 형제자매, 4촌이내의 방계혈족	
사실혼 배우자	자격있음	자격없음	기여분제도나 특별 연고자에 대한 분여제도의 적용가능
태아	출생이후만 보호	이미 출생간주	
대습자격	규정 없음	대습자격 부여	
지급전사망	미지급보험급여		
사망한 자로부터 부양 여부	연금수급자격여부 및 일시금수급자격자 순위기준	영향없음	
수급순위	배우자·자녀·부모·손·조부모·형제자매의 순서	제1순위 : 직계비속 제2순위 : 직계존속 제3순위 : 형제자매 제4순위 : 4촌이내의 방계혈족 배우자는 제1순위자 또는 제2순위자와 공동상속	
배우자의 수급순위 및 지급분	사망한 근로자로부터 부양 받았다면 언제나 단독 1순위자가 되어 전액 지급	직계비속 또는 직계존속과 동순위자가 되며(이때는 다른 상속인의 상속분의 5할 가산), 직계비속 또는 직계존속의 상속인이 없는 경우 단독 1순위자 또는 2순위자	
사망한 자의 유언 효력	법정 수급순위 변동효력	공동상속인의 상속분을 지정가능(타 상속인의 유류분 침해불가)	
기여분, 수급자격 결격, 상속포기	규정없음	규정있음	

Ⅱ. 문제점

산재보험법 제53조의 규정 및 동법시행령 제46조의 규정에 의하면 미지급보험급여의 수급권자로서의 유족은, 동법 제46조의 규정에 의한 유족보상 일시금의 수급권자의 순위(수급권 이전 규정 제외)에 의한 유족으로 결정하게 된다. 유족급여 및 미지급보험급여의 수급권자로서의 유족의 규정은 다음과 같은 문제점을 가지고 있다.

1. 유족과 상속인의 범위 불일치

산재보험급여의 법적 성격이 손해배상적 성격을 부인할 수 없는 측면이라면, 유족의 범위를 상속인의 범위와 일치시킬 필요성이 있다. 그 이유는 업무상 재해로 인한 손해배상 청구권 및 생명침해 및 신체상해로 인한 손해배상 청구권의 상속을 부인할 수 없으므로, 유족이 없는 경우 유족급여는 지급될 수 없어도 민사상의 손해배상은 부인할 수 없게 된다. 이 경우 사용자는 피재근로자의 상속인에게 손해배상을 하여도 동법 제60조의 규정에 의한 수급권의 대위도 주장할 수 없어, 보험료를 납부하고도 근로기준법상의 책임보험적 기능을 수행하는 산재보험의 혜택을 누리지는 못하는 이중부담을 안게 되기 때문이다.

2. 배우자의 수급자격의 남녀 차별

산재보험법은 유족보상 연금의 수급자격에 있어서 배우자인 妻는 부양관계가 인정된다면 다른 제한이 없으나, 男便에게는 나이 또는 신체장해에 대한 차별 규정을 두고 있다. 남녀평등의 문제는 남성에게도 적용되며, 공·사법의 영역에서 남녀의 성에 관한 가치판단을 기초로 한 차별대우는 금지되어야 할 것이다.

3. 태아의 수급자격 인정

다른 사회보험법은 태아의 법적 지위를 인정하여 "이미 출생한 것으로 본다"고 규정하고 있다. 그러나 산재보험법은 유족보상 연금의 경우에 태아에 대하여 출생 이후부터 수급자격을 인정하고 있으나, 유족보상 일시금의 경우 그와 같은 규정도 없다. 같은 보험급여인데 수급방법에 따라 수급자격에 차별을 두는 것은 타당하지 않다.

그리고 민법은 태아의 손해배상 청구권을 인정하고 있어, 태아만이 유일한 유족이 되는 때에는 유족보상 일시금은 지급되지 않아도 사용자는 그 태아에게 손해배상 책임은 면할 수 없기 때문에 사용자에게 이중부담을 강요하는 꼴이 된다.

4. 수급자격의 실격

근로자의 업무상 사망의 경우 때로는 유족 간의 수급순위 문제로 다툼이 발생할 수 있다. 불의의 사고로 사망한 피재근로자의 불행도 안타까운데 그로 인한 보상금을 둘러싼 유족 간의 다툼은 유족에게 또 다른 슬픔을 주는 것이다. 그러므로 유족 간에 생명과 신체를 훼손하는 경우에는 그러한 행위를 한 자에게 수급자격을 박탈하는 예방조치가 필요할 것이다.

제5장

미지급보험급여의
수급권자 결정과
수급권 행사

제1절 개　설

산재보험법 제53조는 "미지급보험급여는 당해 수급권자의 유족(유족급여의 경우에는 다른 유족)에게 지급된다."고 규정하고 있으며, 동법시행령 제46조는 "동법 제46조 제1항·제2항·제4항의 유족보상 일시금 수급권자의 결정에 관한 규정은 미지급보험급여의 청구권자의 결정에 관하여 이를 준용한다."고 규정하고 있다. 따라서 미지급보험급여의 수급권자 결정은 유족보상 일시금의 수급권자 결정 방법에 따르게 된다.

수급권자는 모든 유족이 되는 것이 아니라, 그 유족 중에서 최선순위 유족만이 수급권자로 결정되어 보험급여를 지급받을 수 있다. 미지급보험급여의 수급권자는 피재근로자가 수급권자였던 경우와 유족이 수급권자였던 유족급여를 구분하여 살펴보아야 할 것이다.

피재근로자가 수급권자였던 경우에는 미지급보험급여를 유족에게 지급하며, 미지급보험급여의 수급권자인 유족의 결정은 산재보험법 제46조 제1항 내지 제3항의 규정에 의한 유족보상 일시금의 수급순위(이하 "법정순위"라 한다)에 의하여 결정되나, 산재보험법 제46조 제4항은 피재근로자가 유언으로 특정 유족을 지정하면 법정순위에 관계없이 그 유언으로 지정받은 유족이 수급권자로 된다(이하 "지정유족"이라 한다).

그리고 유족급여의 경우에는 다른 유족에게 미지급유족급여를 지급하며, 다른 유족의 결정도 마찬가지로 유족보상 일시금의 수급순위에 의하여 결정된다.

제2절 피재근로자가 수급권자였던 경우 수급권자 결정

Ⅰ. 법정순위

1. 법규정

미지급보험급여는 유족에게 지급되며, 수급권자의 결정 순위는 산재보험법 제46조 제1항의 기재순서, 즉 "법정순위"에 따른다. 그 순위는 근로자 사망 당시 그에 의하여 부양받던 배우자(사실혼 배우자 포함) · 자녀 · 부모 · 손 · 조부모 순서로 결정되며, 근로자 사망 당시 그에 의하여 부양받던 위의 유족이 없는 경우에는 부양받지 아니하던 배우자 · 자녀 · 부모 · 손 · 조부모 순서로 결정되고, 이와 같은 유족도 없는 경우에는 근로자 사망 당시 그에 의하여 부양받던 형제자매, 근로자 사망 당시 그에 의하여 부양받지 아니하던 형제자매의 순서로 결정된다. 같은 순위의 유족이라도 "근로자 사망 당시 그에 의하여 부양되던 유족"이 "근로자 사망 당시 그에 의하여 부양되지 아니하던 유족"보다는 수급권의 순위가 앞선다.

수급권자 결정과 관련하여 유족이 근로자 사망 당시 그에 의한 부양 여부는 유족보상 연금 수급자격 및 유족보상 일시금의 수급권자를 결정하는 중요한 기준이 되는 부양[1]의 개념과 부양의 기준을 살펴보기로 한다.

---

[1] 구체적인 부양의무자의 능력이 법률로 정해지지 않아 단순한 친족 범위 내의 부양능력을 어떤 방법으로 인정할 것인가가 문제로 됨은 국민기초생활보장법도 마찬가지이다.(조흠학, "국민기초생활보장법의 수급권에 관한 재고찰", 『사회법연구(제4호)』, 한국사회법학회, 2005, 205쪽 및 209쪽).

2. 수급권자 결정기준으로서의 부양의 개념

1) 민법상의 부양의 개념

가부장적 가족제도가 왕성하였던 시대에 가족 자체의 책임이었던 부양문제는, 자본주의 발달에 수반하는 빈곤증대와 대가족제도의 붕괴 과정에서는 더 이상 가족제도에 의탁하기 어렵게 되었다. 오늘날 부양의 문제는 복지국가 지향 추세에 따라 인간다운 생활권은 법률이 정하는 바에 의하여 국가가 보호하여야 하는 국민의 기본권의 하나가 되었다.[2)]

생존권의 보장을 실현하기 위한 공적 부양관계법인 생활보호법에서는 사적 부양의 우선을 규정하였으며, 그 사적 부양은 바로 민법상의 부양이다. 우리 민법은 일정한 친족적 신분관계가 있는 자 사이에 사적·상호적 부양관계를 인정하여 근대적 부양관계를 채택하고 있다.[3)] 부양(support, maintenance)이라 함은 자기 혼자의 힘으로는 생활을 유지할 수 없는 사람에게 누군가가 생존수단이나 자원(source or means of living)을 공급하는 것이다.[4)]

민법이 인정하고 있는 부양은 사적인 부양의무 관계이지만 이론적으로 생각한다면 두 가지로 분류할 수 있다. 그 하나는 부모와 자녀 사이 특히 부모와 미성숙 자녀 사이의 부양과 부부 사이의 부양이고, 다른 하나는 친족 사이의 일반적 부양이다.[5)] 전자는 제1차적 의무 또는 생활 유지 의무로서 현실적 공동체 생활 그 자체에 입각하여 당연히 요청되는 것으로 빵 한 조각도 나누어 먹는 관계로

2) 이희배, "민법상 부양법리에 관한 연구 — 사적 부양법리의 재정립을 중심으로 —", 『박사학위논문』, 경희대학교 대학원 , 1984, 12, 1쪽.

3) 박병호, 『가족법』, 한국방송통신대학교 출판부, 1995, 243쪽.

4) Henry Campbell Black, *Black's Law Dictionary 5th ed.*(St. paul minn: West Publishing Co, 1979), p. 1291; 明山和夫, 『扶養法と社會福祉』, 有斐閣, 1974, 1~2頁(이희배, "민법상 부양법리에 관한 연구", 『가족법연구(제2호)』, 한국가족법학회, 1988, 103쪽에서 재인용).

5) 김주수, 『친족·상속법』법문사, 1995, 436쪽; 양수산, 『친족상속법 — 가족법 — 』, 일신사, 1994, 503쪽.

"자기가 사는 권리는 다른 사람을 부양할 의무에 우선한다"는 원칙은 적용되지 않는다. 후자를 제2차적 의무 또는 생활부조의 의무라 하며 사회보장의 대체물로서 누구도 자기의 생활을 희생해서까지 부양의무를 지지 않는다는 것이며 일반적으로 친족 부양이라고 하면 후자의 경우, 즉 친족 사이의 일반적인 부양을 말하는 것이다.[6]

민법 제975조에 의하면 "부양의무는 부양을 받을 자가 자기의 자력 또는 근로에 의하여 생활을 유지할 수 없는 경우에 한하여 이를 이행할 책임이 있다"고 규정하고 있다.

부부간에는 서로 부양의무가 있으며(민법 제826조 제1항 및 동법 제974조 제1호), 직계혈족 및 배우자 간, 기타 친족 간(생계를 같이 하는 경우에 한한다)에도 서로 부양의무가 있다(민법 제974조 제1호). 위와 같은 자가 아니면 현행법상 부양 당사자가 될 수 없어, 비록 형제자매라 하더라도 생계를 같이 하지 않는 한 서로 부양 당사자가 될 수 없다.[7]

부양을 어떤 방법으로 할 것이냐는 구체적 사정에 따라 정하여지므로 현행 민법은 획일적으로 명시하지 않고 있어, 우선 1차적으로 당사자의 협정에 의하도록 하고, 그 협정이 이루어지지 않거나 또는 협정할 수 없는 경우에 당사자의 청구에 의하여 부양권리자의 생활정도와 부양의무자의 자력 기타 제반 사정을 참작하여 가정법원이 그것을 결정하도록 하고 있다(민법 제977조).

2) 노동법상의 부양이 개념

근로기준법시행령 제48조는 동법 제82조의 유족보상을 받을 유족의 범위 등을 규정하면서 "근로자의 사망 당시 그에 의하여 부양되고 있던 유족"이 "근로자의 사망 당시 그에 의하여 부양되고 있지 아니한 유족"보다 우선하도록 규정하고 있

---

6) 김주수, 앞의 책, 436쪽; 양수산, 앞의 책, 503쪽.
7) 김주수, 앞의 책, 438쪽; 박병호, 앞의 책, 246쪽; 양수산, 앞의 책, 509쪽.

다. 그러나 근로기준법도 부양의 개념 및 기준에 대해서는 아무런 규정이 없다.

또한 선원법시행령 제29조 및 동 제30조는 유족의 범위와 순위를 규정하면서 근로기준법과 같이 "선원의 사망 당시 그에 의하여 부양되고 있던 유족"이 "선원의 사망 당시 그에 의하여 부양되고 있지 아니한 유족"보다는 순위가 우선하도록 규정하고 있으나, 역시 부양의 개념과 기준에 대해서는 아무런 규정이 없다.

3) 다른 사회보험법상의 부양의 개념

① 국민건강보험법

국민건강보험법은 제5조 제2항에서 "직장가입자에 의하여 주로 생계를 유지하는 자로서 보수 또는 소득이 없는 자"를 피부양자로 규정하고 있다. 동법시행규칙 제2조 제1항에서 피부양자 자격의 인정기준을 규정한 [별표 1]에 의하면, 가입자와의 동거할 때에는 원칙적으로 피부양을 인정하고, 동거하지 않더라도 보수 또는 소득이 없는 자는 피부양자로 인정하고 있다.

② 국민연금법

국민연금법 제73조는 "유족연금을 지급받을 수 있는 유족은 가입자 또는 가입자이었던 자의 사망 당시 그에 의하여 생계를 유지하고 있던 배우자ㆍ자녀ㆍ부모ㆍ손자녀ㆍ조부모"라고 규정하여, 부양이라는 용어 대신에 "가입자 또는 가입자이었던 자의 사망 당시 그에 의하여 생계를 유지하고 있던 관계"란 표현을 쓰고 있다. 동법시행령 제43조의2 [별표 2]는 "수급권자 또는 가입자 등에 의한 생계유지자의 대상자별 인정기준"을 규정하고 있다. 여기에 의하면, 원칙적으로 주거를 같이 하는 배우자, 자녀, 부모는 생계유지 관계로 보고 있으며, 손자녀와 조부모도 주거를 같이 하는 경우 특수한 사정에 의하여 부양능력이 없으면 생계유지 관계로 인정한다. 주거를 같이 하지 않아도 학업, 요양, 취업, 사업, 주거의 형편 등의 특수한 사정에 의하여 부양능력이 없으면 생계유지관계로 인정한다.

③ 공무원연금법

공무원연금법시행령 제3조 제1항은 "법 제3조 제1항 제2호 각목의 1에 해당하는 자가 공무원 또는 공무원이었던 자의 사망 당시 그에 의하여 부양되고 있던 사실에 대한 인정기준은 [별표 1]과 같다"고 규정하고 있다.

[별표 1] 공무원 또는 공무원이었던 자에 의한 부양사실의 인정기준

대상자	인정기준

배우자·자녀	1. 호적상 가(家)를 같이 하였던 경우 : 인정
	2. 호적상 가를 달리 하였던 경우에는 다음 각목의 1에 해당하는 경우에 한하여 인정
	 가. 주민등록표상 주소를 같이 하였던 경우
	 나. 주민등록표상 주소를 달리 하였던 경우
	  (1) 공무원 또는 공무원이었던 자의 주소에서 사실상 주거와 생계를 같이 하였던 것으로 인정되는 경우
	  (2) 취학·요양·주거의 형편 또는 근무형편 등에 의하여 주거를 달리하고 있었으나 생활비·요양비 등 생계의 기반이 되는 경제적인 지원이 행하여지고 있었다고 인정되는 경우

부모·손자녀·조부모	1. 주민등록표상 주소를 같이 하였던 경우 : 인정 2. 주민등록표상 주소를 달리 하였던 경우에는 다음 각목의 1에 해당하는 경우에 한하여 인정 가. 공무원 또는 공무원이었던 자의 주소에서 사실상 주거와 생계를 같이 하였던 것으로 인정되는 경우 나. 취학·요양·주거의 형편 또는 근무형편 등에 의하여 주거를 달리하고 있었으나 생활비·요양비 등 생계의 기반이 되는 경제적인 지원이 행하여지고 있었다고 인정되는 경우

④ 사립학교교직원연금법

사립학교교직원연금법시행령 제2조 제2항은 "법 제2조 제1항 제2호 각목의 1에 해당하는 자가 교직원 또는 교직원이었던 자의 사망 당시 그에 의하여 부양되고 있던 사실에 대한 인정기준은 [별표 1]과 같다"고 규정하고 있다.

[별표 1] <u>교직원 또는 교직원이었던 자에 의한 부양사실의 인정기준</u>

대상자	인정기준
배우자 · 자녀	1. 호적상 가(家)를 같이 하였던 경우 : 인정 2. 호적상 가를 달리 하였던 경우에는 다음 각목의 1에 해당하는 경우에 한하여 인정 　가. 주민등록표상 주소를 같이 하였던 경우 　나. 주민등록표상 주소를 달리 하였던 경우 　　(1) 교직원 또는 교직원이었던 자의 주소에서 사실상 주거와 생계를 같이 하였던 것으로 인정되는 경우 　　(2) 취학 · 요양 · 주거의 형편 또는 근무형편 등에 의하여 주거를 달리 하고 있었으나 생활비 · 요양비 등 생계의 기반이 되는 경제적인 지원이 행하여지고 있었다고 인정되는 경우
부모 · 손자녀 · 조부모	1. 주민등록표상 주소를 같이 하였던 경우 : 인정 2. 주민등록표상 주소를 달리 하였던 경우에는 다음 각목의 1에 해당하는 경우에 한하여 인정 　가. 교직원 또는 교직원이었던 자의 주소에서 사실상 주거와 생계를 같이 하였던 것으로 인정되는 경우 　나. 취학 · 요양 · 주거의 형편 또는 근무형편 등에 의하여 주거를 달리하고 있었으나 생활비 · 요양비 등 생계의 기반이 되는 경제적인 지원이 행하여지고 있었다고 인정되는 경우

⑤ 군인연금법

군인연금법시행령 제3조 제2항은 "법 제3조 제1항 제4호 각 목의 어느 하나에 해당하는 자가 군인 또는 군인이었던 자의 사망 당시 그에 의하여 부양되고 있던 사실에 대한 인정기준은 [별표 1]과 같다"고 규정하고 있다.

[별표 1] 군인 또는 군인이었던 자에 의한 부양사실의 인정기준

대상자	인정기준
배우자·자녀	1. 호적상 가(家)를 같이 하였던 경우 : 인정 2. 호적상 가를 달리하였던 경우에는 다음 각 목의 어느 하나에 해당하는 경우에 한하여 인정 　가. 주민등록표상 주소를 같이 하였던 경우 　나. 주민등록표상 주소를 달리 하였던 경우 　　(1) 군인 또는 군인이었던 자의 주소에서 사실상 주거와 생계를 같이 하였던 것으로 인정되는 경우 　　(2) 취학·요양·주거의 형편 또는 근무형편 등에 의하여 주거를 달리 하고 있었으나 생활비·요양비 등 생계의 기반이 되는 경제적인 지원이 행하여지고 있었다고 인정되는 경우
부모·손자녀·조부모	1. 주민등록표상 주소를 같이 하였던 경우 : 인정 2. 주민등록표상 주소를 달리 하였던 경우에는 다음 각 목의 어느 하나에 해당하는 경우에 한하여 인정 　가. 군인 또는 군인이었던 자의 주소에서 사실상 주거와 생계를 같이 하였던 것으로 인정되는 경우 　나. 취학·요양·주거의 형편 또는 근무형편 등에 의하여 주거를 달리하고 있었으나 생활비·요양비 등 생계의 기반이 되는 경제적인 지원이 행하여지고 있었다고 인정되는 경우

4) 산재보험법상의 부양의 개념

① 의의

산재보험법은 부양의 개념 및 부양사실의 입증방법에 대해서 아무런 규정이 없다. 산재보험법상 "근로자의 사망 당시 부양되고 있던 자"는 연령, 학력 등의 형식적 생활능력에 의해 판단될 것이 아니라 근로자 사망 당시 실질적인 생계유지의 기초관계가 있었느냐 여부에 따라 판단하여야 할 것이다. 또한 단순히 동거 또는 주민등록을 같이 한다는 사실만으로 생계유지 관계가 있다고 보기도 어려우므로[8], 실질적인 생계유지 관계를 어떻게 규명할 것인가가 문제일 것이다. 다만

---

8) 근로복지공단,『사이버 직무교육교재 산재보험보상』, 2004, 126쪽.

근로복지공단 규정 제212호(2002. 2. 2. 개정)『보상업무처리규정』제17조 제1호에
서는 "주민등록등본 및 호적(제적)등본을 통하여 부양관계 여부"를 확인하도록 규
정하고 있으나, 이는 내부지침에 불과하여 대외적인 기속력은 없다.[9]

② 학설

가. 민법상의 부양설

산재보험법의 부양의 의미와 관련하여 학설은 민법상의 부양의 의미로 보는 견
해가 있다. '부양이란 자기의 노동, 자기의 재산에 의하여 독립하여 생활할 수 없는
경우 그러한 자에 대한 생활보장 의무를 지는 것'으로 보아야 한다[10]는 것이다.

나. 상호 생계유지 관계설

반면에 산재보험법상의 부양의 의미는 서로 생계유지 관계에 있는 경우로 보
되, 산재보험법상의 유족급여의 수급권자를 결정함에 있어서의 부양의 의미는 민
법의 규정처럼 엄격하게 해석할 필요는 없을 것이며, "오로지 또는 주로 근로자의
수입에 의하여 생계를 유지하고 있음을 요하지 않고, 상호간에 수입의 전부 또는
일부로서 생계비의 전부 또는 일부를 공동계산하고 있는 상태가 있으면 되므로,
맞벌이 부부도 배우자인 상대방의 수입의 일부에 의하여 생계를 유지하고 있었던
것으로 해석할 수 있다"[11]는 것이다. 현재의 다수설로 보인다.

③ 외국의 경우

사망 근로자와 유족의 부양관계를 결정함에 있어 일본의 勞災保險法 제16조의2

---

9) 大判 1995. 9. 15. 94누12326.

10) 조보현,『산업재해보상보험법』, 홍익재, 2000, 336쪽.

11) 노동보험국,『日本 勞災保險給付와 認定實務』, 1994, 20쪽; 김수복,『산업재해보상보험법』,
     중앙경제사, 1991, 476쪽; 문원주·조석련,『산업재해보상보험법』, 법원사, 1992, 465쪽; 이
     상국,『산업재해보상보험법』, (주)청암미디어, 2001, 547쪽.

는 유족급여 연금을 받을 수 있는 유족은 노동자의 배우자·자녀·손·조부모 및 형제자매로서 노동자의 사망 당시 그 수입에 의하여 생계를 유지하고 있던 자로 규정하고 있다.[12] 근로자 사망 당시 그에 의하여 생계를 유지하고 있어야 하지만, 이 조건은 실정에 따라 완만하게 해석되고 있다. 맞벌이 부부의 경우도 서로 같이 생계를 유지하고 있던 것으로 보는 것이 보통이다.[13] 생계를 같이 하고 있다 함은 생계비의 전부 또는 일부를 공동 계산하여 일상생활을 영위하고 있는 그룹의 일원이라는 것이다. 따라서 생계를 유지하고 있는 경우와 동거하고 있는 경우는 생계를 같이 하고 있다고 보는 것이 보통이다.[14] 생계를 같이 하고 있던 자란 하나의 생계단위의 구성원으로 생계가 유지되었던 것을 요하지 않으며 반드시 동거하고 있을 것을 요하지 않는다. 또 생계가 유지되고 있는 경우에는 생계를 같이 하고 있는 것으로 추정하여도 지장이 없다.[15] 그러므로 사회복지 시설에 입소한 자녀도 생계유지 관계가 인정된다.[16]

일본 厚生年金法의 경우도 동법 제59조에서 말하는 '생계가 유지되는 자'란 피보험자 수입이 없어진 경우 통상 생활수준의 유지가 지장을 초래하였을 것이라는 사실이 사회 통념상 인정되는 정도의 생계유지 관계에 있는 것을 모두 포함한다. 또 서로 소득이 있고 생계를 같이 하지만, 어느 한 쪽의 소득이 없어진 경우에 세대 전원이 통상 생활수준을 유지하는 데 지장을 초래하는 생계유지 관계도 포함된다.[17] 독일·프랑스·이태리 등에서는 妻와 子女에 대해서는 사망 근로자와의 부양관계를 특히 문제로 하지 않으며, 기타의 유족(존속 등)에 대하여만 사망

---

12) 勞働省 勞働基準局 勞災管理課, 『(三訂新版)勞働者災害補償保險法』, 勞務行政研究所, 1992, 390-391頁; 厚生勞働省 勞働基準局 勞災補償部 勞災管理課, 『勞災保險制度の詳解』, 株式會社勞務行政, 2004, 218-219頁; 근로복지공단, 『日本 勞働者災害補償法令』, 2000, 15쪽.

13) 1966. 1. 31. 起發 第73号; 노동보험국, (註 11), 20쪽.

14) 노동보험국, (註 11), 21쪽.

15) 1966. 1. 31. 基發 第73号; 井上浩, 『勞災補償法入門 勞災保護法を中心とする (改訂8版)』, 經營書院, 2004, 301頁.

16) 1967. 8. 14. 基收 第3862号.

17) 社會保險審查委 裁決 1962. 7. 13(근로복지공단, 『勞災保險法解釋總覽』, 2004, 739쪽).

근로자와의 부양관계가 있었던 것을 수급자격의 요건으로 하고 있는데, 이것은
妻와 子女의 사이에서는 사망 근로자에 의한 부양관계가 있는 것이 통상이며, 이
것을 일일이 입증한다는 것은 그 의미가 없다는 것이다.[18] 그리고 싱가포르도 피
재근로자로부터의 부양 여부에 관계없이 수급자격을 주고 있다.[19]

④ 판례

산재보험법의 부양과 관련하여 하급심 판례[20]는 "남편과 이혼 수속을 마치고
15년이 지난 후 남편이 간암으로 입원하게 되자 남편의 의료보험급여를 받기 위
해 남편을 자신(妻)의 거주지에 남편으로 주민등록을 마친 뒤 사망하기까지 4개월
간 남편이 8일 동안 일한 것 이외에는 별다른 소득을 얻지 못한 경우 망인의 사
망 당시 망인에 의하여 부양되고 있던 배우자라고 할 수 없다"고 하여 수급권을
부정한 사례가 있다.

한편 대법원은 동거를 시작하고 근로자(妻)와 원고(男便)의 월급을 합친 돈으로
내집 마련 계획을 세우고 둘 사이에 낳을 딸의 이름을 미리 지어놓는 등 부부로
서의 공동생활을 영위하다가, 妻가 업무상 재해로 사망하고, 男便이 가정법원에
위 망인(妻) 사이에 사실혼관계가 존재하였음의 확인을 구하는 소를 제기하여 승
소 판결을 받은 사건에 대하여, 산재보험법상의 유족보상 일시금의 수급권자는
망인의 아버지가 아니라 위 망인의 사망 당시 그와 사실상 혼인관계에 있는 배우
자로서 그에 의하여 부양되고 있던 원고라고 보아야 할 것[21]이라고 판시하였다.
이 판시 내용으로 보아 부부의 경우 각각 소득이 있어도 부양관계로 인정하는 것
으로 보인다.

---

18) 김수복, 앞의 책, 476쪽.
19) 박찬임, 『산재보험제도의 국제비교』, 한국노동연구원, 2001, 112쪽.
20) 서울高判 1996. 10. 4. 95구22414.
21) 大判 1998. 4. 10, 98두557.

⑤ 행정해석 및 산업재해보상보험심사위원회의 재결

산재보험법상의 부양의 의의와 관련하여 행정해석은 "부양이라 함은 피재근로자의 수입에 의하여 생계가 유지되고 있던 것을 의미함[22]", 또는 "자기의 노동, 자기의 재산에 의하여 독립하여 생활할 수 없는 경우 그러한 자에 대하여 지는 생활보장의 의무를 하는 것[23]"으로 보고 있다. 근로자가 요양 중 사망한 경우에는 망인에게 지급된 망인의 간병비로 충당되었다 하더라도 재해발생 전까지 사실상 망인에 대하여 부양되고 있었다면 사망 당시까지 부양관계가 유지된 것으로 보아야 할 것이라고 한다.[24]

그리고 "근로자가 사망하기까지 누나와 동거하고 있으면서 생활비까지 보조해 주었어도 산재보험법에 따른 장해등급 제3급의 결정을 받을 정도로 신체상태가 좋지 아니하였을 뿐만 아니라 사망 전까지 입원요양을 받은 사실이 있음을 볼 때 누나를 부양할 정도의 자력이 있었다고 판단하기가 곤란한 경우에는 부양의무를 이행할 정도의 책임이 있었다고 볼 수는 없다[25]"며 부양관계를 부인한 사례도 있다. 또한 "부부가 별거하면서 각각 자기의 재산과 능력에 의해 생활하고 있다면 부양관계에 있다고 할 수 없다[26]"고 한다.

산업재해보상보험심사위원회는 생계를 같이 하는 아들이 사망한 경우 "아들이 업무상 재해로 사망한 재해에 대하여 아버지가 소득이 있다며 부양관계를 부인하여, 이혼한 母와 동거하는 父를 부양관계 없는 같은 순위의 수급권자로 결정함이 타당하다[27]"고 재결하였다.

---

22) 1998. 4. 8. 補償 6602 - 272.

23) 2001. 8. 18. 補償 6607 - 1803; 2002. 12. 23. 補償 6602 - 3045(근로복지공단, 『산재보험질 의회시집(요양 · 보상 · 재활편)<1999. 9 - 2003>』, 2004, 316 - 318쪽).

24) 2001. 5. 1. 補償 6602 - 985.

25) 1991. 7. 11. 災補 01254 - 10042.

26) 근로복지공단, 『산재 · 고용실무편람』, 2001, 363 - 364쪽.

27) 산업재해보상보험심사위원회 2002. 3. 6. 裁決 2001 - 1342호.

⑥ 사견

민법에서의 부양관계는 가족의 통솔과 부양의 기초가 家父長이 통솔하는 대가족제도에서 비롯된 것으로 산재보험급여에 피부양 이익만을 강조하는 것은, 현실의 복잡하고 다양한 가족관계와 부양방식을 도외시하는 문제가 있다는 지적이 있다.[28] 헌법 제36조의 혼인과 가족생활의 보호는 다원적인 내용을 갖는 기본권이며, 가족의 主扶養者에게 사회적 위험이 발생하여 소득이 상실되는 경우 사회보장법은 이를 보전하는 급여를 제공하며,[29] 오늘날 "가족은 공동 부양체로서 가족 내부의 기능분배를 통하여 사회문제를 해결하는 사회보장의 담당자의 위치에 있다."[30] 현대적 가정의 소득체계는 다원화 되어 家長뿐만 아니라 다른 가족 구성원들도 경제활동이 활발한 점, 산재보험급여가 피부양 이익뿐만 아니라 손실전보적[31] 기능까지도 수행하는 법적 성질 등을 감안한다면, 산재보험법상의 부양의 개념을 가족 구성원 사이에 서로 생계를 유지하고 있는 "가정 공동생활관계"[32]로 판단함이 타당하고 현대적 가족구성 및 가계소득 구조와도 부합될 것으로 본다.

그러므로 동거하고 있던 父子간에는 각각 소득이 있어도 아들이 업무상 사망하였다면 아버지가 소득이 있었기에 아들로부터 부양을 받지 아니하였다고 판단할 것[33]이 아니라, 동거하면서 생활 공동체를 구성하였으므로 생계유지 관계에 있는 것으로 판단함이 타당할 것이다. 또한 부양의 입증방법도 다른 사회보험법과 같이 구체적인 부양인정 기준을 마련하여야 할 것이다.

---

28) 오근식, 『유족연금 급여제도 개선에 관한 연구』, 국민연금연구센타, 2003 , 41쪽.

29) 전광석, 『한국사회보장법론』, 163쪽.

30) 전광석, 앞의 책, 162쪽. ·

31) 大判 1994. 5. 24. 93다38826.

32) 이는 주택임대차보호법 제9조의 주택의 임차권의 승계에 있어 '가정 공동생활'을 하던 자에게 승계시키는 규정은 참고할 만하다. "가정 공동생활"에 대해서는, 최금숙, "현행 민법상 상속인 규정에 대한 재검토", 『가족법연구(제18권 제1호)』, 한국가족법학회, 2004, 91-92쪽 참조.

33) 산업재해보상보험심사위원회 2002. 3. 6. 裁決 2001-1342호.

5) 부양의 효과

① 유족보상 연금의 수급자격

같은 순위의 유족이라도 근로자 사망 당시 그에 의하여 부양되던 유족은 유족보상 연금의 수급자격자가 될 수 있으나, 근로자 사망 당시 그에 의하여 부양되지 않던 유족은 유족보상 연금의 수급자격이 없다(동법 제44조). 유족보상 연금의 수급자격은 근로자 사망 당시 그에게 부양되던 유족에게만 그 수급자격을 주고 있다.

② 유족보상 일시금 및 미지급보험급여의 수급순위의 결정기준

같은 순위의 유족이라도 근로자 사망 당시 그에 의하여 부양되던 유족은 근로자 사망 당시 그에 의하여 부양되지 않던 유족보다 유족보상 일시금과 유족보상 연금차액일시금 및 미지급보험급여의 수급순위가 앞선다. 이 순위는 형제자매의 경우는 직전 선후 순위가 되지만, 다른 유족, 즉 배우자(사실혼 배우자 포함) · 자녀 · 부모 · 손 · 조부모의 경우에는 부양받던 유족이 먼저 산재보험법 제46조 제1항 제1호의 게재 순서대로 결정되며, 근로자 사망 당시 그에 의하여 부양되던 유족이 없는 경우에 다시 동 제2호의 게재 순서대로 결정된다. 따라서 근로자 사망 당시 별거 중인 妻보다는 사망한 피재근로자의 부모에게 양육 받은 자녀에게 우선순위가 되며[34], 행방불명인 법률상의 妻와 실제 동거한 妻 및 동거한 妻의 사이에 자녀가 있는 경우에는 사망 근로자의 법률상의 妻는 행방불명이라 사망한 근로자로부터 부양되지 않았으며, 사망 근로자와 同居女는 중혼상태라 수급권이 없으므로 사망 근로자와 동거녀의 자녀에게 수급권이 있다.[35]

이와 같이 산재보험법이 유족급여 등의 수급권자를 결정함에 있어 부양관계를 중시하는 것은 산재보험법의 생활보호 기능과 무관하지 않다.

---

34) 1975. 4. 16. 補償 556; 1975. 2. 14. 補償 1649; 1974. 11. 29. 補償 24740; 근로복지공단 1997. 10. 8. 審査決定 제97-3429호.
35) 2000. 4. 8. 産災 68607-436; 1982. 11. 5. 補償 1458. 7-30158; 1975. 3. 4. 補償 3137.

3. 미지급보험급여의 법정 수급순위

1) 법정 수급순위

산재보험법의 유족관계는 사망한 근로자와의 단순한 신분관계가 아니라 '사망 당시 그에 의하여 부양되고 있던' 부양관계가 중시되어 수급순위가 결정되며, 代襲相續과 같은 규정은 없어 보험급여를 받기로 확정된 유족이 사망하여도 그 유족의 상속인이 수급권자가 되는 것의 아니라,[36] 같은 순위자 또는 다음 순위자에게 이전된다. 그리고 유족급여는 민법의 상속규정이 배제되어,[37] 상속인에게 지급하는 것이 아니라 유족에게 지급하게 된다.

유족보상 일시금 및 미지급보험급여의 법정 수급순위는 산재보험법 제46조 제1항의 규정에 의하면, 근로자 사망 당시 그에 의하여 부양받던 배우자(사실혼 배우자 포함)·자녀·부모·손·조부모 순서로 수급권자가 결정된다. 근로자 사망 당시 그에 의하여 부양받던 위의 유족이 없는 경우에는, 부양받지 아니하던 배우자·자녀·부모·손·조부모 순서로 결정되고, 위와 같은 유족도 없는 경우에는 근로자 사망 당시 그에 의하여 부양받던 형제자매[38], 근로자 사망 당시 그에 의하여 부양받지 아니하던 형제자매의 순서로 결정된다. 유족보상 일시금의 경우 수급권의 순위를 결정함에 있어 근로자 사망 당시 그에 의하여 양조부모와 실조부모가 같이 부양되고 있던 경우에는, 양부모의 부모를 선순위로 하고, 실부모의 부모를 후순위로, 부모의 양부모를 선순위로 하며 실부모를 후순위로 한다.[39] 이를 정리하면 표4)과 같다.

---

36) 大判 1992. 5. 12. 92누923; 윤재식, "산업재해보상보험법 제15조 1항에서 말하는『급여를 받은 자』— 大判 1987. 7. 21. 86다카2948 —",『민사판례연구(제14집)』, 민사판례연구회, 1992, 306쪽.

37) 大判 1969. 1. 28. 68다1464.

38) 일본 勞災保險法 제16조의7 제1항 제3호의 규정은, 형제자매의 경우 부양 여부와 관계 없이 같은 순위의 유족이 된다.

39) 산재보험법 제46조 제2항, 근로기준법시행령 제44조 제2항, 선원법시행령 제30조 제1항 등.

표4) 유족보상 일시금 및 미지급보험급여 수급권자 결정순위

부양 여부 \ 구분	유족			순위
근로자 사망 당시 그에 의하여 부양되던 유족	배우자(사실혼 포함)			1
	자녀			2
	부모	양부모	1)	3
		실부모	2)	
	손			4
	조부모	양부모의 양부모	1)	5
		양부모의 실부모	2)	
		실부모의 양부모	3)	
		실부모의 실부모	4)	
	형제자매			11
근로자 사망 당시 그에 의하여 부양되지 않던 유족	배우자(사실혼 포함)			6
	자녀			7
	부모	양부모	1)	8
		실부모	2)	
	손			9
	조부모	양부모의 양부모	1)	10
		양부모의 실부모	2)	
		실부모의 양부모	3)	
		실부모의 실부모	4)	
	형제자매			12

*)는 같은 유족 간의 결정 순위를 나타냄

2) 養子와 養孫의 수급순위 우대여부

상속 제도의 경우 양부모와 실부모, 양조부모와 실조부모의 상속순위에 차별이 없으나, 산재보험법은 양부모가 실부모보다, 양조부모가 실조부모보다는 선순위 수급권자가 된다.

부모와 조부모에서와 같이 養子나 養孫의 수급순위를 親子나 親孫보다 우대하여야 할 것인가가 문제이다. 양자 제도가 시대와 사회에 따라 존재 의의를 달리하고 있지만 부모의 노후를 부양할 자의 양성과 조상의 제사를 주제하고 家의 계승을 위한 점을 간과할 수 없고, 우리의 관습상 실부모의 경우 부양할 다른 자녀들이 있었음이 전제될 것이므로 양부모 및 양조부모에게 우선순위를 부여하였다고 보이나, 양자와 양손의 경우 친생부모와의 친자관계를 변경하지도 아니하므로 수급순위에 있어서 우대할 필요는 없을 것이다.[40]

4. 수급권자가 2인 이상인 경우

산재보험법 제45조 제3항은 유족보상 일시금의 경우 같은 순위의 수급권자가 2인 이상인 경우에는 당해 유족에게 등분하여 지급하도록 규정하고 있다. 이 규정은 미지급보험급여의 경우에도 동일하게 적용된다.

그러나 유족보상 연금의 경우에는 유족보상 연금 수급권자가 2인 이상 있을 때에는 그중의 1인을 연금의 청구와 수령에 관한 대표자로 선임할 수 있도록 규정하고 있다(산재보험법시행령 제33조 제1항).

Ⅱ. 지정유족(유언에 의한 수급권자 결정)

1. 의의

1) 취지

민법은 상속인의 범위 및 상속인의 지위에 대하여는 유언에 의한 지정을 인정

---

40) 1988. 2. 10. 災補 32546-2072.

하지 않고[41] 민법의 규정에 의하도록 하고 있다. 다만 상속분을 결정함에 있어서는 유언으로 재산의 일부를 상속인 이외의 자에게 주는 것을 허용한다.[42]

산재보험법 제46조 제4항은 "제1항 내지 제3항의 규정에도 불구하고 근로자가 특히 유언으로서 보험급여를 받을 유족을 지정한 경우에는 그 지정에 따른다"라고 규정하고 있다. 유족보상 일시금의 수급순위는 원칙적으로 동법 제46조 제1항에 규정된 법정순위에 의하여 유족보상 일시금 수급권자가 결정된다. 그러나 근로자가 유언으로 특정 유족을 지정한 경우에는 법정순위에도 불구하고 유언으로 지정받은 유족이 유족보상 일시금 수급권자로 결정되며, 미지급보험급여의 경우에도 동일하게 적용된다(산재보험법 제53조 및 동법시행령 제46조). 이 규정은 근로자가 사망 전에 유언으로서 보험급여를 받을 유족을 지정한 경우에는 근로자의 유언에 의하여 지정을 받은 유족이 법정순위보다 우선하여 수급권자가 되게 하여 근로자의 遺旨를 존중함에 그 취지가 있다.[43]

그러나 상속법에 있어서는 유언의 우선성이 존중되나 특별 승계 급여의 경우에는 유언의 우선성을 인정할 수 없으며, 그것은 상속의 규정을 배제하면서까지 생계를 같이한 친족에게 특권을 부여한 특별 승계 제도의 취지에 어긋나므로 그 순위는 오직 입법자만이 결정하여야 하고 유언에 의한 순위 변경이 인정되어서는 아니 된다[44]는 반대의 견해도 있으나, 근로자의 遺旨를 존중한다면 그 순위 변경은 인정하여도 무방할 것이다.

---

41) 유언에 의한 상속인의 지정을 인정하는 예는 독일민법 제1937조가 있다(김숙자, "부양과 상속에 관한 비교법적 연구", 『사회과학논총(제11집)』, 명지대학교 사회과학연구소, 1996, 53쪽, 주3)).

42) 김숙자, 앞의 논문, 53쪽.

43) 이 규정은 1999. 12. 31. 개정 이전 법에서는 동법시행령 제25조 제5항에서 규정하고 있던 것을 다른 보험급여와 같이 유족급여 수급권 관련 규정들을 시행령에서 법률로 상향 조정한 것이다(노동부, 『2001. 7. 1. 시행 개정 산업재해보상보험법 주요내용 해설』, 2001. 62쪽).

44) 이상광, 『(개정판) 사회법』, 박영사, 2002, 666쪽.

2) 다른 법령상의 규정

근로기준법시행령 제44조 제3항에서도 "제1항 및 제2항의 규정에도 불구하고 근로자가 유언 또는 사용자에 대한 예고에 의하여 제1항의 유족 중의 특정한 자를 지정한 경우에는 이에 따른다"라고 규정하고 있다. 또한 선원법시행령 제30조 제2항도 "선원이 유언 또는 선박 소유자에게 통보로서 제29조 각 호의 1에 해당하는 자를 지정한 경우에는 그 순위에 따른다"고 규정하고 있다.

3) 근로자 유언의 법적 성질

산재보험법 제46조 제4항의 피재근로자의 유언에 의한 지정유족 제도는 근로자가 생존 시에 유언에 의하여 유족 중 특정인을 지정하여 그 자로 하여금 보험급여를 수령하게 한 때에는, 법정 수급순위에 관계없이 이 유언에 의하여 지정유족이 수급권자가 되어 보험급여를 수령할 수 있게 한 것으로 결국 유족 중에서 특정인을 지정함으로써 수급순위의 변경을 인정하고 있다.[45]

판례는 "구 산업재해보상보험법 소정의 유족급여를 받을 수급권자는 같은 구법 제3조 제3항 소정의 유족에 한정되고, 동법시행령 제25조 제5항은 당해 근로자가 위 법조항에 수급권자로 규정된 유족들의 순위에 관하여 동법시행령에 규정된 순위와 달리 수급권자를 유언으로써 지정할 수 있음을 규정한 것에 불과하며, 유족급여의 수급권자의 범위에 관하여는 민법 제1001조의 대습상속에 관한 규정이 준용될 여지도 없다"고 하여, 수급권자를 유언으로서 지정할 수 있음을 규정한 것에 불과하다고 한다.[46]

행정해석은 지정유족 제도에 대하여 "유언에 의해 특정 유족에게 지급되는 유족급여는 민법상 遺贈이라 할 것이며, 그 특정 유족은 같은 법 제1008조에 규정된 특별 수익자에 해당된다"[47]고 한다.

---

45) 조보현, 앞의 책, 337쪽; 이상국, 앞의 책, 756쪽.
46) 大判 1992. 5. 12. 92누923.

사견으로는 산재보험법 제46조 제4항의 지정유족 제도는 근로자가 업무상 사망으로 인하여 지급될 유족급여의 법정순위 규정에도 불구하고 특별히 유언으로 지정하는 유족에게 유족급여의 전부 또는 일부를 지급하게 하여 근로자의 遺旨를 존중하는 제도로서 수급권자 결정에 대한 특칙으로 보인다.

2. 유언의 요건

1) 의의

사회생활에서 발생하는 신분상·재산상의 관계는 생존자가 처리할 일이지 사망자의 의사에 좌우될 일이 아니나, 사람이 死後에 자기의 재산이나 血緣者의 신분상의 사항에 대하여 바람직한 조치를 강구해 두고 싶은 것이 자연스런 常情이며, 그 자손들도 유언자가 남긴 뜻을 존중하고 그것이 실현될 수 있도록 하는 것이 도의적으로도 바람직한 일일 것이다. 유언은 사유재산제에 의한 재산처분의 한 형태로 발전해온 것이며, 근대법상 유언 자유의 원칙은 사유재산제의 기초 위에서 자기의 재산에 대한 死後의 운명을 자기가 정할 수 있다는 논리에 의해 주장된 것이고, 거기에서 상속자유의 원칙이라는 결론이 나올 수 있다.[48]

유언(testament)이란 유언자가 사망함과 동시에 일정한 법률효과를 발생시킬 것을 목적으로 일정한 방식에 의해서 행하는 상대방 없는 단독 행위이다. 일반적으로 사망한 자가 임종 직전에 최후로 남긴 말을 유언이라고 하는 수가 있지만 그와 같은 것은 법률상의 유언은 아니다.[49]

법률상의 유언이라 함은 재산적·신분적 대상을 그 유언의 내용으로 하고, 특히 여기서 재산적 내용을 포함하는 유언의 형태를 遺贈遺言이라 한다. 이처럼 유

---

47) 1998. 1. 14. 補償 6602-27.

48) 박병호, 앞의 책, 423-434쪽.

49) 양수산, 앞의 책, 687쪽.

언자의 유언은 신분상의 유언 이외에 재산상의 유언을 그 내용으로 하고 있으며 경우에 따라서는 양자가 혼합된 형태로서 존재하기도 한다. 또한 유언은 사유재산 제도를 관철하려는 재산적 기반과 유언자의 최후 의사 존중이라는 정신적 기반, 그리고 사회복지가 정당시되는 범위 내에서 유언이 허용되어야 한다는 사회적 기반 위에 형성되어졌다.[50]

유언제도는 재산제도와 밀접한 관계를 가지면서 고대부터 행하여진 제도이나, 사유재산 제도가 상당히 발달한 사회에서 생긴 것이라 볼 수 있다.[51] 로마법에서는 기원전 450년경에 편찬된 12표법(lex XII tabularum)에 이미 유언에 관한 규정이 있었으며,[52] 영국을 포함한 유럽에서는 12세기 이후에 출현하였다.[53]

또한 "유언상속 제도는 동양 사회보다는 서양 사회에서 그 비중을 크게 차지하고 있다. 특히 영국에서는 피상속인이 유언에 의하여 재산을 자유로이 처분할 수 있는 유언상속을 원칙으로 하였으며",[54] "1939년 7월의 상속(가족부양)법[Inheritance(Family Provision) Act, 1939]의 시행이 있기 전에는 상속인에 대한 유류분을 인정하지 않았고",[55] 유언으로 점유를 수반하는 限嗣不動産權(Fee Tail)[56]과 死後 잔존하는 모든 재산권까지도 피상속인 유언자가 자유로이 처분할 수 있었다.[57]

---

50) 김기영, "미국 유언법과 우리나라 유언법의 유언방식에 관한 소고", 『현대 민법의 과제와 전망(남송 한봉희 박사 화갑기념 논문집)』, 밀알, 1994, 705 - 706쪽.

51) Thomas E. Atkinson, *Handbook of the Law of Wills, 2nd.* ed., Horn Book Series(St. Paul Minn.: West Publishing, 1978), p. 6(김기영, "영국에서의 유언제도와 신탁제도의 관련성에 관한 소고", 『사법의 제 문제(경허 김홍규 박사 화갑기념 II)』, 삼영사, 1992, 434쪽에서 재인용).

52) 김용한, 『(보정판) 친족상속법』, 박영사, 2003, 381쪽.

53) 김기영, (註 51), 434쪽.

54) 김기영, (註 51), 434쪽.

55) 이경희, "유류분 제도에 관한 연구", 『박사학위논문』, 연세대학교 대학원, 1988, 25~27쪽.

56) 부동산 물권의 승계에 관한 상속인을 피상속인의 직계비속에 한정하는 자유토지부동산권(A Free Hold)을 말한다.[Henry Campbell Black, *Black's Law Dictionary, 5th.* ed. (St. Paul Minn.: West Publishing, 1979), p. 103]; 김기영, (註 51), 434쪽, 주9).

57) 김기영, (註 51), 434쪽; 서희원, 『영미법강의』, 박영사, 2002, 280쪽.

우리나라도 일찍부터 유언의 관행이 있었다.[58] 유언은 피상속인의 자유로운 최종적 의사를 존중하기 위한 제도이므로 그 법적 성질은, 법률상의 규정된 방식에 따라야 하는 요식행위이며, 유언자의 일방적 의사표시에 의하여 성립되는 상대방 없는 단독 행위이자, 그 대리가 허용되지 않는 독립적 행위이고, 표의자가 사망한 이후에 그 효력을 발생하는 사후행위이다. 유언은 유언자가 언제든지 철회할 수 있는 자유로운 행위이며, 유언의 내용은 법정사항에 한하여 그 효력이 있다.

2) 유언의 요건

민법 제1060조는 "유언은 본법에 정한 바에 의하지 아니하면 효력이 생기지 아니 한다"라고 규정하여, 유언의 보통방식과 특별방식의 두 가지 모두 일정한 법정 방식을 요구하고 이 방식에 따르지 않는 유언은 무효로 하고 있다.

보통방식에 의한 유언은 통상의 경우에 의한 유언으로서, 自筆證書에 의한 유언(민법 제1066조)·錄音에 의한 유언(민법 제1067조)·公正證書에 의한 유언(민법 제1068조)·秘密證書에 의한 유언(민법 제1069조)이 있으며, 특별 방식에 의한 유언은 유언자가 비상시 또는 급박한 상태에서 유언을 하는 경우로서 口授證書에 의한 유언(민법 제1070조)이 그것이다.

이처럼 유언을 요식행위로 하고 있는 것은, 다른 나라에서도 널리 찾아 볼 수 있는데, 유언이 효력을 발생하는 것은 유언자가 사망한 때이므로 유언의 존재나

---

58) 經國大典의 刑典私錢條에는 『用祖父母以下遺書』라 하여 [祖父母及父則須手書 祖母及母則須族親族中顯官證筆, 衆所共知未手書者, 疾病者, 依婦人例]라고 주석되고 있으며(中樞院版 『經國大典』 500쪽), 또 속대전의 刑典文記條에는 『外祖父母遺書, 皆通用』이라고 규정되어있다(中樞院版 『經國大典』 461쪽). 이들 규정에 의하면 소유재산인 奴婢·田宅 등을 자손에게 분급하기 위하여 유언을 할 수 있는 자는 조부모, 부모, 외조부모에 국한되었으며 유언 방식은 조부, 부, 외조부는 자필의 유서를 써야 하고, 조모, 모, 외조모는 친족 중의 현관(文武兩班의 正識者)이 대필하여 증인이 되어야 했다. 또 조부, 부, 외조부일 지라도 일반인이 無識者나 질병자인 때에는 婦人의 경우와 같이 친족 중의 顯官者가 대필하고 증인이 되지 않으면 그 유언의 효력이 없었다.(김용한, 앞의 책, 382-383쪽).

내용에 관하여 다툼이 생길 여지가 많기 때문에 유언의 존재를 확실히 하고, 다른 한편으로는 유언자의 진의를 확인하며, 유언자의 신중한 태도를 촉구하기 위한 것이다. 유언은 대표적인 요식행위로서, 민법이 규정하고 있는 유언의 종류 및 방식에 부합하지 않으면 원칙적으로 효력이 생기지 않으며,[59] 법정된 요건과 방식에 어긋난 유언은 그것이 유언자의 진정한 의사에 합치하더라도 무효라고 하지 않을 수 없다.[60]

3. 유언의 효과(지정유족의 수급권)

근로자의 유언으로 지정받은 유족, 즉 지정유족은 법정 유족의 수급순위에도 불구하고 근로자 사망 당시 그로부터 부양여부에 관계없이 선순위 수급권자가 되어 유족급여를 지급받을 수 있다. 이는 미지급보험급여의 경우에도 같이 적용된다. 근로자가 유언으로 지정유족을 지정하는 경우에도 그 지정의 형태가 다양할 수 있으므로 그 지정형태에 따른 법적 효과를 유형별로 알아본다.

1) 유언으로 유족만 지정한 경우

근로자가 사망 전에 유언으로 지정유족만을 정하고 지급금액(또는 지급비율: 이하 같음)에 대해서는 유언하지 아니한 경우에는 근로자의 遺旨가 유족급여 전액을 지정유족에게 지급하게 한 것으로 보아야 할 것이다.

행정해석은 "유언으로 형제자매 3명 중 같이 동거하던 누나에게 산재보험급여 일체를 위임한다는 위임장을 써주고 사망한 경우, 동거하던 누나에게 부양받았음을 입증할 수 없어 유족급여 수급권은 형제자매 모두가 같은 순위로 볼 수 있다"[61]고 하였으나, 이 경우 유언의 요건을 인정할 수 없어 그와 같은 판단을 하

---

59) 윤진수, "상속제도의 헌법적 근거", 『헌법논총(제10집)』, 헌법재판소, 1999, 181쪽.
60) 大判 1999. 9. 3. 98다17800.

였는지는 알 수 없으나 유언으로서의 요건을 갖추었다면 부양 여부에 관계없이 지정유족에게 유족급여 전액을 지급함이 옳을 것이다.

2) 유언으로 유족과 그 지급액을 지정한 경우

근로자가 유언으로 지정유족에게 유족급여의 일정금액을 지정한 경우가 있을 수 있다. 예컨대, 유족급여 1억 원 중에 5천만 원을 특정 자녀에게 지급하여 달라고 유언으로 지정하는 경우이다.

근로자가 유언으로 지정유족에게 유족급여의 일정 금액을 지정하였다면, 일단 지정유족은 근로자의 유언의 취지대로 지정금액을 수령함에는 이의가 없을 것이나, 지정유족에게 지급하고 남는 차액이 있다면 그 차액은 지정유족 이외의 유족들의 법정순위에 따라 배분율이 달라진다고 보아야 할 것이다.

① 지정유족보다 법정 선순위 유족이 있는 경우

지정유족과 법 제46조 제1항의 규정에 의한 법정 선순위 유족이 있다면, 지정유족에게 근로자의 유언에 따라 지정 비율 또는 지정금액(위의 예에서 5천만 원)을 지급하고, 그 차액은 법정 선순위 유족에게 지급하여야 할 것이다. 이 경우는 지정유족이 법정순위에 의하면 보험급여가 지급될 수 없을 것이나, 근로자로부터 유언으로 지정금액 또는 지정비율을 지정 받았기 때문에 그 한도 내에서는 지정유족의 수급권이 우선하기 때문이다.[62]

② 지정유족과 법정 같은 순위 유족이 있는 경우

법정 같은 순위의 유족이 여러 명 있음에도 근로자 유언으로 그중 한 명을 유

---

61) 1991. 7. 11. 災補 01254－10042.

62) 황운희, "산재보험 유족급여의 수급권자 결정에 관한 연구", 『석사학위논문』, 숭실대학교 노사관계대학원, 2002. 12, 84쪽.

언으로 지정하여 일정금액을 지급하도록 유언하는 경우가 있을 수 있다. 이 경우 지정받은 유족에게 금액 표시를 하지 않았다면 위 1)의 사례에서와 같이 지정유족이 유족급여 전부를 지급받을 수 있을 것이다. 그러나 지정유족에게 금액을 지정하였기에 지정유족에게 지정금액을 지급하고 차액이 있다면 그 多寡에 따라 다음과 같이 처리하여야 할 것이다.

가. 지정금액이 균등배분 금액보다 많은 경우

> 사례: 유족급여 총액이 1억 원이고, 지정유족을 포함하여 같은 순위의 유족이 5명이며, 지정유족에게 6천만 원의 지급을 유언한 경우

위 사례에서 지정유족에게 지급을 유언한 금액(6천만 원)이 유족급여 총액(1억 원)을 법정 같은 순위 유족과 지정유족을 포함한 수급권자 수로 등분한 금액(2천만 원)보다 많으므로, 일단 지정금액(6천만 원)을 지정유족에게 지급한다. 그리고 차액(4천만 원)은 지정유족을 제외한 법정 같은 순위 유족 수(4 명)로 균등 배분(1천만 원)하여 지급하면 될 것이다. 행정해석[63]도 이에 따르고 있다.

나. 지정금액이 균등배분금액보다 적은 경우

위의 사례에서 지정유족에게 유언한 금액이 유족급여 총액(1억 원)을 법정 같은 순위 유족과 지정유족을 포함한 수급권자 수(5명)로 등분한 금액(2천만 원)보다 적은 금액(1천만 원)을 지정유족에게 지급하도록 유언하는 경우가 있을 수 있다. 이 경우 다음 세 가지의 견해가 있을 수 있다.

㉠ 지정유족에게 지정 금액만을 지급하자는 견해

일단 지정금액(1천만 원)을 지정유족에게 지급하고, 차액(9천만 원)을 지정유족을

---

63) 1998. 1. 14. 補償 6602-27.

제외한 수급권자(4명)가 균등 배분(2천2백5십만 원)하자는 견해가 있을 수 있다.

그러나 이 견해에 따를 경우 지정유족(1천만 원)이 법정순위 유족(2천2백5십만 원)보다 오히려 적은 보험급여를 수령하게 되어, 지정유족이 우대받는 것이 아니라 차별을 받는 것이 되어 지정유족 제도의 취지에 반하게 된다.

㉯ 지정유족에게 균등배분 금액을 더 지급하자는 견해

지정유족에게 근로자의 유언에 따라 지정금액(1천만 원)을 지급하고, 남은 차액(9천만 원)을 지정유족을 포함한 같은 법정 같은 순위 유족의 수(5명)로 균등 배분한 금액(1천8백만 원)을 다시 지정유족에게 지급(2천8백만 원=1천만 원+1천8백만 원)하자는 견해가 제시될 수 있다. 이 견해는 지정유족제도의 취지에 충실한 해석이다.

㉰ 지정유족을 포함한 균등배분 금액을 보장하자는 견해

이 경우는 지정유족에게 근로자의 유언에 따라 지정금액(1천만 원)만을 지급할 것이 아니라, 유족급여 총액을 지정유족을 포함한 법정 같은 순위자의 수(5명)로 균등 배분한 금액(2천만 원)을 보장하자는 견해다. 즉 유족급여 총액에서 지정유족을 포함한 같은 순위 유족의 수로 균등 배분하여 지급하자는 것이다. 행정해석[64]은 이에 따르고 있다.

이 견해는 민법 제1008조에 의하면 '공동 상속인 중에 피상속인으로부터 재산의 증여 또는 유증을 받은 자가 있는 경우에 그 수증재산이 자기의 상속분에 달하지 못한 때에는 그 부족한 부분의 한도에서 상속분이 있다'고 규정하고 있음을 그 이유로 제시한다.

㉱ 사견

사견으로는 나)의 견해에 찬동한다. 지정유족 제도는 근로자로부터 유언으로 지정받은 수급권자를 우대하여 근로자의 遺旨를 존중하자는 취지이므로 근로자가

---

64) 1998. 1. 14. 補償 6602 - 27.

자신의 사망에 대한 유족급여 총액을 정확히 알았다면 이와 같은 일은 없을 것이다. 만일 가)의 견해를 택하게 되면 지정유족제도는 유언으로 지정유족을 우대하는 것이 아니라 지정유족을 차별하는 제도가 되며, 다)의 견해를 택하게 되면 지정유족 제도의 의의가 상실되기 때문이다.

3) 지정유족 이외에 다음 순위 유족만 있는 경우

지정유족과 같은 순위 또는 선순위 유족이 없고 다음 순위 유족만 있는 경우에 지정유족에게 유족급여의 일정금액을 지정한 경우가 있을 수 있다.

① 지정유족에게 유족급여 전액을 지급하자는 견해

이 경우에는 유족급여액 전부를 지정유족에게 지급하자는 견해가 있을 수 있다. 지정유족 제도를 둔 취지는 지정유족을 우대하기 위함인데 이를 인정하지 아니하고 차액을 다음 순위 유족에게 지급한다면 지정유족을 우대하는 것이 아니라 다음 순위 유족을 우대하는 결과가 되기 때문이다.

② 차액을 다음 순위자에게 지급하자는 견해

지정 금액만을 지정유족에게 지급하고 차액을 다음 순위의 유족에게 지급하자는 견해로서, 이 견해에 따르면 지정유족을 보호하는 것이 아니라 오히려 유언으로 지정받지 않은 유족을 보호하는 것이 된다.

③ 사견

사견으로는 ①의 견해에 찬성한다. 지정유족 제도는 근로자의 遺旨를 존중하여 유언으로 지정받은 유족을 더 보호하는 제도이므로 유언으로 지정받은 유족보호에 초점을 맞추어야 할 것이다. 따라서 지정유족보다 다음 순위의 유족이 있는 경우에는 지정유족에게 일정금액만을 지정하여도 유족급여 전액을 지정유족에게 지급함이 지정유족 제도의 취지에 합당할 것이다.

4) 지정유족이 2인 이상인 경우

① 같은 순위의 유족에게 유언한 경우

근로자가 유언으로서 유족급여를 받을 유족을 2인 이상 지정한 경우, 다행히 그 유족이 산재보험법 제46조 규정에 의한 같은 순위 유족이라면 등분하여 지급함에 이견이 없을 것이다.

② 다른 순위의 유족들에게 유언한 경우

같은 순위의 유족이 아닌 2인 이상의 유족에게 유족급여를 지급하도록 유언한 경우에는 이들 중에서 산재보험법 제46조의 규정에 의한 선순위 유족에게만 유족급여를 지급하자는 견해가 있을 수 있다.

그러나 산재보험법 제46조 제3항의 취지가 유족급여의 법정순위가 규정되었음에도 사망 근로자의 遺旨를 존중하여 근로자가 유언한 지정유족에게 선순위 자격을 부여하는 것이므로, 법정순위에 관계없이 특별한 이유가 없는 한 사망 근로자의 유언으로 같은 순위의 수급권자가 되므로 유언으로 지정받은 2인 이상인 유족에게 등분하여 지급함이 옳을 것이다.

③ 유언으로 2인 이상의 유족에게 그 지급금액을 지정한 경우

사망 근로자가 2인 이상의 유족에게 유언으로 유족급여를 지급받을 유족을 지정하면서 그 지급 금액까지도 지정한 경우, 예컨대 유족급여 1억 원 중에서 子에게 6천만 원, 母에게 4천만 원을 지급하기로 유언한 경우에도 산재보험법 제46조 제1항의 같은 순위의 수급권자가 2인 이상인 경우로 보아 등분하여 지급하자는 견해가 있을 수 있으나, 산재보험법 제46조 제3항의 규정이 근로자의 遺旨를 존중한다는 취지를 살려 근로자의 유언에 따라 지급함이 입법 취지에 합당할 것이다. 만일 유언에 따른 지급을 하고도 차액이 남는다면 유언의 지정비율에 따라 지정유족들에게 배분하면 될 것이다.

5) 유언으로 유족과 유족 아닌 자를 함께 지정한 경우

근로자가 보험급여를 받을 유족을 유언으로 지정하면서 유족과 유족이 아닌 자를 함께 지정할 경우가 있을 수 있다.

① 유족이 아닌 자에 대한 지정의 효과

근로자가 유언으로 유족의 순위를 지정하더라도 산재보험법 제5조 제3호 및 동법 제46조 제1항에 규정된 유족[65] 중에서 지정하여야 하며, 유족이 아닌 자는 유족급여를 받을 자격이 없으므로 유언으로 지정받았다 하여도 그 지정은 효력이 없다.

판례도 유언으로 가장 가까운 친족인 조카를 유족급여의 수급권자로 지정하였다고 하더라도, 사망한 근로자의 조카가 유족급여의 수급권자로 될 수는 없다[66]고 한다.

행정해석도 근로자가 유족이 아닌 이화여대 총장[67]이나, 인척관계도 없는 자 및 단순한 동거녀의 자녀[68] 등에 대하여 유족급여금을 지급하여 달라는 유언을 하였어도 보험급여의 수급권자로 인정하지 않았다.

산재보험법에서는 수급자의 범위를 미리 정하고 있기 때문에 그 범위를 수급권

---

65) 1993. 6. 9. 災補 68607 - 565.
66) 大判 1992. 5. 12. 92누923.
67) 1974. 10. 21. 補償 14429.
68) 1993. 6. 9. 災補 68607 - 565.

자가 임의로 확장할 수는 없는 것이며, 산재보험 수급권의 성질을 재산권으로 보는 경우에도 그 내용을 입법자가 정해놓은 것으로, 입법자가 본 수급권의 사회적인 의미를 고려하여 그 내용을 형성한 것으로 입법 재량의 범위 아래에 둔 것이라 할 것이다.[69]

② 지정유족에게만 지급하자는 견해

사망 근로자의 유족이 아닌 자는 처음부터 보험급여 수급권이 없으므로 사망 근로자로부터 보험급여 수급권을 지정받았다 하여도 유족이 될 수는 없으며, 지정유족 제도는 보험급여 수급권의 수급 순위를 변경할 수 있음에 불과하지 수급권을 창설하는 권리는 아니다.

따라서 유족이 아닌 자가 유족과 함께 사망 근로자의 유언으로 보험급여 수급권자로 지정받았다 하여도 유족이 아닌 자를 제외하고, 근로자의 유언으로 지정된 유족만 보험급여 수급권이 있다. 만일 지정 유족이 2인 이상이면 등분하여 지급되고, 지정 유족이 혼자일 경우에는 단독 1순위자가 되어 유족급여 전액을 지급받을 수 있을 것이다.[70]

③ 지정받은 자의 수로 균등배분 하자는 견해

이와 관련하여 행정해석은 "유언 공증서로서 受贈者가 유족에 해당하는 피재자의 동생과 유족에 해당하지 아니하는 2인(인척관계가 없는 자와 단순한 동거녀의 자녀)을 포함하여 3인으로 된 경우, 이 중 유족의 범위에 속하는 자는 근로자의 동생밖에 없으므로 일단 수증자 중 피재자의 동생만이 유족급여금의 1순위자가 될 것이나, 동 유언의 취지에 별다른 언급이 없는 한 수증자 3인의 균등분배를 뜻한다 할 것이다. 따라서 피재자 동생의 수급권은 3분의 1에 그친다 할 것이고,

---

69) 헌법재판소,『사회보험법의 헌법적 문제에 관한 연구(헌법재판연구 제11권)』, 2000, 329쪽.
70) 황운희, 앞의 논문, 88쪽.

나머지 3분의 2의 유족급여는 유언의 수증자를 제외한 다음 순위자인 피재자의 母가 될 것"[71]이라 하였다. 이는 지정받은 자의 수(유족 아닌 자 포함)로 균등배분하자는 견해로 보인다.

④ 비판

산재보험법은 유족보상 일시금 수급권자의 결정에 있어서 법정순위가 규정되어 있음에도 불구하고, 근로자의 유언에 의하여 지정유족이 선순위로 유족급여를 지급 받을 수 있으며, 근로자의 유언으로 지정을 받지 못한 유족은 지정 유족보다는 다음 순위자가 된다.

위 행정해석에 의하면 피재근로자의 유언으로 지정을 받은 선순위자인 피재자의 동생은 유족급여 총액의 3분의 1을 지급받고, 유언으로 지정을 받지 못한 다음 순위자인 피재자의 母가 오히려 유족급여 총액의 3분의 2를 지급 받게 되어 근로자의 遺旨와는 상반되는 결과를 초래하여 근로자의 유언을 존중하려는 입법취지가 퇴색된다. 또한 산재보험법 제46조 제1항은 "같은 순위의 수급권자가 2인 이상인 경우에는 당해 유족에게 등분하여 지급한다"라고 규정하고 있어, 이를 근거로 해석하면 같은 순위의 자가 없는 경우에는 단독 1순위 수급권자가 되어 유족급여액 전부를 지급받게 된다. 따라서 위 행정해석의 사례에서는 피재근로자의 유언으로 지정받은 자 중 동생 이외에는 유족이 아니라 수급권자가 될 수 없으므로, 피재근로자의 동생은 같은 순위자가 없는 단독 1순위자가 되어 유족급여 총액을 전부를 지급 받음이 타당할 것이다.

6) 지정유족이 수급권을 포기한 경우

근로자 사망 당시 근로자의 유언으로 지정받은 유족이 유족급여 수급권을 포기하는 경우 그 포기의 효력을 인정할 것인가?

---

71) 1993. 6. 9. 災補 68607-565.

① 포기 금지설

보험급여는 수급권자의 생활보호를 위하여 특별한 보호가 요청되므로 양도·압류가 금지되며, 포기할 수도 없고, 기타 위임 형식에 의한 권리의 담보 등 일체의 법률행위가 금지된다고 해석되고 이와 같은 법률행위는 무효라 한다.[72]

② 포기 가능설

미지급보험급여는 사망한 수급권자가 관리운영 주체에 대하여 부담하고 있던 채무의 승계를 수반하므로 수급권을 포기할 수 있는 가능성을 가져야 한다[73]는 견해가 있다.

③ 심사결정례 및 행정해석

산재보험의 심사결정례[74]에 의하면 수급권의 포기를 부정하고 있다.[75] 한편, 행정해석은 "피재근로자가 장해급여의 청구를 포기하고 민법상 손해배상에 갈음한다면 이에 관여할 수 없다"[76]고 하여, 수급권의 포기를 인정하는 것으로 보이나, 국민연금의 경우 "유족연금 수급권을 포기한다 할지라도 다음 순위 유족에게 수급권이 이전되지는 않는다."[77]고 하여 포기금지설의 입장이다.

④ 사견

수급권의 포기 금지설은 수급권이 피재근로자의 생활보장과 건강회복 또는 유

---

72) 김수복, 앞의 책, 527쪽; 이상국, 앞의 책, 759쪽; 조보현, 앞의 책, 405쪽; 근로복지공단, (註 8), 256쪽.

73) 이상광, 앞의 책, 668－669쪽.

74) 근로복지공단 2003 심사결정 제381호(근로복지공단, 『2004 산재보험심사결정사례집』, 2004, 557－560쪽).

75) 그러나 이 사건은 포기 후 다시 수급권을 행사하였다.

76) 1983. 1. 5. 補償 1458.7－102.

77) 1992. 10. 7. 심사 800·0－10·79(이상윤, 『국민연금법해설』, (주) 중앙경제사, 1999, 184쪽).

족의 생활보장을 위하여 절대적으로 필요한 것으로서 강력한 보호가 요청되기 때문에[78] 양도·압류의 금지뿐만 아니라 포기도 금지된다고 하나, 동법 제59조 제2항에서 수급권의 양도 또는 압류의 금지[79]는 명시하고 있지만, 포기의 경우 그와 같은 규정이 없으며, 민법 제1074조 제1항은 유증을 받을 자의 포기를 인정하고 있고, 사회보장기본법 제14조 제1항도 사회보장 수급권의 포기를 인정하고 있다.

지정유족의 의사도 존중한다는 의미에서 지정유족의 보험급여 수급권의 포기의사는 그 효력을 인정하여야 할 것이다. 독일 사회법도 특별 승계인이 특별 승계를 포기할 수 있도록 규정하고 있다(§ 57 SGB Ⅰ).[80]

유언으로 지정받은 유족이 유족급여를 포기한 경우 그 포기는 취소할 수 없을 것이다. 민법 제1075조도 "유증의 승인이나 포기는 취소할 수 없다"고 규정하고 있으며, 사회보장기본법 제14조 제2항도 "사회보장 수급권의 포기는 이를 취소할 수 없다"고 규정하고 있다.

4. 문제점

1) 요건의 완화

유언은 망인의 사후에 효력을 발생하는 것으로 유언자의 진의를 보장하기 위해 엄격한 방식을 요구하는 것이 결코 무리한 것이라고 할 수는 없을 것이다.

산재보험법이 지정유족 제도를 규정한 것은 근로자의 遺旨를 존중하여 법정순위의 수급순위를 변동하여 그의 사후에 지정유족에게 바람직한 조치를 해두고 싶은 근로자 생전의 최종 의사에 법률적 효과를 인정해주고자 함이다.

업무상 재해란 예고 없는 재해이고, 이와 같은 상황에서 근로자에게 민법에서

---

78) 이상국, 앞의 책, 758쪽; 김수복, 앞의 책, 526쪽; 조보현, 앞의 책, 404쪽; 근로복지공단, (註 8), 256쪽.

79) 1995. 10. 4. 補償 6602-306.

80) 이상광, 앞의 책, 669쪽.

규정한 엄격한 유언방식을 요구하는 것은 시간적·경제적 부담이며, 또한 상당한 법률지식까지 요구함으로써 사실상 입법 취지를 살리지 못하고 있다. 따라서 산재보험법의 지정유족 제도를 근로기준법의 규정과 같이 "근로자가 사용자에 대한 예고에 의하여 유족 중의 특정한 자를 지정한 경우"에도 인정하고, 또한 "주치의사에게 예고"한 경우에도 유언에 준하는 효력을 부여하는 제도의 도입이 요청된다.

2) 법정순위 유족의 보호

산재보험급여는 근로자의 업무상 재해로 인한 노동력 상실에 대하여 근로자 및 유족의 생계를 보호하기 위해 지급되는 보험급여이다. 근로자의 업무상 재해로 피재근로자나 유족은 소득의 원천을 잃었으므로 그들의 생계는 특별 보호 대상이다. 그럼에도 불구하고 사망 근로자의 유언으로 인하여 법정순위 유족은 수급권을 전부 또는 일부를 잃게 된다.

지정유족 제도는 보험급여의 수급순위가 법률로 규정되어 있음에도 불구하고 근로자의 유언으로 지정받은 유족을 수급권자로 결정하여 법적으로 확보된 수급권을 제한하거나 박탈하는 결과를 초래하여 법정순위 유족의 생활보장을 위협한다는 비판이 제기될 수 있다.

근로자의 유언으로 수급권자가 된 지정유족의 생활보호도 중요하지만, 동법에서 이미 확보된 수급권을 제한 또는 박탈당하는 유족의 권리도 경시할 수 없을 것이다. 따라서 민법 제1112조의 유류분제도와 같은 제도를 도입하여 법정 수급권자였던 유족의 생활도 최소한 보장할 필요성이 있다.

3) 유족보상 연금에의 적용 여부

지정유족 제도는 1964. 7. 1. 산재보험법 시행 때부터 적용된 제도이나,[81] 유족

---

81) 1964. 6. 9.(대통령령 제1837호) 개정 산업재해보상보험법시행령 제15조 (유족급여의 수급순위) 제1항은, "법 제9조 제1항 제4호의 규정에 의한 유족급여를 받을 자의 순위에

보상 연금에 대하여는 사망 근로자의 유언으로 지정받은 유족에게 수급권을 인정하는 규정이 없다.

유족급여는 1964. 7. 1. 산재보험법 시행 때는 일시금 제도였으나, 1970. 12. 31. 개정법에서 유족보상연금이 도입되어 수급권자의 선택에 따라 유족급여 또는 일시금을 수급할 수 있었으며, 1999. 12. 31. 개정법에서는 유족급여는 연금 지급이 원칙이다. 그러나 유족보상 연금제도가 도입될 때 지정유족 제도는 같이 도입되지 못하였다. 따라서 근로자가 유언으로 유족을 지정한 경우 유족보상 연금의 지급이 문제이다.

유언에 의한 수급권자 지정의 효력은 유족보상 일시금(장해보상 연금 차액일시금, 유족보상 연금 차액일시금)에 한해서만 인정되고 유족보상 연금 수급권자의 결정에는 효력이 없다[82]는 견해가 있다. 그러나 근로자의 업무상 사망이라는 동일한 사유에 대하여 유족급여를 지급하면서 일시금의 경우에는 지정유족 제도를 적용하고 연금의 경우에는 적용하지 않는다는 것은 형평성에 문제가 있다. 이는 입법상의 不備로 보이며 유족보상 연금의 경우에도 지정유족 제도를 적용함이 옳을 것이다.[83] 따라서 피재근로자가 유언으로 유족급여 수급자격자를 지정한 경우 동법 제44조의 규정에 의한 유족보상 연금수급자격자의 순위에도 불구하고 유언으로 지정받은 유족이 유족보상 연금 수급자격자가 된다고 보아야 할 것이다.

그런데 피재근로자가 동법 제44조의 규정에 의한 유족보상 연금수급자격자가 있음에도 불구하고 유족보상 연금 수급자격자가 아닌 유족보상 일시금 수급자격자에게 유언할 경우인데, 이 경우 피재근로자의 유언을 존중하여 유언으로 지정받은 자에게 유족보상 일시금을 지급할 것인가, 유족의 장기적 생활보호를 위하여 법의 규

관하여는 근로기준법시행령 제53조 내지 제52조의 규정을 준용한다"고 규정하고 있었고, 1962. 9. 25.(각령 제977호) 개정 근로기준법시행령 제50조는 "전항의 규정에 불구하고 근로자가 유언 또는 사용자에 대하여 예고로서 그중의 특정한 자를 지정하였을 경우에는 이에 따른다."고 규정하였다.

82) 근로복지공단, (註 8), 136쪽.

83) 황운희, 앞의 논문, 91－92쪽.

정에 의한 유족보상 연금수급자격자에게 연금을 지급할 것인가가 문제이다.

사견으로는 피재근로자의 遺旨를 존중하는 결정이 바람직할 것으로 보인다. 유족급여가 연금 지급원칙이라 하여도 산재보험법 제정 때부터 유지되던 지정유족 제도가 적용이 배제될 수는 없을 것이다.

Ⅲ. 미지급보험급여의 수급권자로 결정된 유족이 사망한 경우

1. 의의

산재보험법 제53조는 미지급보험급여는 유족(유족급여의 경우에는 다른 유족)에게 그 수급권이 있음을 규정하고 있으며, 동법시행령 제46조는 "동법 제46조 제1항·제2항·제4항의 유족보상 일시금 수급권자의 결정에 관한 규정은 미지급보험급여의 청구권자의 결정에 관하여 이를 준용한다."고 규정하고 있다. 그러나 수급권의 이전 규정인 동법 제46조 제3항은 준용을 명시하지 않고 있다.

그런데 경우에 따라서는 원래의 수급권자였던 피재근로자가 사망하여, 지급되지 못한 미지급보험급여의 수급권자로 결정된 유족이 또 다시 미지급보험급여를 지급받지 못하고 사망하는 경우가 있을 수 있다. 이는 근로자 사망 당시 근로자의 유언으로 지정받은 유족이 유족급여를 청구 또는 수령하기 전에 사망한 경우에도 마찬가지이다. 이 경우 지급되지 못한 미지급보험급여를 원래의 수급권자였던 피재근로자의 다른 유족에게 지급하자는 견해와 미지급보험급여의 수급권자로 결정되었던 유족의 상속인에게 지급하자는 견해가 대립될 수 있다.

2. 다른 유족이 수급권자라는 설

산재보험법 제53조는 미지급보험급여는 유족에게 그 수급권이 있음을 규정하고 있으며, 동법시행령 제46조는 "동법 제46조 제1항·제2항·제4항의 유족보상 일시금 수급권자의 결정에 관한 규정은 미지급보험급여의 청구권자의 결정에 관하여 이를 준용한다."고 규정하고 있다.

그러나 수급권의 이전 규정인 동법 제46조 제3항은 준용을 명시하지 않고 있다. 따라서 미지급보험급여의 수급권자로 결정된 유족이 또다시 사망하는 경우에는, 산재보험법 제53조 제1항의 "유족급여의 경우에는 그 유족급여를 받을 수 있는 다른 유족에게 지급한다."고 규정된바, 이 규정을 준용하여 다른 유족에게 지급되어야 한다는 것이다.

국민연금의 경우에는 선순위 미지급급여 청구권자로 된 자가 또다시 사망하는 경우 다음 순위 유족이 미지급보험급여의 청구권자가 된다는 견해가 있다.[84]

3. 유족의 상속인이 수급권자라는 설

산재보험법 제53조가 미지급보험급여에 대하여 유족급여의 경우에는 다른 유족에게 지급하도록 규정하고 있다. 그러나 유족급여 이외의 경우, 즉 피재근로자가 수급권자였던 경우의 미지급보험급여의 경우에는 산재보험법이 규정한 바가 없어, 피재근로자가 수급권자였던 미지급보험급여의 경우는 최초의 미지급보험급여의 수급권자였던 유족의 상속인에게 미지급보험급여가 지급되어야 한다는 것이다.

이 견해는 일본에서 주장되는 견해이다. 일본의 勞災保險法은 유족보상 연금의 경우에는 동법 제16조의4 제1항이 수급권의 이전 규정, 즉 "유족보상 연금을 받을 권리가 소멸한 경우 같은 순위자에게 같은 순위자가 없는 경우에는 다음 순위자에게 이전한다"는 규정이 있으나, 유족보상 일시금의 경우에는 그와 같은 규정이 없어, 미지급보험급여의 수급권자로 결정된 유족이 사망하는 경우에는, 그 유족의 유족이 미지급보험급여의 수급권자가 되는 것이며,[85] 이 경우에는 代襲相續도 부

84) 인경석, 『국민연금법 해설』, 국민연금관리공단, 2001, 216쪽.
85) 노동보험국, (註 11), 1994, 40쪽; 이현주 외 5인, 『주요국의 산재보험급여체계 비교연구』,

정할 수 없는 것이다.[86]

4. 사견

피재근로자가 수급권자였던 미지급보험급여의 수급권자로 결정된 미지급보험급여를 지급받지 못하고 또다시 사망하는 경우 그 미지급보험급여의 지급 여부와 관련하여 우리나라의 판례와 행정해석은 찾기가 어렵다.

사망한 근로자의 다른 유족이 수급권자라는 견해가 이설 없이 주장되려면 동법 시행령 제46조가 동법의 유족보상일시금의 수급권 이전규정(동법 제46조 제3항), 즉 "수급권자인 유족이 사망한 경우에는 같은 순위자에게, 같은 순위자가 없는 경우에는 다음 순위자에게 지급한다."는 규정이 준용하도록 규정하여야 하나, 현행법은 그와 같은 승계 규정의 준용은 명시하지 않고 있다. 그리고 동법 제53조 제1항은 "유족급여의 경우에는 그 유족급여를 받을 수 있는 다른 유족에게 지급한다"고 명시한바, 유족급여의 경우에는 그 유족급여를 받을 수 있는 다른 유족에 한정된다고 해석되며, 그 유족급여를 받을 수 있는 유족이 아닌 다른 보험급여의 경우에도 준용하기는 어렵다고 본다.

사견으로는 우리나라 산재보험법이 피재근로자가 수급권자였던 경우 이와 관련한 미지급보험급여의 승계 규정을 두지 않아서 법리적으로는 유족의 상속인에게 지급되어야 한다고 본다.

한국노동연구원, 2003, 169쪽; 1961.1. 31. 起發 第73号.
86) 노동보험국, 『日本의 勞災補償制度』, 82－83쪽.

제3절 유족이 수급권자였던 경우 수급권자 결정

I. 미지급 유족급여의 수급권자

유족급여인 미지급보험급여 수급권자로 확정된 유족이 또다시 미지급보험급여를 지급받지 못하고 사망하는 경우 그 미지급 유족급여는 다른 유족에게 지급할 것인가? 아니면 사망한 유족의 상속인에게 지급할 것인가?

우리나라 산재보험법 제53조는 "유족급여의 경우 다른 유족에게 지급한다"고 규정하여 이를 입법적으로 해결하고 있다. 따라서 유족급여의 경우 수급권자였던 유족이 사망하면 유족의 상속인에게 상속되는 것이 아니라,[87] 사망한 근로자를 기준으로 유족급여를 받을 수 있는 다른 유족에게 지급되며,[88] 다른 유족의 결정 방법은 동법 제46조의 유족보상 일시금의 수급순위에 의하여 결정된다. 같은 순위 유족이 없으면 다음 순위의 유족이 수급권을 승계받아 미지급보험급여를 지급받게 된다. 같은 순위 유족이 2인 이상이었다면 남은 같은 순위 유족들은 사망한 유족을 제외하고 균분하면 될 것이고, 같은 순위 유족이 없다면 다음 순위 유족이 미지급보험급여를 수령하게 된다.

그러나 일본의 경우에는 미지급된 보험급부의 청구권자가 그 지급을 받지 않고 사망한 경우 유족급부 일시금의 경우에는 수급권 이전규정[89] 및 미지급 보험급부의 규정에도 유족급부에 대한 특별한 규정[90]이 없어 다음 순위자가 올라가 청구할 수 있는 것이 아니라, 사망한 유족의 상속인이 청구권자가 된다.[91] 특별지급

---

87) 근로복지공단, (註 8), 136쪽.
88) 근로복지공단, (註 8), 267쪽.
89) 우리나라 산재보험법 제46조 제3항.
90) 우리나라 산재보험법 제53조 본문의, "유족급여의 경우 유족급여를 받을 수 있는 다른 유족"이라는 규정.

금[92])의 경우에도 미지급급부의 지급례에 따라 지급한다.[93]

Ⅱ. 유족의 유언 인정 여부

산재보험법시행령 제46조에 의하면, 동법 제46조의 유족보상일시금의 수급권자 결정규정(수급권 이전 규정 제외)은 미지급보험급여의 청구권자의 결정에 관하여 준용하도록 규정하고 있고, 동법 제46조 제4항은 "제1항 내지 제3항의 규정에 불구하고 근로자가 특히 유언으로서 보험급여를 받을 유족을 지정한 경우에는 그 지정에 따른다"고 규정되어, 유족급여 수급권자였던 유족도 유언으로 다른 수급자격자를 지정할 수 있다는 견해가 있을 수 있다.

그러나 동법 제46조 제4항은 "제1항 내지 제3항의 규정에 불구하고 근로자가 특히 유언으로써 보험급여를 받을 유족을 지정한 경우에는 그 지정에 따른다"는 취지는 피재근로자의 업무상 재해로 말미암아 지급되는 유족급여를 법령의 유족순위에도 불구하고 피재근로자의 遺旨를 존중하고자 함이 그 입법 취지이다. 따라서 업무상 재해를 당한 근로자가 아닌 유족에게까지 유언으로 미지급보험급여의 수급순위를 변동하게 할 수는 없을 것이다.

---

91) 노동보험국, (註 86), 82–83쪽; 井上浩, 『勞災補償法入門 勞災保護法を中心とする (改訂 8版)』, 經營書院, 2004. 301頁.

92) 노동 복지사업 중에서 '피재근로자 또는 유족의 원호를 도모하기 위해 필요한 사업'의 가장 중요한 것으로 특별지급금의 지급이 있다. 특별지급금은 보험급부의 수급권자에 대해서는 그 자가 받는 보험급부에 부가하여 지급되는 것으로, 보험급부에 준하는 것이라 말 할 수 있다. 특별지급금의 종류로는 ① 휴업특별지급금, ② 장해특별지급금, ③ 유족특별지급금, ④ 상병특별지급금, ⑤ 장해특별연금, ⑥ 장해특별일시금, ⑦ 유족특별연금, ⑧ 유족특별일시금, ⑨ 상병특별연금 등이 있다. 이 중 ⑤–⑨가 보너스 등의 특별급여를 산정기초로 하는 소위 '보너스 특별지급금'이다.(이현주 외 5인, 앞의 책, 212쪽 참조.)

93) 노동보험국, (註 11), 1994, 55쪽; 이현주 외 5인, 앞의 책, 169쪽.

제4절 미지급보험급여의 수급권 행사

I. 수급절차

1. 의의

보험급여의 수급권자로 결정된 자가 보험급여를 수령하지 못하고 사망하여 수급권자에게 지급되지 못한 보험급여, 즉 미지급보험급여는 유족 중에서 동법 제46조 제1항의 규정에 의한 최선순위 유족에게 지급한다. 그리고 유족급여의 경우에는 다른 같은 순위 유족에게, 다른 같은 순위 유족이 없으면 다음 순위 유족에게 지급된다. 미지급보험급여의 수급권자는 원래의 수급권자가 보험급여를 청구도 아니 하였다면, 유족(유족급여의 경우 다른 유족)이 자기 이름으로 보험급여를 청구할 수 있다. 그리고 원래의 수급권자가 청구는 하였으나 그 보험급여가 지급되지 않았어도 유족이 다시 자기의 이름으로 청구하여야 한다.

2. 수급권자가 2인 이상인 경우

1) 수급절차

산재보험법 제45조 제3항은 유족보상 일시금에 관하여 같은 순위의 수급권자가 2인 이상인 경우에는 당해 유족에게 등분하여 지급하도록 규정하고 있다. 따라서 수급권자가 여러 명인 경우 1인이 신청하였다면 그가 지급받을 미지급보험급여에 대한 청구로 보아야 할 것[94]이다.

국민연금법의 경우 동법시행령 제37조 제1호는 이를 명시적으로 규정하고 있다.

---

94) 1984. 12. 18. 補償 1458.7 − 24714.

2) 소송상의 문제

같은 순위 수급권자가 2인 이상 있는 경우, 그중 일부만이 보험급여를 청구하였다가 부지급 처분을 받고 訴를 제기하거나, 근로복지공단에 보험급여 지급을 청구한 수급권자와 부지급 처분 취소소송의 원고가 일치하지 않을 때, 과연 적법한 지급청구가 있었다고 할 수 있는지 여부와 원고적격이 문제될 수 있다.

수급권자 중 1인만이 청구하고 그가 소를 제기한 경우에는 균분 지급되는 자기 몫의 급여를 청구한 것으로 보아 그 부분에 관한 부지급 처분의 취소를 구하는 소로 취급하여야 할 것이며, 이는 유족보상 연금에 관하여는 2인 이상의 수급권자에 대한 분할지급 규정이 없지만 유족보상 일시금에 관한 규정을 유추 적용하는 것이 타당할 것이다.[95]

그리고 수급권자 중 1인만이 청구하였으나 다른 수급권자가 공동 원고가 되어 소를 제기한 경우에는 유족급여를 청구하지 않은 수급권자에 대하여는 처분이 존재하지 않는 것이므로 그 원고 적격을 부인하여야 할 것이며, 대표자를 선정하여 청구한 경우에 그 처분은 대표자와 선정자 전원에 대한 것으로 보아야 할 것이다. 유족급여 청구 단계에서 대표자를 선정하였다 할지라도 취소 소송을 제기함에 있어서는 대표자와 선정자 모두를 원고로 하여야 할 것이다. 그중 일부가 원고에서 누락된 경우가 문제인데, 공동 수급권자에 대한 부지급 처분의 취소를 구하는 소가 필요적 공동 소송에 해당한다고 보기는 어려우므로, 別訴를 제기하도록 하여 소를 병합하는 것이 타당할 것이다.[96]

---

95) 서울행정법원,『행정재판실무편람 : 자료집』, 2001, 350쪽.
96) 서울행정법원, 앞의 책, 350－351쪽.

II. 수급권의 보호

1. 양도·압류금지 등의 보호

산재보험법에 의한 보험급여 수급권은 보험 관장자에게 보험급여를 청구할 수 있는 법적 권리로서 독립적인 권리이며, 산재보험급여의 지급 요건에 해당하는 경우 지급하여야 하는 강행성이 있다.[97]

산재보험법 제59조는 수급권자의 생활을 보장하기 위한 수입원으로서 피재근로자 또는 유족의 생계를 확고히 보장하기 위한 조치를 마련하고 있다. 보험급여의 필요성이 존재하면 계속하여 보험급여를 지급하여 근로관계가 종료 이후에도 수급권은 소멸되지 않는다. 그리고 보험급여에 대한 양도 및 압류가 금지되며, 이는 민사법상의 강행규정으로 보험급여가 확실히 수급권자에게 지급될 수 있도록 하기 위함이다.[98][99] 이 규정은 수급권자가 보험급여를 지급받기 전에 그 급여 수급권에 대하여만 압류를 금지하는 것일 뿐, 법상의 급여를 받은 이후까지 압류를 금지하는 것은 아니므로 예금 계좌에 입금된 경우에는 그 예금채권에 대하여 더 이상의 압류 금지의 효력이 미치지 아니한다.[100]

보험급여에 대하여는 국가 또는 지방자치단체의 공과금을 부과하지 아니하며(제61조), 보험급여는 비과세 소득이다(소득세법 제12조 제4호 다목). 보험급여를 받을 자가 사고로 인하여 보험급여 청구 등의 절차를 행하기 곤란한 경우 사업주

---

97) 조보현, 앞의 책, 404쪽.

98) 岩村正彦, 『社會保障法 I』, 弘文堂, 2004, 63頁.

99) 그러나 사회보험의 급여비용이 그 자체로서 혹은 수급권자의 다른 재산 및 소득을 포함하여 적절한 생활을 보장하기에 충분하다면, 그 이상의 급여에 대해서는 양도, 압류 및 담보 제공을 금지할 필요는 없을 것이라는 비판도 있다(전광석, "사회보장 청구권 ─ 사회보장기본법의 제정과 관련하여 ─", 『고시계(통권 제470호)』, 국가고시학회, 1996, 92쪽).

100) 憲裁決 2000. 3. 30. 98헌마401; 大判 1999. 10. 6. 99마4857; 東京高判, 1988. 1 . 25. 判時1276号, 49頁; 岩村正彦, 前揭書, 63頁.

는 이에 조력하여야 하며(동법 제82조 제1항), 사업주는 보험급여를 받을 자가 보험급여를 받는데 필요한 증명을 요구하는 때에는 그 증명을 하여야 하고(동법 제82조 제2항), 사업주의 행방불명 기타 부득이한 사유로 보험급여를 받는데 필요한 증명이 불가능한 경우에는 그 증명을 생략할 수 있다(동법 제82조 제3항).

미지급보험급여의 경우에도 유족에게 지급되는 경우에는 이와 같은 수급권 보호 규정은 차별 없이 적용되어야 할 것이나, 상속인에게 지급되는 경우까지 보호할 필요성은 없을 것이다.

2. 시효

보험급여 수급권은 3년간 행사하지 아니하면 시효가 소멸된다(산재보험법 제79조).[101] 수급권자가 수급권의 행사를 3년간 행사하지 아니하면 소멸시효가 완성되어 보험 관장자는 보험급여를 지급하지 아니한다.[102] 일본의 勞災保險法 제42조는 요양급여와 휴업급여, 장의비, 개호비 등은 소멸시효가 2년이지만, 유족급여와 장해급여는 5년이다.

미지급보험급여의 소멸시효는 원래의 수급권자에게 발생하였던 보험급여의 청구권에 따르는 것이지, 수급권자가 사망한 이후부터 다시 소멸시효가 시작되는 것은 아니고, 수급권자가 사망하였다 하여 소멸시효가 중단되는 것도 아니다.[103]

---

101) 제3자의 재해의 구상권에 내한 소멸시효는 10년이나(大判 1997. 12. 16. 95다37421).

102) 大判 1989. 11. 14. 89누2318; 1997. 7. 14. 補償 6702-742.

103) 同旨; 川神裕, "國民年金法(昭和六〇年法律第三四号による改正前のもの)に基づく年金の受給資格を 有する者が國に對して未支給年金の支拂を求める訴訟の係屬中に死亡した場合における訴訟承繼の成否", 『法曹時報 49卷 11号』, 1997. 11, 249頁; 大島隆明, "1. 基本權たる年金受給權の裁定を受けた原告が國民年金法に基づく未支給の老齡年金の支拂を求める訴訟の係屬中に死亡した場合, 相續人が當然にその地位を承繼するか(消極), 2. 右の場合に, 生計を同じくしていた子が", 『判例タイムズ 臨時增刊 44卷 24号(821): 平成4年度 主要民事判例解説』, 判例タイムズ社, 1993, 301頁.

제5절 수급권 침해의 구제

Ⅰ. 수급권 침해의 구제

산재보험급여의 수급권 등 보험급여의 결정에 이의가 있으면, 그 불복절차는 산재보험법에 의한 심사청구 및 재심사청구제도가 있으며, 감사원법에 의한 심사청구, 행정소송 등의 절차가 있다.

1. 심사청구 및 재심사청구

산재보험법은 근로복지공단의 산재보험급여에 관한 결정에 대하여 불복하는 자는 심사청구(제72조) 및 재심사청구(제74조)를 할 수 있도록 규정하고 있다.

수급권자가 근로복지공단의 위법·부당한 처분에 대하여 불복하는 경우에는 산재보험법 제88조의 규정에 의하여 처분을 안 날로부터 90일 이내에 근로복지공단에 심사청구를 할 수 있다.

심사결정에 이의가 있는 수급권자는 심사결정이 있음을 안 날로부터 90일 이내에 산업재해보상보험심사위원회에 재심사청구를 할 수 있다. "재심사청구의 재결은 행정소송법 재18조를 적용할 때 행정심판에 대한 재결로 본다."(동법 제78조 제2항).

2. 감사원 심사청구

감사원법 제43조 제1항은 "감사원의 감사를 받는 자의 직무에 관한 처분 기타 행위에 관하여 이해관계 있는 자는 감사원에 그 심사의 청구를 할 수 있다"고 규정하고 있다.

산재보험은 노동부장관이 관장하므로 산재보험 징수관련 처분은 물론 보험급여 관련 처분에 관하여 행정기관으로부터 권리를 침해당한 자는 감사원에 심사를 청구할 수도 있다. 이해관계인은 심사청구의 원인이 되는 행위가 있는 것을 안 날로부터 90일, 그 행위가 있은 날부터 180일 이내에 심사의 청구를 하여야 하며(감사원법 제44조 제1항), 감사원은 심리결과 심사청구의 이유가 있다고 인정될 때에는 관계기관의 장에 대하여 시정 기타의 필요한 조치를 요구하며(감사원법 제46조 제2항), 관계기관의 장은 감사원의 시정 기타의 필요한 조치를 요구하는 결정의 통지를 받은 때에는 그 결정에 따른 조치를 취하여야 한다(감사원법 제47조).

3. 행정소송

그리고 수급권의 침해를 받은 자는 위와 같은 절차를 거치지 않고 바로 행정소송을 제기할 수도 있다. 구 행정소송법 제18조 제1항은 행정심판 전치주의를 채택하여 반드시 행정심판을 거쳐야만 행정소송을 제기할 수 있었으나, 1998. 3. 1.부터 시행된 개정 행정소송법 제18조 제1항은 "취소소송은 법령의 규정에 의하여 당해 처분에 대한 행정심판을 제기할 수 있는 경우에도 이를 거치지 아니하고 제기할 수 있다. 다만, 다른 법률에 당해 처분에 대한 행정심판의 재결을 거치지 아니하면 취소소송을 제기할 수 없다는 규정이 있는 때에는 그러하지 아니하다"고 하여, 원칙적으로 임의적 선택주의를 택하고 예외적으로 각 개별 법률에서 정하는 경우에만 행정심판 전치주의를 채택했다.[104]

산재보험법은 제72조의 심사청구 및 동 제74조의 재심사청구는 반드시 거쳐야 한다는 명시 규정이 없어, 미지급보험급여 관련 불복 소송은 취소 소송으로서 행정심판에 준하는 절차, 즉 심사청구와 재심사청구를 거치지 아니하고 바로 행정소송을 제기할 수 있을 뿐만 아니라, 심사청구 및 재심사청구를 거친 후에도 행정소송을 제기할 수 있다.

---

104) 박윤흔, 『(개정29판) 최신 행정법강의(상)』, 박영사, 2004, 975쪽.

Ⅱ. 불복절차 중복 청구

현행법상 행정심판과 행정소송은 각각 고유의 목적을 가진 독자적인 구제 절차이므로 심사청구 또는 재심사청구와 행정소송의 병행 청구도 금지되지 아니하며,[105] 이 경우 각각의 재결과 판결이 같이 기각되거나 또는 같이 취소되는 동일한 판정이 있으면 별 문제가 없을 것이다. 그러나 쟁송기관에 따라 그 판정이 엇갈려도 어느 판정이든지 취소 판정에 있으면 그에 따라야 한다. 왜냐하면, 법원의 판결은 기판력이 있고, 재심사의 재결은 근로복지공단을 기속하기 때문이며(산재보험법 제76조 제2항),[106] 감사원법 제47조는 관계기관의 장은 감사원의 시정 기타의 필요한 조치를 요구하는 결정의 통지를 받은 때에는 그 결정에 따른 조치를 취하여야 하기 때문이다.

감사원 심사규칙(2000. 8. 28. 감사원 규칙 제142호) 제6조 제5호는 소송이 제기된 사안인 경우(심사청구의 심리 중에 소송이 제기된 경우를 포함한다)를 각하 사유로 규정하고 있으며, 동 규칙 제8조는 관계기관의 장은 감사원의 심사청구 중에 있는 사안과 감사원의 심사결정이 있은 사안에 대하여 행정심판 또는 소송이 제기된 때에는 지체 없이 이를 감사원에 통보하도록 규정하고 있어 서로 엇갈린 판정으로 인한 혼란을 예방하려는 의도로 파악된다.

Ⅲ. 미지급보험급여 수급권의 소송수계 여부

1. 불복절차 중의 피재근로자 사망

피재근로자가 근로복지공단으로부터 보험급여의 지급결정을 받지 못한 상태에

---

105) 근로복지공단, (註 8), 308쪽.
106) 2000. 5. 29. 産災 6402 − 455.

서 사망하는 경우가 있으며, 피재근로자가 근로복지공단의 부지급결정처분에 대한 쟁송 중 사망하는 경우도 있을 수 있다. 이와 같은 경우 유족 또는 상속인에게 쟁송의 수계를 인정할 것인가?

산재보험법 제77조는 심사청구인 또는 재심사청구인이 사망한 경우 그 청구인이 보험급여의 수급권자인 때에는 제43조 제1항 또는 제53조의 규정에 의한 유족이, 그 외의 자인 때에는 상속인 또는 심사청구나 재심사청구의 대상인 보험급여에 관련된 권리·이익을 승계한 자가 각각 청구인의 지위를 승계한다고 규정하고 있다.107) 그러므로 심사청구 또는 재심사청구의 경우에는 미지급보험급여의 경우 동법 제53조의 규정에 의한 유족 중에서 최선순위 유족이 동법에 의한 심사청구 또는 재심사청구인의 지위를 승계할 수 있다.

행정소송법은 소송의 승계에 대하여 아무런 규정이 없어 소송계속 중에 피재근로자가 사망한 경우 그 소송이 종료될 것인가 상속인 또는 유족에게 수계할 것인가가 문제이다.

2. 일본의 사회보험법의 경우

공적인(사회보장) 수급권의 상속에 의한 승계의 적부에 대하여 일본의 最高裁判所108)는 이른바 本村訴訟으로 알려진 國民年金法의 미지급 연금 지불청구소송에서 "미지급 연금은 상속과는 다른 입장에서 일정 유족에 대하여 미지급 연금급부의 지급을 인정한 것이며, 사망한 수급권자가 가지고 있는 연금급부에 관계되는 청구권이 동조의 규정을 떠나 별도 상속의 대상이 되는 것이 아니라는 것은 명백하다"109)고 하였다.

---

107) 행정심판법 제12조 제1항도 "청구인이 사망한 때에는 상속인 그 밖의 법령에 의하여 심판청구의 대상인 처분에 관계되는 권리 또는 이익을 승계한 자가 그 청구인의 지위를 승계한다"고 규정하고 있다.

108) 最高裁 1995. 11. 7. 第3小法廷 判決: 1991년 第212号. 老齡年金 支給請求, 同 參加申請 事件.

109) 宮崎良夫, "未支給年金支拂請求訴訟の 承繼の可否", 『ジュリスト別冊 153号 社會保障判

하급심도 "國家公務員等共濟組合法 제45조(1983년 법률 제82호에 의한 개정 전의 것)는 '수급권자인 유족 또는 상속인은 민법 제896조에 의하지 않고, 國家公務員等 共濟組合法 제45조에 의하여 직접 이를 자기 고유의 권리로서 취득한다.'고 서술하여, 미지급연금은 상속재산에 속하지 않는다."110)고 판단하였다.111)

이와 같이 일본은 미지급급부의 소송승계에 대해서 판례가 미지급급부를 상속재산으로는 보지 않고 소송 승계를 부정하고 있으며, 그 이유는 미지급급부는 상속재산이 아니라 관련법의 규정에 의한 고유한 권리로 파악하고 있기 때문이다.112)

3. 우리나라의 경우

1) 사회보상법의 경우

우리나라 대법원은 국가유공자 등 예우 및 지원에 관한 법률에 의한 보상수급권의 발생에 필요한 절차를 거치던 자가 사망한 사건에서 "법에 의하여 국가유공자와 유족으로 등록되어 보상금을 받고, 교육 보호 등 각종 보호를 받을 수 있는 권리는 법이 정하는 바에 따른 요건을 갖춘 자로서, 보훈심사위원회의 심의·의결을 거친 국가보훈처장의 결정에 의하여 등록이 결정된 자에게 인정되는 권리로서, 당해 개인에게 부여되어진 일신전속적인 권리여서 상속의 대상이 될 수 없다 할 것이므로 원고의 사망과 동시에 종료하였고, 원고의 상속인들에게 승계될 여지는 없다."113)고 판시하였다.

이는 동법에 의한 보상금을 신청할 권리는 일신전속적인 권리로서 등록을 신청

例百選(第3版)』, 有斐閣, 2000, 80頁.

110) 東京地判 1987. 3 . 24. (訟務月報 33卷 10号, 2455頁). 그 외에도 東京簡判 1986. 11. 26.(訟務月報 33卷 10号, 2459頁)이 있다.

111) 岩村正彦, "未支給年金給付についての 一考察", 伊籐博義·保原喜志夫·山口浩一郎 編, 『勞働保護法の研究 : 外尾健一先生古稀記念』, 有斐閣, 1994, 444-445頁.

112) 岩村正彦, 前揭書, 68頁.

113) 大判 2003. 8. 19. 2003두5037.

한 자가 사망한 경우에 당연히 상속되는 것이 아니라, 동법에 의하여 보상금을 받을 권리는 국가보훈처장이 국가유공자 또는 그 유족으로 결정하여 등록해야만 발생할 수 있는 형성적 권리이므로 다탕하다는 견해가 있다.[114]

2) 산재보험의 미지급보험급여 수급권자의 소송수계 여부

동법 제77조는 심사청구 및 재심사청구인의 지위 승계를 규정하고 있어, 미지급보험급여 수급권자의 소송수계 부정설은 주장될 여지는 없으나, 소송수계의 근거에 대해서는 다음과 같이 견해가 갈린다.

① 수급권 상속설

근로자의 요양 자체는 일신전속적인 것이나, 요양급여 수급권은 당해 근로자에게 직·간접적으로 지급되는 금전채권적 성격을 지닌 것으로, 근로복지공단의 피재근로자에 대한 요양승인 여부에 관계없이 요양급여의 수급권은 당해 근로자의 상속인에게 상속된다 할 것이므로 요양불승인 처분에 대한 불복권도 상속인에게 귀속된다는 것이다.[115]

이 견해에 의하면 동법에서 규정한 최선순위 수급권자에 해당하지 않는 유족도 공동 상속인이 되어 소송수계를 할 수 있게 된다. 그러나 요양급여 이외의 피재근로자가 수급권자였던 경우의 보험급여인 휴업급여, 상병보상연금, 장해급여, 간병급여의 경우에는 사망한 피재근로자의 유족이 수급권자가 된다는 동법 제53조의 규정에 저촉될 수 있다. 그러나 유족은 없고 상속인만 있는 경우에는 보충적으로 적용될 수 있을 것이다.

---

114) 同旨: 신용석, "전상군경 등록거부 처분취소 청구소송 계속 중 원고가 사망한 경우, 원고의 상속인에게 수송수계가 허용되는지 여부(소극)", 『대법원판례해설(제47호)』, 법원행정처, 2004. 07, 547–548쪽.
115) 大判 2001. 7. 27. 2000두4538.

② 특별 승계설

피재근로자의 요양을 받을 권리는 일신전속적인 권리로서 상속의 대상이 아니
나, 미지급보험급여의 수급권은 동법 제53조의 규정에 의하여 소정의 유족에게
특별 승계된다고 보는 견해이다.[116]

이 견해에 의하면 휴업급여, 상병보상연금, 장해급여, 간병급여 등도 요양급여
의 경우와 마찬가지로 동법 제53조 및 동 제46조의 특별 규정에 의하여 최선순위
수급권자만 수급권을 취득하는 것이 되어 일관성을 유지하게 되며,[117] 동법 제77
조의 규정에 준용에 의하여 수급권자의 지위를 승계할 수 있다고 할 것이다.

③ 상속을 매개로 한 소송 수계설

이 설은 수급권 자체를 상속의 대상으로 보지 않고 소송수계의 근거를 기본적으
로 '법률의 규정'에 두고 있는 점에서 위의 특별 승계설과 동일하나, 상속을 매개
로 하여 승계 참가가 아닌 소송 수계가 허용된다고 보는 점에서 차이가 있다.[118]

④ 판례

우리나라의 2001년도 대법원 판례는 "근로자의 요양 자체는 일신전속적인 것으
로서 다른 사람이 대신 요양 받을 수는 없는 것이지만, 요양으로 인한 요양급여
의 수급권은 근로복지공단의 요양 승인 등 일정한 절차를 거쳐서 당해 근로자에
게 직접 또는 간접으로 지급되는 금전채권의 성격을 지닌 것으로, 당해 근로자의
상속인에게 상속되므로, 원고들(妻와 子女)이 망인의 상속인으로서 이 사건 처분
에 불복하여 이 사건 소를 제기한 것은 적법하다"[119]고 판단하였다.

---

116) 최주영, "요양불승인 처분 취소소송 계속 중 원고가 사망한 경우 소송수계의 가부", 『행
　　 정재판실무연구집: 재판자료집(제108집)』, 법원도서관, 2005, 527쪽.
117) 최주영, 앞의 논문, 527쪽.
118) 최주영, 앞의 논문, 528쪽.
119) 大判 2001. 7. 27. 2000두4538.

그러나 2006년도의 판례는 "산재보험법의 규정에 의한 미지급보험급여의 수급권은 민법에 정한 상속순위에 따라 상속인들이 상속하는 것이 아니라 산재보험법에 정한 순위에 따라 우선순위에 있는 유족이 이를 승계하는 것이고, 이 경우 보험급여를 지급하지 않기로 하는 내용의 처분에 대한 취소를 구하는 소송에 있어서는 그 보험급여의 수급권을 승계한 유족이 그 처분의 취소를 구할 법률상의 이익을 실체법상 승계하는 자로서 민사소송법 제233조에 정한 '그 밖에 법률에 의하여 소송을 계속하여 수행할 사람'에 해당하여 그 소송을 수계한다고 해석함이 상당하다."[120]고 하며, 사망한 근로자의 배우자와 자녀가 공동으로 소송을 제기한 사건에 대하여 妻에게는 미지급보험급여 수급권이 승계됨을 인정하고, 자녀에게는 소송의 원고적격을 인정한 원심을 파기하였다.

⑤ 평가

우리나라의 대법원 판례는 사회보상법의 전상군경 등록거부 취소청구 소송 계속 중 원고가 사망한 경우 동법에 의한 보상수급권은 일신전속적인 권리로 보아 수송수계를 인정하지 않았다.

그러나 산재보험법의 요양 불승인처분 취소청구 소송에 대하여는 소송 수계를 인정하고 있으나, 종전(2001년)의 판례는 수급권 상속설의 입장이며, 최근(2006년)의 판례는 특별 승계설을 취하고 있다.

미지급보험급여제도는 유족 우선보호라는 취지에서는 특별 승계설이 타당하다고 본다. 그러나 유족에 해당하지 않는 상속인만 있는 경우에는 수급권 상속설에 따라야 할 것이다.

---

120) 大判 2006. 3. 9. 2005두13841.

제6절 소 결

I. 요약

미지급보험급여의 수급권자 결정방법은 동법의 수급권 이전 규정을 제외하고는 유족보상 일시금의 수급권자 결정방법이 준용된다. 유족보상 일시금의 수급권자 결정은 동법 제46조 제1항 및 제2항의 게재순서에 의하여 결정되는 법정순위에 의하여 결정된다. 그럼에도 불구하고 근로자가 유언으로 특정 유족을 수급권자로 지정하면 법정순위에 관계없이 그 지정유족이 수급권자가 된다. 그러나 근로자의 유언의 형태는 다양할 것이나 구체적인 적용기준이 없어 유언의 유형별로 지정유족의 지급기준을 마련할 필요성이 있다. 그 유형을 요약하면 다음의 표 5)와 같이 정리될 수 있을 것이다.

미지급보험급여는 원래의 수급권자의 보험급여 청구권이 유족에게 승계되는 것이므로 그 시효는 원래의 수급권자의 사망으로 중단되거나, 새롭게 시작되는 것이 아니라, 원래의 수급권자에게 발생한 때부터 계속되는 것이다. 그리고 수급권의 행사와 관련하여 유족은 물론 상속인에게도 불복절차 권리의 승계는 당연히 인정되어야 할 것이다.

표5) 유언 유형별 지정유족의 지급기준

유언 유형			지정유족 지급기준(사견)	비고
유족 1인만 지정			지정유족에게 전액 지급	행정해석은 균분지급 (1991. 7. 11. 재보 01254 - 10042)
유족 1인에게 지급액 지정	선순위 유족 있음		지정유족에게 지정액 지급	차액은 선순위 유족에게 지급
	같은 순위 유족 있음	지정금액〉균등금액	지정금액 지급	차액은 잔여유족 균분
		지정금액〈균등금액	지정금액 + 균분금액	잔여유족은 지정액을 공제한 차액 균분
	다음 순위 유족 있음		지정유족에게 전액 지급	
지정유족이 2인 이상	같은 순위 유족들 지정		지정유족들만 균분 지급	
	다른 순위 유족있음		지정유족들만 균분 지급	
	지정유족에게 지급액 지정		지정유족에게 지정금액 지급	차액은 지정유족들 균분
유족과 유족 아닌 자 함께 지정			지정유족에게 전액 지급	행정해석은 유족의 수대로 균분지급(1998. 6. 9. 재보 68607 - 565)
유족 아닌 자만 지정			법정수급순위에 따름	

Ⅱ. 문제점

산재보험 미지급보험급여의 수급권자 결정은 유족보상 일시금의 수급권 이전 규정을 제외하고는 수급권자 결정규정을 준용하도록 규정하여 유족에게 지급하도록 하고 있다. 그러나 신속하고 공정한 유족 보호를 위해서는 다음과 같은 문제점을 지적하고 싶다.

첫째, 유족보상 연금의 수급자격과 유족보상 일시금 및 미지급보험급여의 수급순위 결정의 기준이 되는 사망한 피재근로자와의 부양관계에 대하여 산재보험법에서는 규정이 없어 실무에서는 민법의 부양 개념을 준용하나, 민법의 부양관계는 가족의 통솔과 부양의 기초가 가부장이 통솔하는 대가족제도에서 비롯된 것으로 피재근로자와 유족의 생활보호 목적의 산재보험급여에 피부양 이익만을 강조하는 것은 무리하다 할 것이다. 오늘날의 가족은 공동 부양체로서 가족 내부의 기능 분배를 통하여 사회문제를 해결하는 사회보장의 담당자의 위치에 있으며, 가정의 소득 구조는 다원화되어 가장뿐만 아니라 다른 가족 구성원들도 경제활동이 활발하고, 산재보험급여가 피부양 이익뿐만 아니라 손실전보적 기능까지도 수행하는 법적 성질 등을 감안한다면, 산재보험법상의 부양의 개념을 가족 공동생활, 즉 '가족 구성원 간에 서로 생계를 유지하고 있던 관계'로 판단함이 타당하고 본다.

둘째, 지정유족 제도는 근로자의 遺旨를 존중하여 근로자가 유언으로 지정한 유족을 특별히 보호하자는 취지이나, 민법의 엄격한 유언 방식을 고집함으로써 그 실효성이 의문이다. 제도의 실효성 확보를 위해 엄격한 유언의 방식을 완화하여 입법취지를 충분히 살릴 수 있어야 할 것이다. 그리고 지정유족 제도는 근로자의 유언으로 지정유족의 보호 못지않게 법적으로 확보된 수급권을 박탈당하는 유족의 생활과 권리도 경시될 수 없으므로 이에 대한 보완책으로 민법상의 유류분제도 같은 제도의 도입을 검토할 여지가 있다 할 것이다.

셋째, 현행 유족급여는 연금 지급이 원칙이다. 그러나 유족보상연금의 경우 근로자가 유언으로 수급권자를 지정할 수 있는 규정이 없다. 같은 업무상 사망으로 그 보험급여의 지급방법이 연금이냐 일시금이냐에 따라 피재근로자 遺旨의 반영 여부가 달라진다면 이는 공정한 제도라 할 수 없을 것이다.

제6장

결 론

제1절 운용상의 문제점

사회보험급여는 과거에는 반사적 이익으로 간주되었으나, 현대 복지국가에서는 사회보험 수급권을 개인적 공권으로 보고 있으며, 이는 그 구체적 청구권성이 인정된다는 것이다. 독일이나 우리나라의 경우도 사회보험급여 수급권에 대하여 '사적 유용성', '수급자의 상당한 자기기여', '수급자의 생존의 확보에 기여' 등의 요건을 충족하는 경우에는 헌법상의 재산권으로 보고 있다. 산재보험급여 수급권도 산재보험법에 의하여 구체적으로 형성되는 권리로서 헌법상 재산권으로 인정된다. 그러나 헌법상의 재산권을 인정한다하여도 민법상의 상속재산과 일치시키기에는 여러 가지 제약이 있어, 모든 사회보험급여가 바로 민법의 상속재산으로 볼 수는 없을 것이다.

산재보험의 미지급보험급여란 보험급여의 한 종류가 아니라, 수급권자 생전에 보험급여 청구권이 발생하였으나 그 보험급여가 지급되기 전에 수급권자가 사망하여 그 사망한 수급권자에게 지급할 수 없는 보험급여를 말한다.

다른 사회보험제도와는 달리 근로자의 업무상 재해를 보호하기 위한 특별한 목적이 있는 산재보험의 미지급보험급여 중에서도 현물급여는 일신전속성을 배제하기 어려워 상속재산으로 보기에는 어려움이 있다. 그러나 금전급여인 미지급보험급여는 상속대상의 재산이 된다고 보며, 미지급보험급여를 유족에게 지급하도록 규정한 산재보험법 제53조는 상속을 배제하는 규정이 아니라 상속인보다는 유족을 우선적으로 보호하자는 상속의 특칙으로 보아야 할 것이다.

상속재산은 상속 개시 당시에 현존함으로써 충분하고 순수한 재산권은 물론 순수한 재산권이 아닌 것도 재산상의 권리의무와 관계되는 것은 상속의 대상이 된다고 한다. 특히 산재보험법의 금전급여로서의 미지급보험급여를 상속대상 재산으로 볼 수밖에 없는 다음과 같은 이유가 있다.

첫째, 산재보험의 미지급보험급여는 수급권자의 사망에 의하여 소멸한다는 명제를 전제로 하지 않고, 수급권자가 사망한 후에도 존속한다는 것이 미지급보험급여 규정의 존재 이유인 것이다.

둘째, 우리나라 판례는 산재보험급여는 근로기준법에 따른 사용자의 재해보상에 대한 책임보험적 기능을 인정하고 있다. 그렇다면 근로기준법에서 규정하지 않는 미지급 보상금의 상속 제한을 책임보험적 기능을 하는 산재보험법에서 근거를 찾기는 어려울 것이다.

셋째, 산재보험급여 지급사유인 업무상 재해에 대하여 사업주의 안전배려의무 위반의 불법행위 책임을 물을 수 있으며, 근로기준법상의 재해보상에 대하여도 손해배상 청구권이 인정된다. 또한 산재보험급여는 손해배상적 성격을 부인할 수 없으며, 업무상 재해로 인한 생명·신체권의 침해에 대한 손해배상의 상속이 부정되지 않으므로 산재보험의 미지급보험급여의 상속을 부인하기는 어려울 것이다.

넷째, 헌법상의 재산권 보장은 사유재산의 처분과 그 상속을 포함하는 것으로 이해하고 있다. 국가유공자 등 예우 및 지원에 관한 법률 제18조는 지급이 확정된 미지급 보험급여금의 지급은 먼저 유족에게 지급하며, 유족이 없는 때에는 사망 당시 생활을 같이 하고 있던 친족 중 재산상속인에게 지급하도록 규정하고 있다. 산재보험급여도 헌법상 재산권으로 인정될 뿐만 아니라, 산재보험급여는 특수직 연금제도와 같이 상속을 제한하는 특별 규정도 없다. 사회보험법관계는 수급권자의 사회적 보호라는 공익을 목적으로 하며, 재산적 가치가 있는 급여의 지급을 내용으로 하는 법률관계로서 공법상의 특별 채권·채무관계로 성격이 있어 행정법상의 채권·채무관계에 적용될 특별한 법규가 없을 때에는 민법의 규정이 준용되어야 한다는 것이다.

다섯째, 산재보험법 등의 유족급여는 사망자와의 일정한 관계에 있는 생존자에게 주어지는 급여로서 '수급권자의 범위나 순서가 법령에 정하여 있어 그 변경이 인정되지 않는 경우'에는 수급자의 고유재산이 되어 상속재산이 될 수 없다. 그러나 미지급보험급여는 원래의 수급권자에게 발생한 수급권이 그 수급권자의 사망으로 인하여 유족 등에게 승계되는 권리이므로 '법령(동법 제53조)에 의하여 그 변경이 인정되는 경우'로 보아야 할 것이다.

여섯째, 2006. 12. 28. 개정된 고용보험 및 산업재해보상보험의 보험료징수 등에 관한 법률 제28조의3은 보험료 등의 징수금 등을 상속인에게 납부의무를 지우고 있으면서도, 미지급보험급여는 상속인에게 지급하지 않는다면 형평의 원칙에도 어긋나는 것이다.

또한 우리나라와 비슷한 입법 체계를 가진 일본 勞災保險의 경우에는 미지급보험급부를 받을 수 있는 유족이 없는 경우에는 상속인에게 그 미지급보험급여의 청구권을 인정하고 있는 점도 간과할 수 없을 것이다.

따라서 금전급여인 미지급보험급여는 먼저 동법 제53조의 규정에 의하여 유족 중에서 그 수급권자를 결정하고, 유족이 없는 경우에는 상속인에게 지급되어야 할 것이다.

제2절 제도상의 문제점

산재보험의 미지급보험급여제도와 관련하여 사회보험으로서의 입법 목적과 그 법적 성격에 합당한 제도로 거듭나기 위해서는 다음과 같은 점을 개선할 필요가 있을 것이다.

첫째, 미지급보험급여의 취지는 수급권자가 사망한 경우에 신속하게 유족을 보호하자는 취지이나, 수급권자가 실종된 경우에 산재보험법은 아무런 규정이 없다. 산재보험급여의 시효가 3년인 단기 시효인데다 미지급보험급여는 그 소멸시효가 새로 시작되거나 중단되는 것도 아니므로, 수급권자의 실종의 경우에도 보호방안이 강구되어야 할 것이다.

둘째, 미지급보험급여의 청구권은 원래의 수급권자에게 발생하였던 수급권이 수급권자의 사망으로 유족에게 수직적으로 承繼된 것으로 보아야 할 것이다. 반면에 유족급여의 수급권의 移轉은 원래의 수급권자 사망 이후 장래에 발생되는 보험급여에 대한 새로운 수급권으로 보아야 할 것이다. 따라서 원칙적으로 유족보상 일시금의 경우 수급권의 移轉規定(법 제46조 제3항)은 법리에 어긋나고 미지급보험급여 규정과 중첩되어 혼란을 초래할 수 있다.

셋째, 산재보험법의 유족 범위는 외국의 경우나 다른 사회보험법과 비교하여도 그 범위가 좁은 것은 아니다. 그러나 산재보험급여의 법적 성격이 손해배상적 성격을 부인할 수 없는 측면이라면 유족의 범위와 상속인들의 범위를 일치시켜야 할 것이다. 그 이유는 산재보험급여와 민법의 손해배상 등과의 조정제도를 두고 있으며, 업무상 재해로 인한 손해배상 청구권, 즉 생명침해 및 신체상해로 인한 손해배상 청구권의 상속을 부인할 수 없다. 유족이 없는 경우 유족급여는 지급될 수 없어도 상속인의 민사상의 손해배상은 제한할 수 없으며, 이 경우 사용자는 손해배상을 지급하여도 동법 제60조의 규정에 의한 수급권의 대위도 주장할 수 없게 되어 보험료를 납부하고도 산재보험의 적용을 받지 못하는 이중적 부담을 떠안는다.

넷째, 다른 사회보험법은 胎兒의 법적 지위를 "이미 출생한 것으로 본다"고 규정하여 태아가 보험급여를 수급할 수 있도록 보호하고 있다. 또한 민법의 경우에도 태아의 보호성이 존재하는 한 그 보호를 게을리 하지 않고 손해배상 청구권을 태아에게도 인정하고 있다. 그러나 산재보험법은 유족보상 연금의 경우 태아는 출생 이후부터 수급자격을 인정하고 있고, 유족보상 일시금의 경우는 그와 같은 규정도 없다. 같은 보험급여의 수급 방법의 차이에 따라 수급자격이 달라짐도 문제이지만, 산재보험급여의 법적 성질에 있어 생존권 보장의 이념을 저버릴 수 없다면, 이는 헌법상의 기본권인 생존권을 침해하는 문제가 될 수 있다.

다섯째, 근로자의 업무상 사망의 경우 때로는 유족 간의 수급순위 문제로 다툼이 발생할 수 있다. 불의의 사고로 사망한 피재근로자의 불행도 안타까운데 보상금을 둘러싼 유족 간의 다툼은 유족에게 또 다른 슬픔을 주는 것이 된다. 그 다툼이 만에 하나라도 유족 간의 생명과 신체를 훼손하는 경우에는 수급자격을 박탈하는 규정을 두어 이를 사전에 예방할 장치를 마련하여야 할 것이다.

여섯째, 산재보험법에서 부양은 유족보상 연금의 수급자격 유무의 결정기준이며, 유족보상 일시금과 미지급보험급여의 수급순위를 결정하는 중요한 기준임에도 이에 대한 규정이 없다. 실무적으로는 차별 없는 민법의 부양개념의 도입으로 산재보험법의 특별법으로서의 기능을 소홀히 하고 있다. 따라서 산재보험법의 이념에 합당한 부양개념과 인정기준을 도입하여야 할 것이며, 그 방법은 엄격한 부양관계의 틀에서 벗어나 오늘날의 사회구조와 경제활동을 감안한 상호간의 생계유지 관계로 전환함이 특별법의 이념에 적합할 것이다.

일곱째, 근로자의 유언으로 수급순위를 변동할 수 있는 지정유족 제도는 근로자의 遺旨를 존중하여 근로자가 유언으로 지정한 유족을 특별히 보호하자는 취지이나, 민법의 엄격한 유언 방식을 고집함으로써 그 실효성이 의문이다. 따라서 제도의 실효성 확보를 위해 엄격한 유언의 방식을 완화하여 입법 취지를 충분히 살릴 수 있는 제도가 되어야 할 것이다.

현행 유족급여는 연금지급원칙이나, 연금의 경우 근로자가 유언으로 수급권자를 지정할 수 있는 규정이 없다. 같은 업무상 사망으로 그 보험급여의 지급방법이 연금이냐 일시금이냐에 따라 피재근로자 遺旨의 반영여부가 달라진다면 이는 공정한 제도라 할 수 없을 것이다.

한편 지정유족 제도는 유족의 법정순위가 규정되어 있음에도 근로자가 유언으로 법정순위를 변경 또는 박탈하여 법적으로 확보된 수급권을 잃게 되므로 법정순위 유족의 생활도 어느 정도까지는 보장해줄 필요가 있다는 것이다. 근로자의 유언으로 지정유족의 보호 못지않게 법적으로 확보된 수급권을 박탈당하는 유족의 생활과 권리도 경시될 수 없어 이에 대한 보완책으로 민법의 유류분제도 같은 제도의 도입을 검토할 필요성 등의 연구는 계속되어야 할 것이다.

참고문헌

1. 국내문헌

[학위논문]

강대식, "국가의 환경보호의무와 개인의 재산권 보장에 관한 연구 — 상수원 수질보전 특
　　　별 대책지역을 중심으로 — ",『박사학위논문』, 청주대학교 대학원, 2000.

강성태, "근로자의 개념",『박사학위논문』, 서울대학교 대학원, 1997.

김광수, "독일 공법상의 재산권보장과 국가책임 확장이론",『박사학위논문』, 서울대학
　　　교 대학원, 1994.

김교숙, "산재보상 법리에 관한 연구",『박사학위논문』, 부산대학교 대학원, 1988.

김수현, "업무상 질병 인정제도에 관한 연구",『박사학위논문』, 조선대학교 대학원, 2003.

김용호, "산업재해의 민사책임에 관한 연구",『박사학위논문』, 단국대학교 대학원, 2003.

김현, "인신손해액의 산정에 있어서 손익상계에 관한 연구",『박사학위논문』, 건국대
　　　학교 대학원, 1995.

김혜숙, "사실혼에 관한 비교법적 연구"『박사학위논문』, 이화여자대학교 대학원, 1989.

안병준, "한국 근로자의 산업재해보상제도에 관한 연구 — 근로기준법과 산업재해보상
　　　보험법의 한 · 일간 비교 — ",『박사학위논문』, 광운대학교 대학원, 1996.

이경희, "유류분 제도에 관한 연구",『박사학위논문』, 연세대학교 대학원, 1988.

이상국, "산재보험급여의 구상권에 관한 연구",『박사학위논문』, 단국대학교 대학원,
　　　2001.

이미화, "산재보상에 관한 법제 — 산업재해보상보험을 중심으로 — ",『석사학위논문』,
　　　한국외국어대학교 대학원, 1992.

이희배, "민법상 부양법리에 관한 연구 — 사적 부양법리의 재정립을 중심으로 — ",

『박사학위논문』, 경희대학교 대학원　1984, 12.

정완조, "산업재해보상보험제도에 관한 연구", 『박사학위논문』, 원광대학교 대학원, 1995.

한경식, "산업재해의 구제법리에 관한 연구", 『박사학위논문』, 청주대학교 대학원, 1998.

황도수, "헌법재판의 심사기준으로서의 평등", 『박사학위논문』, 서울대학교 대학원, 1996.

황성익, "사회보험 수급권의 재산권적 보호에 관한 연구 ― 독일의 판례를 중심으로 ―", 『석사학위논문』, 서울대학교 대학원, 2005, 12.

황운희, "산재보험 유족급여의 수급권자 결정에 관한 연구", 『석사학위논문』, 숭실대학교 노사관계대학원, 2002. 12.

[단행본]

강경근, 『헌법』, 법문사, 2002.

강길봉 · 허영표, 『실무 산재보험법(하)』, 법정사, 1991.

강희원, 『노동법 기초이론』, 동림사, 2004.

강희원 외 3인, 『특수고용직 종사자의 법적 지위 레미콘 운송차주를 중심으로 ―』, (주)중앙경제, 2002.

곽윤직, 『민법총칙』, 박영사, 1990.

_____, 『채권각론』, 박영사, 1990.

_____, 『(신정판)채권각론』, 박영사, 1998.

국제노동연구소편, 『ILO 조약 · 권고집 1919 ― 1991』, 도서출판 돌베개, 1991.

권영성, 『헌법학원론』, 법문사, 1992.

권용우, 『민법총칙』, 법문사, 1996.

근로복지공단, 『각국 근로자보상제도의 비교』, 1997.

_____, 『勞災保險法解釋總覽』, 2004.

_____, 『독일산재보험법』, 1997.

_____, 『사이버 직무교육교재 산재보험보상』, 2004.

282

_____, 『산재보험업무편람』, 2000.

_____, 『산재보험적용에 관한 법리』, 2003.

_____, 『日本勞働者災害補償法令』, 2000.

김기영, 『헌법강의』, 박영사, 2002.

김성숙, 『유족연금 개선방안』, 국민연금연구원, 2004.

김수복, 『산업재해보상보험법』, 중앙경제사, 1991.

김양중·최재식, 『공무원연금제도』, 법우사, 2004.

김용한, 『(보정판)친족상속법』, 박영사, 2003.

김우기, 『산업재해보상보험법상해』, 중앙경제사, 1988.

김원식, 『4대 사회보험제도의 개편방향』, 수원상공회의소, 2001.

김원주·이철주, 『행정법(Ⅱ)』, 한국방송통신대학교 출판부, 1994.

김유성, 『사회보장법』, 동성사, 1985.

_____, 『한국사회보장법론』, 법문사, 1999.

김유성·이흥재, 『사회보장법』, 한국방송통신대학교 출판부, 1994,

김주수, 『민법개론(제7판 증정판)』, 삼영사, 2003.

_____, 『주석 친족·상속법(제2전정판)』, 법문사, 1993.

_____, 『친족·상속법』, 법문사, 1995.

김준호, 『민법강의』, 법문사, 1997.

김태성·김진수, 『사회보장론(개정판)』, 청목출판사, 2003.

김철수, 『헌법학개론(제16전정신판)』, 박영사, 2004.

_____, 『헌법학신론(제14전정판)』, 박영사, 2004.

김태성·김진수, 『사회보장론(개정판)』, 청목출판사, 2003.

김치선, 『노동법강의』, 박영사, 1981,

김형배, 『근로기준법』, 박영사, 2000.

_____, 『(제13판)노동법』, 박영사, 2003,

_____, 『노동법』, 박영사, 1981.

_____, 『노동법연구』, 박영사, 1991.

_____, 『민법학강의』, 신조사, 2003.,

김호경, 『산재보험과 사회안전망』, 한국노동연구원, 2002.

노동부,『2001. 7. 1. 시행 개정 산업재해보상보험법 주요내용 해설』, 2001.

_____,『일본의 노동자재해보상보험법·시행령·시행규칙』, 2003.

노동보험국,『日本의 勞災補償制度』, 1995.

_____,『日本 勞災保險給付와 認定 實務』, 1994.

노병일,『사회보장론』, 대학출판사, 2000.

대한상공회의소 한국경제연구센터,『산재보험제도에 관한 연구』, 대한상공회의소, 1970.

문원주·조석련,『산업재해보상보험법』, 법원사, 1992,

박동섭,『친족상속법』, 박영사, 2004,

박병호,『가족법』, 한국방송통신대학교 출판부, 1995.

박상필,『한국노동법』, 대왕사,1987.

박승두,『사회보장법』, 중앙경제사, 1997.

박윤흔,『(개정29판)최신 행정법강의(상) 』, 박영사, 2004.

_____,『(개정25판)최신 행정법(하)』, 박영사, 2001.

박종희·김희성·박지순,『출퇴근 재해의 업무상 재해 인정관련 입법론적 개선방안에 관한 연구』, 노동부, 2005.

박찬임,『산재보험제도의 국제비교』, 한국노동연구원, 2001.

박찬임 외 3인,『주요국의 통근재해 보상제도 연구』, 한국노동연구원, 2004.

박홍규,『노동법론』, 삼영사, 1998.

사단법인 국제노동법연구원,『노동소송 전문성 제고 등을 위한 공인노무사의 소송대리권에 관한 연구』, 2002.

사법연수원,『노동 특수이론 및 업무상 재해관련소송』, 2004.

_____,『행정소송』, 2001.

서울고등법원,『행정소송실무편람』, 한국사법행정학회, 2003.

서울민사지방법원 교통·산재손해배상실무연구회,『교통·산재손해배상 소송실무』, 한국사법행정학회, 1994.

서울행정법원,『행정재판실무편람 : 자료집』, 2001.

서희원,『영미법강의』, 박영사, 2002.

석종현,『일반행정법(하) 제7판』, 삼영사, 1997.

송재필,『헌법강의(전정신판)』, 동현출판사, 2000.

수원상공회의소,『4대 사회보험제도의 개편방향』, 2001.

신수식,『사회보험법론』, 박영사, 1978.

심창학,『프랑스 산재보험제도연구』, 한국노동연구원, 2003.

심태식,『노동법개론』, 법문사, 1981.

양수산,『친족상속법 ―가족법 ―』, 일신사, 1994.

오근식,『유족연금 급여제도 개선에 관한 연구』, 국민연금연구센타, 2003.

윤조덕,『산재보험 중장기 발전방안』, 한국노동연구원, 2002, 4.

윤조덕 외 4인,『산재보험제도 발전방안에 대한 연구(재활·복지)』, 한국 노동연구원, 2005.

윤조덕 외 8인,『비정규직 근로자 산재보험 적용실태와 특수형태 근로종사자에 대한 적용확대』, 한국노동연구원, 2004.

윤조덕·이현주·한충현,『산재보험 요양·재활 사례 비교연구 ―독일과 한국 ―』, 한국노동연구원, 2005.

유길상·이철수,『고용보험법해설』, 박영사, 1996.

이강희,『가족법』, 법원사, 2004.

이상광,『(개정판) 사회법』, 박영사, 2002.

_____,『사회법』, 박영사, 1988.

이상국,『산업재해보상보험법』, (주)청암미디어, 2001.

이상윤,『노동법』, 법문사, 2000.

_____,『국민연금법 해설』, (주)중앙경제, 1999.

이승렬 외 3인,『특수형태 근로종사자에 대한 산재보험 적용확대 연구Ⅱ』, 한국노동연구원, 2005.

이은영,『민법Ⅱ(제3판)』, 박영사, 2002.

이재상,『형법각론』, 박영사, 1996.

이철주,『헌법(Ⅰ)』, 한국방송통신대학교 출판부, 1993.

이현주 외 5인,『주요국의 산재보험급여체계 비교연구』, 한국노동연구원, 2003.

인경석,『국민연금법 해설』, 국민연금관리공단, 2001.

임종률,『노동법』, 박영사, 2003.

장지연 외 3인,『일·가족 양립체계의 선진국 동향과 정책과제』, 한국노동연구원, 2005.

전광석, 『독일 사회보장법론』, 법문사, 1994.

———, 『한국사회보장법론』, 법문사, 2002.

정홍기·조정찬, 『국민건강보험법』, 한국법제연구원, 2005.

조성한 외 5인, 『산재보험과 자동차보험(책임보험중심)과의 조정방안 연구』, 한국행정
학회, 2003.

조보현, 『산업재해보상보험법』, 홍익재, 2000.

최명근, 『우리나라 상속과세제도의 개편연구 방안 연구』, 한국경제연구원, 1987.

최재식, 『공무원연금법 해설』, 공무원연금관리공단, 2001.

한국공인노무사회, 『계간 노무사(창간호)』, 2003.

한국사회보험연구소, 『산재보험급여체계의 합리적 개선방안에 관한 연구』, 노동부, 2005.

한용식, 『근로기준법』, 형설출판사, 1983.

허영, 『헌법이론과 헌법(신정8판)』, 박영사, 2003.

헌법재판소, 『사회보험법의 헌법적 문제에 관한 연구(헌법재판연구 제11권)』, 2000.

황적인, 『채권법각론』, 한국방송통신대학교출판부, 1994.

[학술논문 등]

강경근, "사회적 기본권의 공권으로서의 성격", 『고시계(통권 제501호)』, 국가고시학
회, 1998.

강봉수, "재해보상과 손해배상", 『민사재판의 제 문제(제4권)』, 한국사법행정학회, 1986.

강영호, "재해보상의 법적성질과 재해보상요건", 『재판자료(제39집)』, 법원도서관, 1987.

강창웅, "제삼자의 행위에 의한 재해에 있어서의 보상책임자의 구상권(대위권)", 『재판
자료(제39집)』, 법원도서관, 1986.

강태수, "재산권의 내용과 한계 및 보상", 법학논집(제16권)』, 청주대학교 법학연구소,
1999.

강희원, "노동의 국제적 이동시대와 노동법 — 노동과 노동법의 세계화를 위해서 —",
『법제연구(제24호)』, 한국법제연구원, 2003.

계희열, "기본권의 주체", 『고시연구 통권(제260호)』, 고시연구사, 1995.

286

_____, "헌법상 인간의 존엄과 가치", 『법학논집(제32집)』, 고려대학교 법학연구소, 1996.

고종주, "행정주체에 대한 금전급부 청구권의 행사방법 ― 소송방식의 선택기준에 관한 판례와 이론의 검토 ―", 『판례연구(제12집)』, 부산판례연구회, 2001.

고창현, "사실혼 해소의 법리", 『법학논총(제3권)』, 조선대학교 법학연구소, 1997.

고평석, "산재피해자 구제제도의 법적구조, 『보험학회지(제31집 제1호)』, 한국보험학회, 1988.

권용우, "산업재해와 사용자 책임", 『경영논총(제1집)』, 단국대학교 경영대학원, 1981.

권순한, "상속법의 미래와 과제", 『가족법연구(제14호)』, 한국가족법학회, 2000,

권형준, "재산권의 정당한 보상 ― 사례 및 판례평석을 중심으로 하여 ―", 『고시계(통권 제470호)』, 1996,

권창영, "선원법 제90조의 유족보상청구권의 성립요건", 『노동법연구(제13호)』, 서울대학교노동법연구회, 2002.

김광수, "공법상 재산권보장의 의의와 범위", 순천향대학교 논문집(제17권 제1호)』, 순천향대학교, 1994.

_____, "사회보험 수급권과 재산권 보장", 『행정법연구(2000하반기 제6호)』, 행정법이론실무연구회, 2000.

김교숙, "사업주의 안전배려의무 ― 법리의 변천을 중심으로 ―", 『노동법에 있어서 권리와 책임(김형배 교수 화갑기념 논문집)』, 김형배 교수 화갑기념 논문집 간행위원회, 1994.

_____, "산재보상 법리의 변천", 『노동법학(제16호)』, 한국노동법학회, 2003.

_____, "산재보상의 법이론", 『법학연구(제6집)』, 부산외국어대학교 법학연구소, 1994.

_____, "산재보상의 법이론", 『신세기 노동법의 전개(우전 이병태 교수 화갑기념 논문집)』, 대전서적, 1996.

_____, "산재보험법의 개정방향", 『사회법연구(제3호)』, 한국사회법학회, 2004.

_____, "산재보험제도의 비교법적 고찰", 『비교법학(제8집)』, 부산외국어대학교 비교법학연구소, 1997.

_____, "통근재해의 산재보험화", 『노동법학(제6호)』, 한국노동법학회, 1996.

김교창, "산업재해보상보험법상의 母", 『인권과 정의(제162호)』, 대한변호사협회, 1990.

김규장, "사용자에게 명의를 대여하여 근로복지공단에 '사업주(보험가입자)'로 신고된 근로자가 산재보험의 수급권자에 해당하는지", 『대법원판례해설(제32호)』, 법원도서관, 1999.

김기영, "미국 유언법과 우리나라 유언법의 유언방식에 관한 소고", 『현대 민법의 과제와 전망(남송 한봉희 박사 화갑기념 논문집)』, 밀알, 1994.

_____, "영국에서의 유언제도와 신탁제도의 관련성에 관한 소고", 『사법의 제 문제(경허 김홍규 박사 화갑기념 II)』, 삼영사, 1992.

김능환, "유류분 반환청구", 『재판자료(제78집): 상속법의 제 문제』, 법원도서관, 1998.

김려희 · 이정향, "사실혼에 관한 일고찰", 『법정연구(제3권)』, 효성여자대학교 법정연구소, 1997.

김병곤, "인간의 존엄의 기본권 해석원리로서의 기능 — 독일 연방헌법재판소의 판례를 중심으로 —", 『동아법학(제15호)』, 동아대학교 법학연구소, 1993.

김병옥, "실종의 선고와 그 취소", 『가사조정(제2호)』, 서울가정법원 조정위원회, 1999.

김백영, "조세부과처분에 대한 감사원법상의 심사청구와 전심절차", 『조세판례연구(제2권)』, 법률정보센타, 1998.

김상용, "인격권의 침해와 손해배상 — 생명 · 신체의 침해를 중심으로 —", 『손해배상법의 제 문제(성헌 황적인 박사 화갑기념)』, 성헌 황적인 박사 화갑기념 논문집 편찬위원회, 1990.

_____, "태아의 법률상의 지위", 『고시연구(제18권 제3호)』, 고시연구사, 1991.

김성숙, "혈족과 인척", 『가족법학논총(박병호 교수 환갑기념 I)』, 박영사, 1991.

김세규, "지방자치와 복지행정", 『동아법학(제3호)』, 동아대학교 법학연구소, 1986.

김숙자, "부양과 상속에 관한 비교법적 연구", 『사회과학논총(제11집)』, 명지대학교 사회과학연구소, 1996.

_____, "중국의 상속법에 관한 소고", 『인권과 정의(245호)』, 대한변호사회, 1997.

김승조, "생존권의 헌법상의 지위", 『법률행정논집(제1권)』, 서울시립대학교 법률행정연구소, 1993.

김영규, "분만중 태아가 사망한 경우의 손해배상액산정", 『판례월보(제318호)』, 판례월보사, 1997.

김영철, "산업재해소송과 관련된 문제점과 대책 — 과로성 질환과 관련하여 —", 『법조

(통권 제545호)』, 법조협회, 2002.

김용한, "상속재산", 『사법행정(제175호)』, 한국사법행정학회, 1975. 7.

김준원, "배우자의 대습상속에 관한 개선방안의 법적 고찰", 『민사법의 실천적 과제 (한도 정환담 교수 화갑기념)』, 법문사, 2000.

김유성, "공적부조법에 관한 일고찰", 『노동법과 노동정책 (탄은 김진웅 박사 화갑기 념 논문집)』, 일신사, 1985.

김정술, "행정소송 실무상의 몇 가지 문제" 『인권과 정의(통권 제264호)』, 대한변호사 협회, 1998.

김주수, "우리나라 상속제도의 특질", 『사법행정(제14권 제12호)』, 한국사법행정학회, 1973.

_____, "위자료청구권의 상속성", 『손해배상법의 제 문제(성헌 황적인 박사 화갑기념)』, 성헌 황적인 박사 화갑기념 논문집 편찬위원회, 1990.

김진석, "산업재해보상보험금 지급청구권과 민법상 손해배상의 관계", 『노동법연구(제 7호)』, 서울대학교 노동법연구회, 1998.

김진수, "사회보험의 중복급여체제 개선방안에 관한 연구", 『산재보험 시행 40주년 기 념학술토론회 ― 산재보험의 과거, 현재 그리고 미래 ―』, 근로복지공단, (2004. 5. 12.).

김진웅, "현행 노동재해보험제도의 구조와 법적성격", 『노동법과 노동정책(탄은 김진 웅 박사 화갑기념 논문집)』, 일신사, 1985.

김춘환, "급부행정의 법적문제", 『토지공법연구(제17집)』, 한국토지공법학회, 2003.

_____, "사회보장행정에 관한 법적 문제점", 『토지공법연구(제11집)』, 한국토지공법학 회, 2001.

김치선, "산업재해보상보험의 기초이론", 『대한변협(제14권)』, 1976.

_____, "우리나라 산재보험제도상 과실의 책임", 『법조(제20권 4호)』, 1971.

김학세, "보험자대위의 법리 ― 산업재해보상보험법을 중심으로 ―", 『법조(제36권 제 12호)』, 법조협회, 1987.

김현, "재해보상제도와 산제보험제도에 관한 연구", 『육사논문집(제33집)』, 1987.

김현철, "미국 연방대법원의 평등보호에 관한 판례와 위헌심사기준", 『헌법논총(제11 집)』, 헌법재판소, 2000.

김형성, "재산권", 『기본권의 개념과 범위에 관한 연구; 헌법재판연구(제6권)』, 헌법재
　　　판소, 1995.

김호경, "한국 산재보험의 이슈와 과제", 『산재보험 국제세미나; 21세기 산재보험 발
　　　전방향』, 한국노동연구원, (2002. 11. 28.).

남윤호, "사회보장의 본질에 관한 고찰", 『법제월보(제6권 제1호)』, 법제처, 1964.

남효순, "프랑스 상속법에서의 혈족상속 — 계통상속 및 대습상속 —", 『서울대학교법
　　　학(제38권 제3·4호)』, 서울대학교 법학연구소, 1997.

노병호, "사회보장수급권에 관한 고찰", 『고황법학; 연천 허영 박사 화갑 기념(제2권),
　　　예진출판사, 1997.

노상헌, "일본 국민연금제도의 개혁과 쟁점", 『사회법연구(제3호)』, 한국사회법학회,
　　　2004.

라종훈, "안전배려의무", 『전주변호사회지(창간호)』, 전주지방변호사회, 1996.

맹수석, "산업재해보상보험법상 업무상 재해의 인정범위에 관한 연구", 『보험학회지
　　　(제58집)』, 한국보험학회, 2001.

문혜정, "업무상 재해보상 요건", 『재판실무연구』, 광주지방법원, 2000.

민경식, "현대국가에 있어서의 사회보장권의 보호", 『공법연구(제20집)』, 한국공법학
　　　회, 1992.

민경식·윤석진, "사회보험연금의 보장과 소급입법", 『중앙법학(제7집 제1호)』, 중앙법
　　　학회, 2005.

박동섭, "근로자의 업무상 재해에 따른 손해의 전보와 사용자의 구상권 — 대법원
　　　1989. 11. 14. 88다카28204 판결을 중심으로 —", 『인권과 정의(제179호)』, 대한
　　　변호사협회, 1991. 7.

박병호, "상속결격의 제 문제", 『현대 민법의 과제와 전망(남송 한봉희 교수 화갑기
　　　념)』, 밀알, 1994.

박수경, "산재근로자 재활사업의 활성화 방안", 『산재보험시행 40주년 기념 학술토론
　　　회 — 산재보험의 과거, 현재 그리고 미래 — 』, 근로복지공단 2004.

박수혁, "사회보장의 권리와 생존권적 기본권", 『법제(제4호)』, 법제처, 1976.

박인수, "위헌법률심판의 기준", 『공법연구(제26집 제1호)』, 한국공법학회, 1998.

박종용, "배우자 상속권의 강화에 관한 연구", 『가족법연구(제16권 제2호)』, 한국가족

법학회, 2002.

박종희, "통근도상의 재해", 『산재보험시행 40주년 기념 학술토론회 ― 산재보험의 과거, 현재 그리고 미래 ― 』, 근로복지공단, (2004. 5. 12.).

박지순, "사회보험의 인적 적용범위에 관한 고찰 ― 사회보험법과 노동법상의 근로자 개념을 중심으로 ―", 『노동법학(제20호)』, 한국노동법학회, 2005.

박홍우, "재산권 제한의 법리와 그 적용한계", 『재판자료(제77집): 헌법 문제와 재판(하)』, 법원도서관, 1997.

방승주, "독일사회보험법상 급여수급권과 재산권보장 ― 독일 연방헌법재판소의 판례를 중심으로 ―", 『헌법논총(제10집)』, 헌법재판소, 1999.

배기효, "일제시대의 사회보험행정에 관한 고찰", 『복지행정논총(제11권 제2호)』, 한국사회복지행정학회, 2001.

서명수, "산업재해보상보험법에 의한 유족급여를 한 국가의 제3자에 대한 구상권의 범위", 『대법원 판례해설(제28호)』, 법원도서관, 1997.

서원우, "급부행정에 관한 법률관계", 『법제월보(제8권 제2호)』, 법제처, 1966.

송영천, "산업재해보상보험급여에 관한 쟁송절차", 『재판자료(제40집)』, 법원도서관, 1987.

신용석, "전상군경 등록거부 처분취소 청구소송 계속 중 원고가 사망한 경우 원고의 상속인에게 소송수계가 허용되는지 여부(소극)", 대법원판례해설(제47호)』, 법원행정처, 2004, 07.

신홍, "산업재해보상보험제도에 관한 법제도적 비교연구", 『노동법의 제 문제(가산 김치선 박사 화갑기념 논문집)』, 박영사, 1983.

안철상, "공법상 당사자소송의 본질과 유형에 관한 일고찰", 『사법논집(통권 제29집)』, 법원도서관, 1998.

엄영진, "태아의 민법상의 지위", 『사법행정(제6권 제5호)』, 한국사법행정학회, 1965.

오선균, "산재보험 적용에 관한 법리연구 ― 판례의 입장을 중심으로 ―", 『고려대학교 노동대학원 근로복지정책과정 수료논문』, 2004.

오용식, "공법상 당사자 쟁송과 행정심판에 대한 소고", 『법제(통권 제520호), 법제처, 2001.

오종근, "사회보장 수급권과 손해배상 청구권과의 조정", 『노동법연구(제12호)』, 서울대학교 노동법연구회편, 2002.

_____, "손익상계", 『아세아 여성법학(제3호)』, 아세아여성법학연구소, 2000.

오종한, "미국 산재보상제도의 역사적 전개와 현황", 『노동법연구(제4호)』, 서울대학교 노동법연구회, 1994.

유경춘, "재산권 보장에 관한 일고찰", 『헌법과 현대법학의 제 문제(현민 유진오 박사 고희기념 논문집)』, 일조각, 1975.

유성재, "노동사건의 발생과 법률소비자의 권익보호", 『계간노무사(창간호)』, 사단법인 한국공인노무사회, 2002.

_____, "사회보험수급권과 입법자의 입법형성권 ― 국민연금수급권을 중심으로 ―", 『법학논문집(제25권 제2호)』, 중앙대학교 법학연구소, 2001.

_____, "산재보험법제의 현황과 과제 ― 업무의 개념과 인과관계를 중심으로 ―", 『법제연구(제27호)』, 한국법제연구원, 2004.

유진화, "재외국민의 호적신고 및 호적정리 절차", 『사법논집(제29집)』, 법원도서관, 1998.

윤경, "제3자의 행위로 인한 재해로 유족급여를 지급한 공단의 대위권의 범위", 『JURIST(제382호)』, 청림인터렉티브(주), 2002.

윤재식, "산업재해보상보험법 제15조 1항에서 말하는 『급여를 받은 자』 ― 대법원 1987. 7. 21. 86다카2948 ―". 『민사판례연구(제14집)』, 민사판례연구회, 1992.

윤조덕, "특수형태 근로자 산재보험적용을 위한 논의", 『특수형태 직업종사자 산재보험 적용방안 국제세미나』, 한국노동연구원, (2003. 5. 7.).

윤진수, "상속제도의 헌법적 근거", 『헌법논총(제10집)』, 헌법재판소, 1999.

윤진영, "재해보상과 과실책임", 『재판자료(제40집)』, 법원도서관, 1987,

윤찬영, "산업재해보상보험법에서 '업무상 재해'의 개념에 관한 연구", 『전주대학교 논문집(21)』, 1992.

이경주, "사회적 기본권과 민주주의 ― 사회보장 수급권을 중심으로 ―", 『민주법학(제21호)』, 민주주의 법학연구회, 2002.

이경희, "개정 민법상 친족의 범위에 관한 일고찰", 『한국민사법학의 현대적 전개(연람 배경숙 교수 화갑기념 논문집)』, 박영사, 1991.

이광택, "독일 사회보험제도 100년과 회고", 『가산 김치선 박사 화갑기념 노동법의 제

　　　　문제』, 가산 김치선 박사 화갑기념 논문편찬위원회, 1983.

이달휴, "사회보험의 원리", 『복지행정논총(제10집)』, 한국복지행정학회, 2000.

이달휴, "산업재해보상보험법에서의 보험관계의 특질과 보험료", 『중앙법학(제8집 제3호)』, 중앙법학회, 2006.

이덕연, "보상없는 재산권 제한의 한계에 관한 연구", 『헌법재판연구(제9권)』, 헌법재판소, 1997.

이부하, "재산권의 보장 및 재산권의 사회적 기속", 『헌법학연구(제11권 제2호)』, 한국헌법학회, 2005.

이상광, "사회급여 수급권과 재산권의 보장; ― 독일·오스트리아의 판례를 중심으로 ―", 『판례월보(제316호)』, 판례월보사, 1997.

　　　　, "사회법에 있어서 배우자 유족급여의 문제점 ― 독일·우리나라의 사회법을 중심으로 ―", 『아세아여성법학(제4호)』, 아세아여성법학연구소, 2001,

이상원, "산업재해 소송에 있어서의 법리구성에 관한 몇 가지 문제 ― 기업책임론, ― 작위의무 그리고 안전배려의무 ―", 『법조(통권 제399호)』, 법조협회, 1989.

　　　　, "안전배려의무 위반에 관하여", 『사법연구자료(제17집)』, 법원행정처, 1987.

이상윤, "우리나라 사회보장법의 법적체계 및 주요내용", 『법제연구(제7호)』, 한국법제연구원, 1994.

이성룡, "1. 호주상속의 선순위 또는 재산상속의 선순위나 동순위에 있는 낙태한 경우 구 민법(1990. 1. 13 법률 제4199호로 개정되기 전의 것) 제992조 제1호 및 제1004조 제1호 소정의 상속결격사유에 해당하는지 여부 2. 상속결격자에 관한 위 구 민법 제992조 제1호, 제1004조 제1호 소정의 '고의'에 '상속에 유리하다는 인식'도 필요한지 여부", 『대법원판례해설 (제17호)』, 법원도서관, 1992.

이순동, "안전배려의무", 『재판과 판례(제4집)』, 대구판례연구회, 1995.

이용석, "산업재해보상보험의 민영화 반대론", 『보험학회지(제52집 제1호)』, 한국보험학회, 1998.

이은영, "호주제폐지 및 기타 가족법 개정사항에 관한 연구(Ⅰ)", 『고시계(2005. 5.)』, 고시계사, 2005.

　　　　, "호주제폐지 및 기타 가족법 개정사항에 관한 연구(Ⅱ)", 『고시계(2005. 6.)』, 고시계사, 2005.

이은정, "법정상속인에 대한 재검토", 『가족법연구(제18권 제2호)』, 한국가족법학회, 2004.

이을형, "국제노동입법 성립사의 추구", 『숭실대학교논문집(제11집)』, 사회과학 편, 숭실대학교 부설 산업경제연구소, 1981.

이응도, "보험급여비 환수에 관한 납부의무의 승계", 『의료보험(89호)』, 의료보험조합연합회, 1986. 2.

이재강, "사실혼 배우자의 법적 지위", 『재판실무연구』 1998, 광주지방법원, 1999.

이재권, "당사자소송의 영역확대와 그 한계 ― 조세환급청구소송을 중심으로 ―", 『법조(통권 제526호)』, 법조협회, 2000.

이재명, "사회보장을 받을 권리에 관한 연구", 『헌법학연구(제11권 제2호)』, 한국헌법학회, 2005.

이종상, "헌법상 재산권보장과 제한의 한계", 『경남법학(제12집): 법학과 개설 50주년 및 경암 홍천룡 교수 화갑기념호』, 경남대학교 법학연구소, 1997.

이주흥, "퇴직연금 수급대상자인 공무원이 사고로 사망한 경우 일실퇴직연금 손해에서 유족연금의 공제 여부", 『민사판례연구(제23권)』, 박영사, 2001.

이진만, "유류분의 산정", 『민사판례연구(제19권)』, 박영사, 1997.

_____, "유류분의 산정", 『실무연구자료(제1권)』, 법원행정처, 1997.

이헌석, "사회보장 수급권과 사회보장 청구권", 『공법연구(제26집 제1호), 한국공법학회, 1998.

_____, "사회보장 수급권의 법리에 관한 소고", 『국제항공우주법 및 상사법의 제 문제(현곡 김두환 교수 화갑기념 논문)』, 법문사, 1994.

이호열, "유류분 제도에 대한 고찰", 『사법연구자료(제15집)』, 법원행정처, 1988.

이호용, "사회보장을 받을 권리의 구체적 권리성을 위한 새로운 시론 ―행정법의 관점에서 ―", 『토지공법연구(제14집)』, 한국토지공법학회, 2001.

이화숙, "태아의 법률상의 지위", 『채권법에 있어서 자유와 책임(김형배 교수 화갑기념논문집)』, 박영사, 1994.

이희배, "민법상 부양법리에 관한 연구", 『가족법연구(제2호)』, 한국가족법학회, 1988.

이홍재, "사회보험 수급권의 범위에 관한 소고 ― 보장의 불평등에 대한 비판적 검토 ―", 『법학(제83 · 84호)』, 서울대학교 법학연구소, 1990.

이희봉, "실종선고", 『법학과 민사법의 제 문제』, 나남출판사, 1986.

임정평, "사실혼 개념에 대한 재검토", 『민사법학의 제 문제(김용한 교수 화갑기념)』, 박영사, 1990.

_____, "혼외자 지위의 비교법적 고찰", 『가족법학논총(박병호 교수 환갑 기념 Ⅰ)』, 박영사, 1991.

장윤기, "제삼자 행위 재해시 구 산업재해보상보험법에 의하여 유족급여를 한 국가가 대위할 손해배상 청구권의 범위(大判 1987. 9. 21. 86다카2948)", 『재판과 판례 제9집』, 대구판례연구회, 2000.

장의성, "특수형태 근로종사자의 산재보험 적용 방법에 관한 입법 정책적 제언", 『사회법연구(제5호)』, 한국사회법학회, 2006.

전광석, "군인연금법 제21조 제5항에 대한 한정위헌결정", 『헌법판례연구』, 법문사, 2000.

_____, "국제사회보장법의 성립과 전개", 『한림법학Forum(제7권)』, 한림대학교 법학연구소, 1988.

_____, "군인연금법 제21조 제5항에 대한 한정위헌결정", 『판례월보(제 295호)』, 판례월보사, 1995.

_____, "사회보장법과 헌법의 규범력 ― 서독의 경험 ― "『연세법학 연구 창간호』, 연세대학교 법과대학 법률문제연구소, 1990.

_____, "사회행정법 ― 헌법구조적 이해와 행정법적 실현을 위한 시론 ― ", 『사회보장법학』, 한림대학교 출판부, 1993,

_____, "사회보장 청구권 ― 사회보장기본법의 제정과 관련하여 ― ", 『고시계(통권 제470호)』, 국가고시학회, 1996.

_____, "사회보험법의 현황과 과제", 『법제연구(제27호)』, 한국법제연구원, 2004.

_____, "산재보험제도의 법적 성격과 역할", 『산재보험 시행 40주년 기념 학술토론회 ― 산재 보험의 과거, 현재 그리고 미래』, 근로복지공단, (2004. 5. 12.).

_____, "서독 사회보장법 서설", 『사법행정(1989년 6월호)』, 한국사법행정학회, 1989.

_____, "사회보장의 소득재분배구조에 대한 헌법적 접근", 『공법연구(제21집)』, 한국공법학회, 1993.

_____, "장기체류 외국인과 사회보장제도", 『법제연구(제24호)』, 한국법제연구원, 2003.

_____, "재산권과 사회보장 청구권", 『고시연구(제206호)』, 고시연구사, 1991.

_____, "혼인과 가족의 보호와 남녀평등권 ― 사회보장법에서의 조화적 실현 ―", 『고시연구(제196호)』, 고시연구사, 1990.

정귀호, "민법상 혈족의 정의와 친족의 범위", 『사법논집(제13집)』, 법원행정처, 1983.

정극원, "헌법상 재산권보장의 기본구조와 본질적 내용", 『공법연구(제27집 제2호)』, 한국공법학회, 1997.

정범석, "양자제도에 관한 소고", 『법조(통권 제417호)』, 법조협회, 1991.

정인섭, "재외국민의 국내법상 지위", 『전환기의 국제관계법(동석 금찬규 박사 화갑기념)』, 법문사, 1992.

정재훈, "증여자가 부동산 증여계약 후 그 이전등기 전에 사망한 경우 그 부동산이 상속재산인지 여부", 『대법원판례해설(제18호)』, 법원행정처, 1993.

정완조, "사회보장법의 법리연구", 『노동법논총(제3집)』, 한국비교노동법학회, 2000.

정연주, "우리 헌법상 재산권이론의 형성과 발전", 『한국에서의 기본권이론의 형성과 발전(연천 허영 박사 화갑기념 논문집)』, 박영사, 1997.

정하중, "헌법재판소의 판례에 있어서 재산권보장", 『헌법논총(제9집)』, 헌법재판소, 1998.

정태호, "사회적 기본권과 헌법재판소의 판례, 『헌법논총(제9집)』, 헌법재판소, 1998.

조미경, "가족법상의 법률행위의 특수성", 『법률행위론의 사적전개와 과제(이호정 교수 화갑기념 논문집)』, 박영사, 2002.

_____, "스위스법상의 배우자 상속분", 『가족법연구(제15권 제1호)』, 한국가족법학회, 2001.

_____, "영국 무유언 상속법상의 배우자상속분", 『가족법연구(제13호)』, 한국가족법학회, 1999

_____, "혼인의사와 신고", 『가족법연구(제10호)』, 한국가족법학회, 1996.

조일환, "생명침해의 구제에 관한 연구", 『동의법정(제2집)』, 동의대학교 지역사회개발연구소, 1986. 2.

_____, "손해배상 청구권의 상속", 『가족법연구(제13호)』, 한국가족법학회, 1999.

조흥학, "국민기초생활보장법의 수급권에 관한 재고찰", 『사회법연구(제4호)』, 한국사회법학회, 2005.

채규성, "업무상 질병", 『국민과 사법(윤관대법원장 퇴임기념)』, 윤관 대법원장 퇴임기념 판례평석집 간행위원회(박영사), 1999.

_____, "여러 사업장을 전전한 근로자의 질병과 업무와의 인과관계 및 퇴직 후 질병발생과 산재보험법상 권리 존부", 『법조(통권 제435호)』, 법조협회, 1992.

_____, "1. 여러 개의 사업장을 옮겨 다니며 근무한 근로자가 업무상 질병에 걸린 경우 그 질병의 업무와의 인과관계를 인정함에 있어 포함시켜 보아야 할 업무의 범위. 2. 근로계약관계종료(퇴직)후에 발생한 질병이 근로계약관계 중에 그 원인이 있다고 인정되는 경우에 산업재해보상보험법상의 보험급여를 받을 권리가 있는지 여부", 『대법원판례해설(제17호)』, 법원도서관, 1992.

채우석, "사회보장권과 행정상의 권리구제", 『토지공법연구(제14집)』, 한국토지공법학회, 2001,

천종숙, "상속에 관한 법", 『효원민법학론집(효원 천종숙 교수 정년기념논문집)』, 대한문화사, 1995.

최갑선, "자유권적 기본권의 침해여부 판단구조 및 판단기준", 『헌법논총(제10집)』, 헌법재판소, 1999.

최금숙, "현행 민법상 상속인 규정에 대한 재검토", 『가족법연구(제18권 제1호)』, 한국가족법학회, 2004.

최재식, "공적연금의 재정문제와 기대권 조정", 『사회법연구(제3호)』, 한국사회법학회, 2004.

최주영, "요양불승인 처분 취소소송 계속중 원고가 사망한 경우 소송수계의 가부", 『행정재판실무연구집 : 재판자료(제108집)』, 법원도서관, 2005.

최한수, "사실혼관계에 대한 전반적 고찰", 『사법논집(제16집)』, 법원행정처, 1985.

최행식, "사실혼관계의 성립 여부와 그 해소에 따른 보호", 『판례월보(제325호)』, 판례월보사, 1997.

_____, "사실혼보호의 한계 ─ 중혼적 사실혼을 중심으로 ─", 『법학의 현대적 제 문제(덕암 김병대 교수 화갑기념 논문집)』, 대흥기획, 1999.

_____, "중혼적 사실혼의 법적 보호", 『가족법연구(제11호): 칠송 김주수 선생 고희 기념』, 한국가족법학회, 1997.

최홍엽, "외국인근로자의 사회보장", 『민주법학(제22호)』, 민주주의법학연구회, 2002.

최희경, "미국에서의 임산부의 행위에 대한 규제의 위헌성에 관한 소고", 『법학논총
　　　(제7권 제1호)』, 이화여자대학교 법학연구소, 2002.

편지원, "혼인의 효력 — 혼인의 의사 중심으로 —", 『박병호 교수 환갑기념 (I) 가족
　　　법학논총』, 박영사, 1991.

한경식, "현행 산재보험급여제도의 개선방안", 『우암논총(제19집)』, 청주대학교 대학
　　　원, 1998.

한봉희, "사실혼 배우자의 법적지위", 『고시계(제34권 제5호)』, 국가고시학회, 1989.

한수웅, "평등권의 구조와 심사기준", 『헌법논총(제9집)』, 헌법재판소, 1998.

허상수, "공동상속", 『재판자료(제78집); 상속법의 제 문제』, 법원도서관, 1998,

황운희, "보험급여를 받을 수 있는 자의 재해보상 선택권", 『노동법률(2005년 9월호)』,
　　　(주)중앙경제, 2005.

_____, "산재보험급여 수급권자의 결정에 관한 소고", 『한국산업사회의 현황과 과제(한
　　　국공인노무사회 창립10주년 기념논문집)』, 한국공인노무사회, 1996.

2. 번역서

이원희 역, 『노동법원리(Hugo Sinzheimer, *Grundzüge des Arbeitsrechts*, 2, Aufl., 1927)』,
　　　도서출판 관악사, 2004.

장인협 역, 『일본의 사회보장(鑛井良典, 日本の社會保障, 岩波書店, 1999)』, 도서출판
　　　소화, 2000.

채구묵 역, 『미국의 사회보장제도,(Sar A. Kevitan, Garth L, Mangum, Steohen L,
　　　Mangum, *Programs in Aid of the Poor*, The Johns Hopkins University Press,
　　　1998.)』, 나남출판, 1999.

3. 日本文獻

[單行本]

吾妻光俊, 『社會保障法(改訂版)』, (株)有斐閣, 1990.

荒木誠之, 『勞災補償法の研究』, 綜合勞働研究所, 1981,

荒木誠之, 『社會保障法』, 靑林書院新社, 1983,

荒木誠之, 『社會保障の法的構造』, 有斐閣, 1983,

荒木誠之, 『社會保障の法的構造』, 有斐閣, 2001.

井上浩, 『勞災補償法入門 勞災保護法を中心とする (改訂8版)』, 經營書院, 2004.

岩村正彦, 『社會保障法Ⅰ』, 弘文堂, 2004.

靭井常喜, 『社會保障法』, 綜合勞働研究所, 1976.

高藤昭, 『社會保障法の基本原理と構造』, 法政大學出版局, 1993.

土屋彰・大庭惠三子, 『社會保險入門の入門』, 稅務研究會出版局, 1993.

林迪廣・古賀昭典 編, 『社會保障法講義』, 法律文化社, 1980.

松本岩吉, 『勞働基準法が世に出るまで』, 勞務行政研究所, 1981.

社會保障事典編輯委員會 編, 『社會保障事典』, 大明書店, 1982.

社會保險廳 年金保險部 監修, 『國民年金總攬』, 社會保險研究所, 1987.

社會保險廳, 『社會保險のてびき』, 社會保險研究所, 1970.

社會保險廳厚生年金保險課 業務第1課・業務第2課 監修, 『厚生年金保險法總覽』, 社會
　　　　保險研究所, 1987.

厚生勞働省 勞働基準局 勞災補償部 勞災管理課, 『明說勞災保險法』, 株式會社 勞務行
　　　　政, 2003.

厚生勞働省 勞働基準局 勞災補償部 勞災管理課, 『勞災保險制度の詳解』, 株式會社 勞
　　　　務行政, 2004.

勞働省, 勞働基準局, 『(增補改版) 解釋通覽 勞働基準法』, 1983.

勞働省 勞働基準局 勞災管理課 編, 『(新訂版) 勞働者災害補償保險法』, 勞務行政研究所,
　　　　1985.

勞働省 勞働基準局 勞災管理課, 『(三訂新版) 勞働者災害補償保險法』, 勞務行政研究所, 1992.

[論文]

大島隆明, "1. 基本權たる年金受給權の裁定を受けた原告が國民年金法に基づく未支給の 老齢年金の支拂を求める訴訟の係屬中に死亡した場合, 相續人が當然にその地位 を承繼するか(消極), 2. 右の場合に, 生計を同じくしていた子が", 『判例タイムズ 臨時增刊44卷24号(821): 平成4年度主要事判例解說』, 判例タイムズ社, 1993.

井上修一, "受給權の保護制限", 『勞働災害補償法論』, 法律文化社, 1985.

岩村正彦, "未支給年金給付についての一考察", 伊藤博義・保原喜志夫・山口浩一郎 編, 『勞働保護法の研究 : 外尾健一先生古稀記念』, 有斐閣, 1994.

岩村正彦, "未支給の國民年金支拂請求訴訟係屬中の受給權者の死亡と訴訟承繼可否: 本 村訴訟", 『ジュリスト1094号』, 有斐閣, 1996.

荒木城之, "勞働と災害", 『法學ヒミナ增刊 綜合特集シリーズ 6 勞働と人權』, 日本評論 社, 1978.

荒木誠之, "社會法에 있어서 生存權法理의 展開", 『社會法의 現代的 課題: 林迪廣先生 還曆記念論文集』, 法律文化社, 1983.

兼行邦夫, "1. 老齡年金の請求訴訟において年金受給權者が死亡した場合の訴訟承繼の 可否(消極), 2. 國民年金法(昭和六〇年法律第三四号による改正前のもの)一九條 一項の規定による未支給年金の受給權者が, 行政處分, これに對する行政上の不 服申立又は取消訴訟を經ないで, 直ちに右請求權の行使としての給付訴訟を提 起することの可否(消極)ほか", 『訟務月報 35卷 11号』, 訟務研究會, 1989. 11.

川神裕, "國民年金法(昭和六〇年法律第三四号による改正前のもの)に基づく年金の受給 資格を有する者が國に對して未支給年金の支拂を求める訴訟の係屬中に死亡した 場合における 訴訟承繼の成否", 『法曹時報 49卷 11号』, 法曹會, 1997. 11.

_____, "國民年金法(昭和六〇年法律第三四号による改正前のもの)に基づく年金の受給 資格を有する者が國に對して未支給年金の支拂を求める訴訟の係屬中に死亡した

300

場合における訴訟承繼の成否", 『ジュリスト1089号』, 有斐閣, 1996.

河野正輝, "未支給年金の請求權と訴訟の承繼: 本村訴訟", 『ジュリスト(別冊): 社會保障判例百選(第二版) 113号』, 有斐閣, 1991.

桑原昌宏, "勞災補償法論", 『勞働法の基本問題(沼田還歷紀念論文集(下)), 綜合勞働研究所, 1974.

齊木敏文, "未支給國民年金支拂請求訴訟係屬中の受給權者の死亡と訴訟承繼の可否: 本村訴訟", 『行政關係判例解說』, ぎょうせい, 1996.

佐藤道明, "未支給となっていた國民年金法に基づく老齡年金の支拂を求める訴訟が原告の死亡により終了したとして, その相續人への訴訟承繼が否定された事例", 『判例タイムズ臨時增刊41卷25号(735); 1989年度 主要民事判例解說』, 判例タイムズ社, 1990.

靭井常喜, "災害補償と勞災保險法", 『新勞動法講座 8卷』, 有斐閣, 1971.

高藤昭, "費用の負擔", 『勞働災害補償法論』, 法律文化社, 1985.

窪田集人, "勞災補償の本質", 『勞働災害補償法論』, 法律文化社, 1985.

西口元, "國民年金法(昭和六〇年法律第三四号による改正前のもの)に基づく老齡年金受給權者が未支給老齡年金の支拂を求める訴訟の係屬中に死亡した場合における訴訟承繼の可否", 『判例タイムズ臨時增刊48卷24号(945): 1996年度 主要民事判例解說』, 判例タイムズ社, 1997. 09.

西村健一郎, "年金の支給停止を爭っていた者の死亡と訴訟の承繼", 『判例時報 1442号 (判例評論 409)』, 判例時報社, 1993.

西原道雄, "遺族給付の法的性格", 『損害賠償責任の研究』, (我妻還曆記念)上, 有斐閣, 1957.

松岡三郎, "通勤途上災害の勞災保險法適用問題", 『日本勞働法學會誌 第43号』, 1974.

宮崎良夫, "未支給年金支拂請求訴訟の承繼の可否", 『ジュリスト別冊 153号 社會保障判例百選(第3版)』, 有斐閣, 2000.

林迪廣, "災害補償責任の法的性質", 『新勞働法講座 8卷』, 有斐閣, 1971,

4. 구미문헌

[단행본]

Gordon, M. *Social security Policies in Industrial Countries*, edited by New York; Cambridge Univ. Press, 1994.

Hugo Sinzheimer, *Grundzüge des Arbeitsrechts*, 2, Aufl., 1927.

Robert J. Mayer, *Social Security*, McCahan Foundation Pennsylvania, 1981.

[논문]

C. A. Reich, "The New Property", *Yale Law Journal*. Vol. 73(1964).

C. A. Reich, "Individual Right and Social Welfare; The Emerging Legal Issues", *Yale Law Journal*. Vol. 74(1965).

Heino W. Saier, "Industrial Accident Compensation Insurance for contingent Workers in Germany", http://www.kli.re.kr/), (2003. 5.7.).

Ichiro Tekuramori, "Overview of the Worker's Compensation Insurance Program for Special Worker's in Japan", (http://www.kli.re.kr/), (2003. 5. 7.).

Peter Rüdin, "The System of Accident Insurance in Switzerland", (http://www.kli.re.kr/), (2003. 5. 7.).

Richard J. Butler, "Worker's Compensation in the United States", (http://www.kli.re.kr/), (2002. 11. 28.).

Masahiko Ezawa, "Japanese Worker's Compensation Insurance and Key Issues", (http://www.kli.re.kr/), (2002. 11. 28.).

5. 기타 자료

국민건강보험공단, 『업무처리요령 및 제 신고서식』, 2004.
근로복지공단, 『고용·산재실무편람』, 2002.
_____, 『고용·산재실무편람』, 2004.
_____, 『고용·산재실무편람』, 2005.
_____, 『고용·산재보험실무편람』, 2001.
_____, 『보험사무대행기관 실무』, 2005.
_____, 『보험사무조합 실무』, 2004,
_____, 『보험사무조합 실무』, 2002,
_____, 『산업재해보상보험 실무편람』, 1996.
_____, 『1997 산재보험심사결정사례집』, 1997.
_____, 『2002 산재보험심사결정사례집』, 2002.
_____, 『2003 산재보험심사결정사례집』, 2003.
_____, 『2004 산재보험심사결정사례집』, 2004.
_____, 『산재보험 업무편람』, 2000.
_____, 『산재보험 질의회시집(재해보상편 1995－1999)』, 1999.
_____, 『산재보험 질의회시집』, 2004.
_____, 『산재보험 질의회시집(요양·보상·재활편)<1999. 9－2003>』, 2004.
_____, 『산재보험판례집Ⅱ』, 2003.
_____, 『日本勞災保險 判例 및 裁決事例集』, 2003.
_____, 『행정심판재결집(95－97년도분)』, 1998.
노동부, 『산재보험 질의회시집(재해보상편)』, 1994.
_____, 『노동백서(2004년 판)』, 2004.
_____, 『산재보험 40년사』, 2004.
_____, 『산재보험33년사』, 문원사, 1997.
_____, 『산재보험15년사』, 문원사, 1981.
_____, 『1963－1988, 산재보험 질의회시집(재해보상편)』, 1988.

_____,『산재보험 질의회시집(재해보상편)』, 1994.

_____,『노동부, 2003년 산재보험 사업연보』, 2004.

법원도서관, 법고을(DVD), 2004.

_____, 법고을(DVD), 2005.

산업재해보상보험심사위원회,『98산재보험재심사재결사례집』, 1999.

_____,『99산재보험재심사재결사례집』, 2000.

_____,『03 산재보험재심사재결사례집』, 2004.

중앙경제사,『노동법통람 산업재해보상보험법 Ⅰ』, 1996.

_____,『노동법통람; 산업재해보상보험법Ⅱ』, 1996.

(주)중앙경제사,『월간 노동법률 2002. 9월호』,

_____,『월간 노동법률 2004년 12월호』.

한국공인노무사회 편저,『노동법실무총서 산업재해보상보험법Ⅰ』, 1991.

_____,『노동법실무총서, 산업재해보상보험법Ⅱ』, 1991.

6. 참고 웹사이트

공무원연금관리공단(http://www.gepco.or.kr/)

국립중앙도서관(http://www.nl.go.kr/)

국민건강보험공단(http://www.nhic.or.kr/)

국민연금관리공단(http://www.npc.or.kr/)

국회도서관(http://www.nanet.go.kr/)

근로복지공단(http://www.welco.or.kr/)

노동부(http://www.molab.go.kr/)

대법원(http://www.scourt.go.kr/)

법원도서관(http://www.library.scourt.go.kr/)

법제연구원(http://www.klri.re.kr/)

법제처(http://www.moleg.go.kr/).

보건복지부(http://www.mohw.go.kr/)
사립학교교직원연금관리공단(http://www.ktpf.or.kr/)
한국교육학술정보(http://www.riss4u.net/)
한국노동연구원(http://www.kli.re.kr/)
헌법재판소(http://www.ccourt.go.kr/)
일본국립도서관(http://www.ndl.go.jp/)
www.sozialgesetzbuch.de/

· 저자 ·

황운희   ·약 력·
(黃雲熹)   법학박사/공인노무사
아주대학교 대학원 박사과정 졸업
아주대학교 경영대학원 최고 경영자과정 졸업
제2회 공인노무사 시험 합격
오산대학 산업행정학과 강사
(현) 경기도 외투기업 경영 전문자문단
(현) 신용보증기금 중소기업경영지원단
(현) 경기도 중소기업지원센타 컨설턴트
(현) 수원 신한노무법인 대표
(현) 아주대학교 법과대학 겸임교수
(현) 아주대학교 중소기업 법무센타 상담위원

·주요논저·
『노인복지시설의 행정 및 시설관리』(공저)
「산업재해보상보험 미지급보험급여의 상속법리에 관한연구」(박사학위논문)
「산재보험의 유족급여 수급권자 결정에 관한 연구」(석사학위논문)
「산업재해보상보험 미지급보험급여의 법리」
외 다수

未支給 사회보험급여 연구
산재보험을 중심으로

· 초판 인쇄   2008년 4월 30일
· 초판 발행   2008년 4월 30일

· 지 은 이   황운희
· 펴 낸 이   채종준
· 펴 낸 곳   한국학술정보㈜
경기도 파주시 교하읍 문발리 513-5
파주출판문화정보산업단지
전화 031) 908-3181(대표) · 팩스 031) 908-3189
홈페이지 http://www.kstudy.com
e-mail(출판사업부) publish@kstudy.com
· 등   록   제일산-115호(2000. 6. 19)
· 가   격   20,000원

ISBN   978-89-534-8658-4 93360 (Paper Book)
978-89-534-8659-1 98360 (e-Book)